U0917653

本书获教育部人文社会科学规划项目“重庆例证：高校网络青年自组织在线集体行动研究”（11YJA710017）、西南政法大学重庆市重点一级政治学学科、重庆市三特学科群“舆情传播与风险管理”、重庆市首批辅导员名师“简敏工作室”的资助。

公共管理前沿问题研究丛书

行动与担当

——和谐社会治理中的青年自组织

简　敏 著

中国社会科学出版社

图书在版编目（CIP）数据

行动与担当：和谐社会治理中的青年自组织/简敏著．—北京：中国社会科学出版社，2018.4

（公共管理前沿问题研究丛书）

ISBN 978-7-5203-0433-7

Ⅰ.①行…　Ⅱ.①简…　Ⅲ.①青年组织—研究—重庆　Ⅳ.①432.871.9

中国版本图书馆 CIP 数据核字(2017)第 115768 号

出 版 人　赵剑英
责任编辑　李庆红
责任校对　周　昊
责任印制　王　超

出　　版　中国社会科学出版社
社　　址　北京鼓楼西大街甲 158 号
邮　　编　100720
网　　址　http：//www.csspw.cn
发 行 部　010-84083685
门 市 部　010-84029450
经　　销　新华书店及其他书店

印　　刷　北京明恒达印务有限公司
装　　订　廊坊市广阳区广增装订厂
版　　次　2018 年 4 月第 1 版
印　　次　2018 年 4 月第 1 次印刷

开　　本　710×1000　1/16
印　　张　20
插　　页　2
字　　数　269 千字
定　　价　86.00 元

凡购买中国社会科学出版社图书，如有质量问题请与本社营销中心联系调换
电话：010-84083683

目　录

第一章　导论

现代社会是一个风险社会，许多无法预料的事情影响着我们的生活。随着现代科技的发展及信息时代和网络时代的降临，社会参与和政治参与表现出广泛、快速、便捷、高效、低成本等特征，意见表达途径和方式变得更加多元化。所以，社会的动态稳定主要取决于社会容纳参与力量与风险防控的能力。青年是社会中最活跃的群体，其身体机能旺盛，思维方式跳跃多变，不仅成为社会团体组织的主体，还是新兴社会参与力量的重要组成部分和主要来源。在网络信息社会背景下，随着新媒体时代的到来，一种特殊的新兴青年群体逐渐形成并发展壮大起来，即“青年自组织”。青年自组织对社会事务的管理和治理参与度越来越高。在参与和治理社会事务过程中，尤其是青年自组织的“在线集体行动”方式的运作对社会稳定具有重要影响。青年自组织在参与社区服务、社会热点事件、网络舆论等社会管理和公共服务的过程中，通过其自发性及自觉组织社会资源影响了社会治理议程，进而影响着社会稳定和政治稳定。因此，我们有必要对青年自组织及其参与社会活动的方式、影响和效果等作出科学合理的评价，谨防青年自组织成为社会不稳定因素。要正确引导青年自组织向积极、健康的方向发展，既规范青年自组织自身的发展，为其参与社会治理提供有效的方式和途径创造条件，激发其正能量，使之成为维护社会稳定和推动社会发展的重要力量。

第一节 问题缘起

一 社会背景

十八届三中全会公报《中共中央关于全面深化改革若干重大问题的决定》指出，要创新社会治理，最大限度地增加和谐因素，增强社会发展活力，提高社会治理水平；要改进社会治理方式，激发社会组织活力，创新有效预防和化解社会矛盾体制。青年自组织是以在线平台为交流中心的一种新兴的非正式的非政府组织，源于共同的目的和兴趣而形成共同心理交互作用的自生性青年群体，主要以网络为活动载体，具有非营利性、趣缘性、灵活性和网络性等特点。信息通信技术和互联网的普及催化了青年自组织高速迅猛发展，让广大青年在开放的网络虚拟社区内实现高校与外界的信息流动和交换，社区成员为实现信息共享、资源共享、思想共享进行频繁而活跃的互动，对青年的思想、学习、生活和工作产生着重要的影响。

青年自组织一般可分为两类：现实的自组织（如各种类型的社团、协会、俱乐部等）和虚拟的自组织（如论坛、QQ 群、博客、微信群、社区等）。前者一般具有非正式的组织结构、具有一定的组织规模，较为固定，有明确的组织程序和运行规律；后者则多存在于信息网络等虚拟网络关系中，因而难以对其把控和监管。两者的社会参与都具有参与对象年轻化、成员需求多样化、活动开展活跃化、动员机制网络化等特点。现代网络的扩展性和信息交换的匿名性，使政府、高校和社会其他正式组织及官方组织常常难以及时掌控自组织的网络舆情，使不少“在线行为”容易转化为“离线”的群体性事件，影响校园安全和社会稳定。在现代多元、动态、开放的社会背景下，青年自组织参与社会活动的范围和空间越来越大，其社会参与的积极性也越来越高。青年自组织不仅在高校内部、城市内部、区域内部进行交流和协作活动，成员也不仅限于在校大学生，在全国联动的规模较大的自组织群体也越来越多，它们通过参与社会活动，对社会稳定和社会事务的治理发挥着相当大的作用。

目前，自组织的覆盖面和影响力日益广泛，特别是高校青年自组织的发展更为迅猛，但高校、社会组织、政府等对青年自组织在管理、引导和治理方面，尚有很多工作要做。大学生群体中的这种新的组织性集结方式，具有暂时性和多变性特征，对校园的管理和稳定工作带来新的挑战，如“河北大学飙车事件”“复旦大学登山事件”都与青年自组织的“在线行为”有很大关联，这就需要高校、社会、政府管理部门掌握青年自组织的运作特点、机制，利用青年自组织本身的积极因素去引导青年、服务青年。认真研究网络背景下青年自组织对社会稳定的影响和消解社会矛盾的可行性，将立德树人的教育理念、校园文化建设、学生能力培养和思想政治教育融为一体，实现整合效应，以此构建平安校园；通过平等协商、合作治理、网络化管理、法治化规范和引导等方式促进青年自组织的健康成长，使青年自组织在参与社会活动的过程中充分发挥其积极作用，为社会稳定与和谐注入活力，传递正能量。

二 研究目的

本书旨在通过对重庆市高校青年自组织进行问卷调查，了解重庆市高校青年自组织现状及存在的问题，结合近年来全国青年自组织发展状况，对我国社会转型期自组织网络在线行为进行系统的研究，引导青年自组织发挥自身积极功能，减少负面作用，以此促进社会稳定，为青年自组织的健康发展构建良好的社会环境和制度环境，为青年自组织参与社会活动提供合理有效的方式和渠道，以便于政府和高校加强对青年自组织的引导、监管和治理。

（1）分析现实青年自组织和虚拟青年自组织的特点。对于高校而言，须将思想政治教育与校园文化建设融合在一起。对于社会其他类型的青年自组织，要根据不同的性质，提供针对性的服务，并提升其组织内部的组织能力和凝聚力以及社会参与和维稳的公共服务能力。

（2）通过互联网和新媒体等在线信息技术支持平台与政府、社会正式组织及家庭达成迅速、灵敏、有效的多元协作网络。共同构建预防群体性事件的在线联动机制，规范和引导青年自组织的社会参与行动，鼓励和支持青年自组织参与社会治理。

（3）充分发挥共青团对青年自组织的引导和辐射作用。通过共青团组织有效凝聚各类青年自组织，为青年自组织配备专、兼职人员，长期为青年自组织提供个性化的专业服务。在政治思想上引导青年自组织参与社会活动，使青年自组织在参与社会活动中更加自律、自觉，也为其自身发展提供便捷、高效的服务渠道。

三　研究意义

青年自组织一方面通过参与社会活动不断扩大自身的社会影响力，另一方面也凭借组织内部结构的变革提高自身发展能力。笔者考察了当前我国青年自组织发展的内部与外部的影响因素，进一步丰富了青年自组织基础理论，并尝试探索青年自组织的治理和发展之道。

（1）厘清青年自组织基本概况及其发展理论。分析青年自组织的发展现状、内部结构、数量规模、组织特征、形成类型、运行机制等，能够清晰定位青年自组织在社会建设和发展中的地位和作用。为进一步培育和引导其参与社会公共事务治理提供科学合理的理论支撑，拓展社会自组织理论和青年自组织理论。

（2）考察青年自组织的社会参与对社会稳定的影响。通过调研重庆市普通高校青年自组织发展现状、参与社会活动、“集体在线行动”等涉及社会稳定和群体行动的资料和数据，对青年自组织在社会管理、网络舆情、社区治理、高校管理等方面的社会参与活动及其对社会稳定的影响有了进一步的分析基础。

（3）探讨青年自组织在社会参与中的现状、困境与制约因素，创新对青年自组织的引导、治理和管理方式。力图为共青团组织、高校及政府机构提出合理的对策及建议，试图从严格监控方式向平等、互动的合作治理转变，并创造条件让青年自组织平等参与社会活动，引导青年自组织走向自律、自治，激发社会组织的发展活力，为社会组织的发展构建良好的社会环境。

第二节　核心术语

本书主要以自组织原理为理论基础，以网络舆情和新媒体发展为社会背景，通过青年自组织参与社会管理、志愿服务、公益事业、社区治理、突发事件应对等活动，分析和探究青年自组织的“在线”和“离线”集体行动与社会稳定的关系，而这必然要涉及许多基础概念和理论，故在此对相关概念和理论作简要阐释和述评。

一　自组织

“自组织”一词最初来源于物理学的系统论，其后逐渐推广到生物学、化学等其他自然科学和社会科学领域。对于自组织现象和原理，最先对其作出系统解释的当属普利高津，他和由他率领的布鲁塞尔学派，“耗费了近20年的心血，即从1947年到1967年，最后终于得到了‘耗散结构’的概念”①。他用耗散结构概念和原理对自组织现象作了生动、形象和准确的描述。自组织作为一个整体的系统，它是在不断地耗散外界供应的物质、能量、信息的条件下维持存在，并且依靠系统内部要素自发运作，不受系统之外因素的限制和规定。

我们研究中所说的“自组织”是一种特殊的社会组织，是将一些自组织原理运用到社会组织的分析中。社会生活中的自组织与物

① ［比］普利高津：《我的科学生活》，载湛垦华、沈小峰《普利高津与耗散结构理论》，陕西科学技术出版社1982年版，第6页。

理学、生物学、系统论、哲学等其他自然科学和社会科学中的自组织有相通之处，社会生活中的自组织同样遵循自然科学和其他社会科学中的自组织原理和方法。在社会组织现象中，自组织主要是指社会成员以共同的目的自主发起和自我建构的新型社会组织，它不同于一般的社会组织，具有自主运行、自筹资金、自我管理、自觉履行职责等特点。

二　青年自组织

自组织的概念虽然已被引入到社会学中，但目前国内社会学领域仍未形成权威定义。谭建光认为自组织就是没有政府控制或党团领导的社会自发建立的各种组织。如民间性的理事会、志愿性社团（非政府组织）、社区自治组织、社会集团和“草根”组织等都可能属于社会自组织。对于青年自组织的定义，学界普遍认同它是社会自组织中的一种类型。如胡献忠认为青年自组织就是青年自发成立、自主发展、自行运作，具有一定规模、以民间形式存在的社会组织。唐洁秋认为，青年自组织是指既没有到当地民政部门正式注册、登记并拥有法人资格，也没有在机关、团体和企事业单位内部登记备案的，青年自发成立、自主发展、自我运作，在社会生活中较为活跃的青年组织。笔者认为，青年自组织是由拥有共同兴趣、目标或价值取向的青年基于一定的原则、宗旨和规范，自发成立、自主运行、自我管理的非营利性社会组织。

青年自组织最初是上海共青团在工作实践中首创的工作术语。目前大家对青年自组织这一概念尚无统一定论，但学界也普遍承认其组织的自发性，即青年自组织的自主发展、自我运作及自我管理。青年自组织属于非正式青年组织，既具有一般组织的属性，又有区别于青年组织的特点，因此，青年自组织是主要由青年自己发起成立、自己组织运作、自己开展活动、自己实施管理，且主要依托现代化通信平台如网络、短信等进行联络的各类群体、社团、协会。特别值得一提的是，在网络文化高度发达的社会背景下，青年群体形成了以网络为主要活动平台的青年自组织，使线上信息交流和资源互换显得尤为活跃。

三　社会稳定

在社会学、政治学中，社会稳定一词是相对于社会不稳定、社会混乱的一个概念，指一定地理空间内的社会共同体内外部关系的正常有序状态。社会稳定有广义和狭义之分，广义的社会稳定包括政治系统、经济系统、社会生活系统和社会心理系统等社会各组成部分的稳定。狭义的社会稳定是社会学意义上的，是一种社会结构的均衡状态，主要是指社会成员对社会主导思想、规范与制度的认同和服从，以及对利益关系、社会冲突和非对抗性矛盾的控制、调节和化解。在本书中，我们所指的社会稳定主要是指在社会互动中，为保障社会的良性协调和可持续发展，社会系统各要素之间形成一种稳定有序的运转状态，而且人们的社会行动能够自觉控制、相互协调，呈现出一种动态的均衡状态。

四　在线集体行动

在线集体行动是与离线集体行动相对而言的。在传统的行动理论中，集体行动理论研究者侧重于对社会现实和历史中人们的具体社会行为和社会活动进行分析和研究。现代科学和技术的发展，互联网、手机、短信、微信、微博等新媒体的兴起，为集体行动提供了许多新兴的行动方式和途径。通过现代信息网络和网格化的社交技术，集体行动在虚拟社交网络中的在线行动逐渐成为人们关注的焦点，同时这种虚拟空间的在线行动也改变了社会中集体行动的逻辑。在虚拟空间的在线行动中，集体行动主要受网络化知识和信息的影响而发生、发酵。因此，我们说在线行动主要是指个人、社会组织或活动者以某一共同社会目标和公共利益为焦点，以现代虚拟社交网络技术为媒介在某一事件的互动过程中采取的一种行动。

第三节　自组织理论及其发展

自组织这个概念最早并不是用于研究社会组织和团体。自组织理论是一种物理学的系统论，20 世纪 60 年代末期开始建立并逐渐发展起来，最初对自组织现象和原理的研究主要集中于物理、化学、生物等自然科学领域，而如今已被广泛应用于社会科学的各个领域。由于不同学者的研究视角各异，对自组织现象和原则的说明和阐释也是各有侧重。同时，这些不同的阐述又相互补充，共同构成了自组织大理论。其主要包括耗散结构论、协同学、超循环论、突变论、混沌学、分形学等理论。

一　自组织理论

自组织理论的核心概念是“自组织”。自组织理论研究者都把自组织看作是一个处于回路状态的系统。作为一个整体，自组织在与外界交换信息、资源和能量过程中的驱动力主要源于自组织系统内部，自组织的活动是一种自觉、自发、主动的行动。德国理论物理学家哈肯（H. Haken）认为，组织从进化形式来看可以分为两类：自组织和他组织。如果一个系统靠外部指令而形成组织，就是他组织；如果不存在外部指令，系统按照互相默契的某种规则，各尽其责而又相互协调，自动地形成有序结构，就是自组织。施威茨（Frank Schweitzer）把自组织定义为：“自组织是非线性动力系统中复杂有序结构的自然形成、演化与分化，它是由于系统输入了非特定的能量、物质或信息，使之通过了系统静态平衡的临界距离，并通过系统内部要素的反馈机制而形成。”① 在自然科学中，自组织理论研究主要聚焦于系统论的分支学科，随着自然科学和社会科学的

① Frank Schweitzer, *Self－organization of Complex Structures*: *From Individual to Collective Dynamics*, London: Gordon & Breach Science Publishers, 1998, p. 21.

交互融合，自组织理论、原理和方法广泛地运用于自然科学领域和社会科学领域的研究。

政府与社会的关系是现代政治社会生活最基本的关系之一，尤其是对公共事务的干预与对公共利益的分配问题一直是政府与社会关系争论的焦点，而社会组织对公共事务的治理是这对基本关系的重要组成部分。随着社会的发展，社会公共事务所涉及的范围越来越广、数量越来越多，政府、企业、NGO 或 NPO 等较正式的社会他组织已不能完全有效地应对复杂多变的社会公共事务，社会团体和民间组织作为“第三部门”越来越多地参与到社会公共事务治理中，而这些社会组织在公共事务的管理和治理过程中也发挥着越来越重要的作用。自组织属于社会组织中比较特殊的一类，它可以以自身的灵活性、自治性、多元化等优势弥补“第一部门”“第二部门”等社会其他正式组织在社会管理和公共事务治理中的失灵和缺位。

二 自组织理论的发展

1. 自组织理论演变

自组织理论是研究自组织现象、规律学说的一种集合，它是一系列或多种理论的组合。其中主要包括普利高津的耗散结构理论、哈肯的协同学、托姆的突变论、艾根等人的超循环论等，这些自然科学理论共同构成了自组织理论体系。随着自组织原理和方法在社会科学中的广泛运用，自组织理论和原理自身也不断得到发展和完善。在这些具有代表性的理论中，“耗散结构理论”向我们深刻揭示了自然科学中自组织现象形成和发展的环境与条件；“协同学”较多地阐释了自组织形成的内在机制；“超循环理论”论证了系统自组织演化的具体形式及其结合发展的过程；而“突变论”则侧重于剖析自组织演化的路径；“混沌动力学”和“分形理论”则对系统发展成为自组织过程中的时间复杂性和空间结构与特性进行了详尽的解释与描述。经过这些理论的演变和发展，自组织理论和方法虽然运用到社会科学研究的其他领域，但其核心仍是组织自身的自发性和自觉性。

（1）耗散结构理论（Dissipative Structure Theory）

耗散结构理论由比利时布鲁塞尔学派领导人普利高津（Prigogine I）提出，他和他的同事在建立耗散结构理论和概念时最早准确地提出和使用了“自组织”（Self - organization，1977 年）的概念，他们用这个概念描述了那些自发出现或形成有序结构的过程。[①] 耗散结构理论指出，一个远离平衡的开放系统，与外界不断交换物质和能量，当外界条件变化达到一定阈值时，就可能从原先的无序状态转变为一种在时间、空间或功能上有序的新状态。

实际上，耗散结构理论就是一个非常重要而常见的自组织现象。一个开放型的耗散结构系统（如人体系统、经济系统、教学系统等）从外界环境吸收物质与能量而走向有序状态的功能特性称为系统的耗散性。换言之，耗散性也可以称作自组织性，即系统内部处于非平衡状态下形成的自觉的有序结构和自主的新状态。

（2）协同学（Synergetics）

协同学是耗散结构理论的发展，它为非远离平衡状态系统实现的系统演化提供了合理方案。它由德国物理学家哈肯（Haken，H.）创立，形成于 20 世纪 70 年代初期。1969 年哈肯首次提出“协同学”这一名称，并于 1970 年与格雷厄姆合作撰文介绍了协同学。哈肯第一次（1983 年）比较清晰地比较了“自组织”和“组织”概念在日常生活中的差别，用一个通俗的例子解释了自组织与组织的区别。他说，比如有一群工人，“如果每一个工人都是在工头发出的外部命令下按完全确定的方式行动，我们称之为组织，或更严格一点，称它为有组织的行为”，“如果没有外部命令，而是靠某种相互默契，工人们协同工作，各尽职责来生产产品，我们就把这种

---

① Nicolis，G.，Prigogine，I.，*Self - organization in non - equilibrium system，from dissipative structures to order through fluctuations*，New York：Wiley，1977，p. 60.

过程称为自组织。”[①] 组织的主要特征在于被动，而自组织则是作为整体的系统内部各成员相互协调和合作形成的有序状态。

协同学的目标是寻求一个普遍的基本法则来描述一个复杂的开放系统是如何从无序走向有序、从低级到高级、从简单到复杂的演变。它致力于寻找支配自组织过程的一般原理和普遍规律。“如果一个体系在获得空间的、时间的或功能的结构过程中，没有外界的特定干涉，我们便说该体系是自组织的。这里‘特定’一词是指那种结构或功能并非外界强加给体系的，而且外界是以非特定的方式作用于体系的，而且外界是以特定的方式作用于系统的。”[②] 哈肯认为，“自组织”系统演化的动力是系统内部各个子系统之间的竞争和协同，而不是外部指令。同时，哈肯指出，系统内部各个子系统通过竞争而协同，从而优化了竞争中的一种或几种趋势，最终形成一种总的趋势（自组织理论称之为“序参量”），从而支配系统从无序走向有序，即自我组织起来。在这个过程中，自组织运作的动力源于组织系统内部的各组成要素的相互协调，是一种自发的过程。

（3）超循环理论（Hypercycle Theory）

超循环理论的建立以 1971 年英国生物学家艾根（Eigen，Manfred）在德国的《自然杂志》上发表了《物质的自组织和生物大分子的进化》为标志。艾根在总结了大量生物学实验事实基础上提出了超循环的观点，他的大分子自组织理论认为：随机无序的大分子通过采取循环形式的自我组织，发展成为有序的组织，并向更高的组织和复杂性进化，最终导致了生命的起源。超循环是指由循环组成的循环，是较高等级的循环。超循环不同于一般的循环，在超循环中，每一个环节都对下一个环节的产生提供足够的帮助，一旦建

---

① Haken H.，*Synergetics*，*An Introduction*：*Nonequilibrium Phase Transitions and Self - organization in Physics*，*Chemistry*，*and Biology*，Berlin & New York：Springer - Verlag，1983，p. 191.

② Haken H.，*Information an d Self - organization*：*A Macroscopic Approach to Complex Systems*，Berlin & New York ：Springer - Verlag，1988，p. 11.

构起来，它便会永恒存在。超循环是一种生命起源的理论，它所强调的自组织形成是综合性的，简言之，就是一种将存在着差异、相互矛盾的部分联合成为一种优势兼容的系统。超循环理论的分析论证表明自组织原理具有整体性和综合性的特征。

（4）系统论中的其他分支理论

突变论（Catastrophe Theory）是一门新兴学科，重点在于研究客观世界非连续性突然变化的现象。在自然界和人类社会活动中，除了渐变的和连续性的变化现象外，还存在着大量无法预知的突然变化和跃迁现象，如地震、水沸腾、生物变异、战争、经济危机、生态风险等。虽然突变论本身不是系统自组织理论，它研究的是系统平衡点之间的相互转换问题，但它与系统演化有序和无序的转化密切联系，揭示出原因连续的作用有可能导致结果的突然变化，最终导致系统的有序与无序转化的方式和途径的多样性。在突变论中，自组织的过程就是一个动态的非均衡状态。

分形理论（Fractal Theory）与混沌理论（Chaotic Theory）都以非线性的复杂系统为研究对象，二者从微观上证明了系统演化的随机性，即不规则性和未预测的行为。系统从无序走向有序的过程中并不是稳定的，也没有具体的轨迹可寻。分形理论和混沌理论通过对“反常”事物和“反常”现象的探索揭示了自然界和人类社会复杂系统现象，同时也揭示了系统自组织内部的脆弱性和整体的统一性。

纵观系统论的演化发展，系统自组织原理关键点主要有：第一，生成自组织的前提条件是系统的开放性和非均衡性。自组织系统的存在依赖于与外部环境的物质、能量、资源和信息等方面的交换。只有形成非平衡的状态，才能促使系统从无序走向有序。第二，自组织系统运作的动力在于组织系统内部各组成部分之间的非线性互动。与他组织系统相比，自组织的独特之处在于其动力源自系统内部，是系统内部各组成部分之间的相互竞争和协同。从外部环境中观察自组织系统就会发现，自组织是一种内生型的系统。第三，自组织依赖于涨落、非均衡、偏离稳定状态到达有序状态。自组织系统在非线性的起伏波动中逐渐形成新的秩序。第四，渐变和突变是自组织演变的两种方式。在自组织系统与外部环境进行物质和能量的交换过程中，达到突变临界点之前，系统自组织都是以渐变的方式发展演化；当达到临界点时，系统性质就会发生质的飞跃，产生系统新的功能和结构，即形成突变。自组织的动态有序状态就是在渐变和突变这两种演变方式的交替过程中形成的。

2. 自组织治理理论

现代治理理论兴起于20世纪80年代。1989年世界银行在其报告《撒哈拉以南的非洲：从危机到可持续增长》中宣称："非洲发展问题的反复出现"的根本原因是该地区"治理的危机"①。自此以后，治理理论开始被广泛应用于低度现代化国家政治发展问题的研究和运用中，并且为了迎合社会发展的形势，把"治理"发展成为一种研究方法和一种政治分析框架。杰克逊明确界定了治理、好政府和善治（good governance）等概念②；斯莫茨认为"可治理性问题"已成为当今政治思想的核心③；罗西瑙认为治理与统治在性质上没有什么不同，都旨在建立社会秩序，但是治理的范围超越了国家制度，治理是一系列活动领域里的管理机制，治理的重心在社会自治。④ 斯托克认为治理（governance）"意味着一种新的统治过程，意味着统治的条件已经不同于以前，或是以新的方法来统治社会"⑤；罗茨也认为，治理不同于通常所说的"政府管理"（government），治理指的是一种新的管理过程，或者是一种改变了有序统

① World Bank, *Sub－Saharan Africa: from Crisis to Sustainable Growth*, 1989, p. 60.

② 转引自俞可平《治理与善治》，社会科学文献出版社2000年版，第148—178页。

③ ［法］玛丽·克劳德·斯莫茨：《治理在国际关系中的正确运用》，《国际社会科学》1999年第1期，第81—88页。

④ ［美］詹姆斯·N. 罗西瑙：《没有政府的治理》，张胜军等译，江西人民出版社2001年版，第4—6页。

⑤ ［英］格里·斯托克：《作为理论的治理：五个论点》，《国际社会科学》1999年第1期，第19—29页。

治状态，形成新的管理社会的方式。治理至少有六种不同的用法：作为最小的国家；对公司治理；作为新公共管理；作为“善治”；作为社会控制系统；作为自组织网络[①]。杰索普首次指出，“治理是一种自组织”[②]。从已有的研究成果可以看出，治理与自组织密切相关。

综上所述，治理理论主张消解政府垄断公共事务的权力，由政府、市场、社会共同参与社会公共事务的管理，以达到公共利益的最大化，实现整个社会的和谐发展。治理理论是从政府与市场、政府与社会、政府与公民这三对基本关系的反思中产生，它尤其强调社会力量在公共事务治理中的作用。治理理论能够有效克服政府单一的强制化管理弊端，让更多的社会组织群体参与其中，既减轻了政府的压力，同时又让社会组织有了更多的自主性，现已逐渐成为公共管理的一个重要价值理念和实践追求。治理理论旨在探索政府、社会与市场三者角色的定位以及如何通过相关制度和机制实现三者之间的协调与合作，而自组织的根本目标是从无序走向有序状态，这与治理理论追求善治的目标是一致的。两者有共通之处，自组织理论与治理理论都是通过打破线性的模式，以多元化、非线性方式实现社会的有序化。

自组织在参与社会公共事务治理过程中与其他社会组织处于平等地位。自组织同样具有社会组织的特征，与社会他组织相比，自组织具有更强的自主性和更大的灵活性。因而，自组织在参与社会治理过程中，具有独特的优势，从治理和善治主体的多元化角度看，自组织参与社会治理可以拓展和丰富治理理论和善治理论。

自组织可以更加有效地参与社会事务的治理，同时防止政府对公共权力的垄断。从全社会的范围看，政府在整个社会活动中扮演重要角色，但政府不是唯一的权力中心，构建全能型政府不仅不可

---

① 转引自俞可平《治理与善治》，社会科学文献出版社 2000 年版，第 86—112 页。

② ［英］鲍勃·杰索普：《治理的兴起及其失败的风险：以经济发展为例的论述》，《国际社会科学》1999 年第 1 期，第 31—46 页。

能，而且必然导致政府职能的“越位”“缺位”和“失灵”。社会中的志愿者组织、非营利组织和非政府组织（NGO）等社会组织，只要得到公众的认可和支持，也可以成为不同层面的权力中心，它们完全能够在不同程度上分担治理公共事务、提供公共物品和公共服务的职责，同时也可以在一定范围内担负相应的对权力的监督和制约功能。作为现实的自组织，自组织参与社会公共事务可以更好地实现对公共事务治理的透明性、有效性和回应性，充分有效地利用社会力量和资源。这也切合善治理论的基本原则和要求。① 随着我国改革局势的全面深化，为了激发社会组织活力，更好地发挥社会的创造性，中共中央十八届三中全会指出，“要改进社会治理方式，激发社会组织活力，创新有效预防和化解社会矛盾体制”。作为一种新兴的社会组织，自组织参与社会治理，在治理的逻辑、方式、路径等方面对社会治理体系的创新探索已是必然之势。

3. 自组织的自然之道

老子的“道”与兴起于西方的现代治理理论具有一定的相似性。2500 多年前中国的大思想家老子在《道德经》中提出“道法自然”的自组织秩序和“无为而治”天下的思想。这种理念深刻地总结了东方社会管理思想和现代治理理论的本质。但是显而易见，二者产生的时代背景、理论形式是不同的：老子的“无为而治”思想是对中国早期国家秩序解体的反思，是“礼崩乐坏”后“治理危机”的反映，也是对以儒家和法家为代表的早期官僚主义统治思想的反思，带有质朴性的理论特征；现代治理理论是对晚期资本主义社会中现代福利国家“可管理性危机”“合法性危机”所造成的“统治失效”的反映和反省，是一种高度理性化的“无为而治”思想，具有后现代性色彩。

老子的“道”是治理理论中最抽象妥帖的哲学本质。“道”是老子以生命体验为根基对社会存在和宇宙秩序的一种把握与描述。

---

① 转引自俞可平《治理与善治》，社会科学文献出版社 2000 年版，第 9—11 页。

天下万物负阴而抱阳，对立统一，社会也不例外。“天下皆知美之为美，斯恶矣；皆知善之为善，斯不善矣。故有无相生，难易相成，长短相较，高下相倾，音声相和，前后相随。”① 任何事物都包含矛盾的两个方面，物极必反。因为“天之道，其犹张弓与！高者抑之，下者举之，不足者补之。天之道，损有余而补不足”②。缘此，作为深刻体悟自然之道的高明管理者总是“知其雄，守其雌”③，“去甚，去奢，去泰”④。不依恋强力，“辅万物之自然而不敢为”⑤。最好的政治管理秩序是“太上，不知有之”⑥。使社会几乎感觉不到强制的威胁。“我无为，而民自化；我好静，而民自正；我无事，而民自富。”⑦ 让老百姓在有序框架体系内自发形成共同体自组织，有序地为治天下而尽其力。这与现代治理理论的本意是一致的。概言之，自组织之道的现代意义在于治理的自主性与社会性的有机统一。

三　自组织与他组织

组织，在这里主要是从动词和名词角度讲的，具有将社会中的个人协调集合起来之意，也有一个组织整体之意。简而言之，在现实社会中，人们为实现一定的目标，互相团结协作结合而成的集体或团体就是组织。组织是人们按照一定的目的、任务和形式组成的社会集团。它不同于社会群体，相对于社会群体而言，社会组织具有较强的聚合性和内部规则性，这些我们称作“组织性”。

自组织是在自发性、自由性和自愿性基础上形成的私人社团组织形式，是相对于政府的强制性、行政性组织方式而言的。自组织理论设计目标主要在于复杂组织系统的形成与发展机制问题，即在

---

① 老子：《道德经》，韩宏伟等注译，安徽人民出版社 2001 年版，第 4 页。
② 同上书，第 170 页。
③ 同上书，第 63 页。
④ 同上书，第 66 页。
⑤ 同上书，第 143 页。
⑥ 同上书，第 39 页。
⑦ 同上书，第 127 页。

一定条件下系统是如何自动地从无序走向有序、从低级有序走向高级有序。这就需要系统内部各要素高效益的协同合作，使各类资源得以最大限度地发挥作用，使人各司其职，使物各尽其用。

在社会组织中与自组织相对的是他组织，他组织形成和发展的主要动力源于组织外部力量的推动，如政府、企业、公司等，它们都是在外部力量的推动下或是受某一共同目标的驱动被组织起来的。组织成员分为组织者和被组织者，如政府必须具有政府首脑或其他形式的统治者与执行者。组织者控制、管理整个组织使其按照预定的计划、方案进行活动，进而实现预定的组织目标。而自组织参与社会活动时，这种等级式的分层将进一步弱化，自组织的发展动力在于组织内部各组成部分之间的相互协调和相互作用。从外部看，自组织的领导者并不像他组织那样具有固定化和模式化的管理方式。当然，自组织也具有社会组织的基本特性，它与社会他组织、社会群体的关系如下表所示：

表 1－1　　社会组织、社会群体、自组织和他组织概念关系

一级概念	社会组织（强组织性、纪律性）		社会群体（弱组织性、异质性）	
含义	具有一定纪律，组织内部凝聚力较强		组织成员流动性较大，内部组织性较弱	
二级概念	自组织	他组织	临时群体	分层化群体
特征	内部动力 自治 独立性	外部驱动 被操纵和掌控 依附性	临时性 瞬时集聚 易散性	长期性 共同的社会特征
典型例证	青年自组织、 志愿服务组织	政府、企业	听众、观众	阶层、阶级

自组织不同于非政府组织（NGO）、政府、企业和社会群体、社会阶层等其他的正式组织。自组织具有更高的自主性和灵活性，它们本身就是基于某一共同社会目标和公共利益而自发组织起来的，虽然也有一定的纪律性和内部规则，但在自组织中每一个成员

的自觉性和主动性较强，无论是基于共同的兴趣、爱好还是以共同的利益和目标为纽带。从组织的融合度上看，自组织的异质性较弱，因而其组织协调能力较强，能够较好地适应社会环境变化，自组织成员可以见机行事，而不必待命于或听命于某个指挥中心。因此，就组织的主动性和灵活性而言，自组织对于社会环境的随机变化和突发事件具有更为灵活机动的回应能力。

四　自组织的类型

正如社会组织可以按不同标准划分为不同的组织一样，自组织也具有不同的类型。自组织的生存和发展依赖于一定的社会环境，其发展成长离不开社会现实的变化。自组织的形成要经历一段漫长的发展过程，它也是一个从无到有、从小到大的组织化过程。根据不同的划分标准，我们可以将社会自组织划分为不同的类型。

1. 按性质划分

依据自组织自身的性质判断，自组织可以分为正式自组织和非正式自组织两大类。自组织并不是绝对区别于社会其他组织的，相反，正式的社会自组织存在于非政府组织、非营利性组织、民间组织中，通过高度组织化的发展，随着参与社会活动和公共事务影响的扩大，自组织在政府相关的社会组织管理部门注册登记后进而发展成为社会团体或社会正式组织。

非正式社会自组织的发展规模较小，自组织内部有纪律但缺乏正式的组织规则和制度。这些非正式的自组织一般是根据共同的兴趣、爱好和共同的目标建立的，它们组织活动具有更大的灵活性、自主性和随意性。

2. 按目标划分

自组织都是基于不同目标和任务产生和发展起来的。如果按照社会自组织多元化的目标，我们可以将自组织划分为公益型自组织、趣缘型自组织、情感交流型自组织、利益互惠型自组织。

公益型自组织的成立与活动的目的主要是提供公共服务，以期弥补政府等正式社会组织在生产公共物品方面的不足和缺位。如各种环保组织、志愿救援组织及各类专门帮助弱势群体的公益组织等。

趣缘型自组织主要是指人们为了共同的爱好和兴趣而聚合形成的社会自组织。这类自组织的主体主要是青少年群体，特别是大学生群体，如大学生社团、俱乐部、社团协会等。

情感交流型自组织主要是以促进共同的情感社交为目的而成立的自组织，多以共同的地域或共同的经历为纽带，如老乡会、同学会等。

利益互惠型自组织主要是把利益交换作为展开活动的目标，时间一长便成为了社会自组织。如较小范围的行会、商会、职业协会等。

3. 按活动媒介划分

社会自组织的活动都要以一定的媒介和工具为载体，根据自组织选择的活动媒介可以将自组织划分为现实自组织和虚拟自组织。随着现代信息技术的高速发展，自组织的发展出现了一些新类型，除了各类传统的现实自组织，越来越多以互联网、手机、短信、微信、微博、QQ 等新媒体和新兴通信手段为媒介和工具开展活动而形成的新兴自组织。这类新兴自组织以互联网、现代通信网络为主要阵地开展活动，从网络在线行为转变为离线自组织行动，参与社会事务的管理和治理。这类新型的自组织即在线自组织已开始发展壮大，并且与现实自组织的重叠或交叉已成为自组织发展的新趋势。

4. 其他划分

除了以上划分标准外，还可以选择其他的因素对社会自组织进行区分。如按年龄可分为青年、中年、老年等不同年龄段的自组织；按职业划分为不同行业的自组织；按地域划分为不同区域的自组织等。社会自组织的发展和成长受许多社会因素影响，对社会自组织的类型划分并不存在唯一有效的划分标准，选择不同的划分依据最终目的也是在认识社会自组织的基础上，更好地规范自组织参与社会活动，同时也促进自组织自身的健康成长，引导其为社会服务。所以，对社会自组织的类型划分不是一元化的，而是多元化的。

第四节　文献综述

十八届三中全会提出“要改进社会治理方式，激发社会组织活力”，进一步强调了要激发社会力量的创新力。在学术界，社会治理、善治、社会管理、民主化转型等社会和政治现代化理论研究也越来越深入。社会组织的繁荣成为“小政府大社会”格局构建的最好诠释，“青年自组织”的出现则为崇尚自由的现代青年重塑了一种新的公共空间。

一　国内相关研究

国内学界对自组织理论的研究主要代表有吴彤、黄永军、孙志海、高隆昌等。

吴彤认为，作为一种过程演化的哲学上的抽象概念，自组织概念包含着以下三类过程：第一，由非组织到组织的过程演化；第二，由组织程度低到组织程度高的过程演化；第三，在相同组织层次上由简单到复杂的过程演化。①

黄永军借鉴了普利高津及由他率领的布鲁塞尔学派的研究成果，他认为自组织是系统所呈现出的一种稳定有序的结构，这种结构是系统在不断耗散外界供应的物质、能量、信息的条件下才得以维持，因而是一种非平衡有序结构。② 孙志海认为，一个系统是否是自组织系统的标志是看它中间是否有自组织行为。③ 高隆昌认为，

① 吴彤：《自组织方法论研究》，清华大学出版社2001年版，第6页。

② 黄永军：《自组织管理原理》，新华出版社2006年版，第10页。

③ 孙志海：《自组织的社会进化理论、方法和模型》，中国社会科学出版社2004年版，第18页。

自组织是系统自身能量建设的过程，具体包括自由能的获得（包括系统外界能量和系统内部的能量），自由能的加工、转化、升华，自组织的实现这三个步骤。①

目前，我国的青年自组织研究尚处于起步阶段，主要是从对自组织本身的概念、特性、产生背景和分类几个方面进行剖析。

首先是对青年自组织内涵的界定研究。高俊等人认为，青年自组织就是指既没有在民政部门正式登记注册，也没有在机关、团体和企事业单位内部登记备案，以青年为主体，以某种共同的兴趣爱好或利益需求为纽带，自发成立、自主发展、自我运作的青年组织。② 陆平认为，以青年为主体，以活动为平台，由青年自发成立、自主发展、自行运作和自我治理的具有一定规模的、拥有组织章程和组织框架的青年非政府组织是青年自组织。③ 卜昭滔则从网络发展的角度出发，把依托网络发展而兴起、通过网上结社而形成的自发性青年组织定义为青年自组织④。谭建光、张文杰、袁建则把那些没有受到外在控制（政府控制、群团控制、机构控制）而由青年自发组成的，以维护青年的利益需求和满足青年的兴趣爱好为主要功能的各种社团、群体定义为青年自组织。⑤ 从上述研究者对青年自组织的概念界定来看，尽管都提到了青年自组织的自发性特点，但他们对青年自组织给出了不同角度的定义，缺乏统一的正式解释。

其次是青年自组织的内部特征分析。普遍认为青年自组织具有主体特定化、管理松散化等特征⑥，属于自发成立、自主发展、自

---

① 高隆昌：《系统学原理》，科学出版社 2005 年版，第 135 页。

② 高俊：《青年自组织问题探讨》，《亚太经济时报》2008 年第 2259 期。

③ 陆平：《我国青年自组织的现状调研》，《理论前沿》2008 年第 4 期，第 45 页。

④ 卜昭滔：《青年自组织现状及对策分析》，《社团管理研究》2009 年第 2 期。

⑤ 谭建光、张文杰、袁建：《经济发达地区的青年自组织——来自广东省珠江三角洲地区的调查研究》，《中国青年研究》2008 年第 3 期。

⑥ 韩德强：《浅论青年自组织的兴起、特征及对策》，《河北青年管理干部学院学报》2008 年第 3 期。

我运作、自我管理[①②③]，也有学者认为网络配置资源的低成本、平等、自由是青年自组织兴起的具体原因[④]，忽略了青年群体心理对隐蔽交往方式的认同感；亦有学者指出青年自组织对高校文化建设和管理工作带来了挑战[⑤]以及其与舆情信息管理的关系。[⑥]

再次是青年自组织的类型范围研究。他们认为社会自组织是指介于国家和家庭、市场之间，独立存在、自主运作的社会组织形态，包括民间性的理事会、志愿性社团（非政府组织）、社区自治组织、社会集体行动和“草根”组织等。[⑦] 高永良指出，青年自组织既没有到当地民政部门正式注册登记拥有法人资格，也没有在机关、团体和企事业单位内部登记备案，是青年自发成立、自主发展、自我运作，由于观念、爱好、习惯、需要等相同或相似而自然形成的一种群体。网络的低成本、开放性和自由性，使其成为青年自组织运行中不可替代的载体。网络在青年自组织的运行中主要发挥论坛讨论和提供功能性服务两个功能。[⑧] 社会自组织是具有一定规模、服务于社会公益的自发组织。自生性青年组织将一些公益组织纳入其中。[⑨] 因而，部分公益组织同时也是属于社会自组织。

---

① 安建增：《中美青年自组织生成逻辑的比较分析》，《青年研究》2008 年第 7 期。

② 谭建光、张文杰、袁建：《经济发达地区的青年自组织——来自广东省珠江三角洲地区的调查研究》，《中国青年研究》2008 年第 3 期。

③ 董悦、李凌云、唐洁秋：《青年自组织研究——以杭州市为例》，《中国青年研究》2008 年第 3 期。

④ 陈鹏庭：《新兴城市青年团体的对外传播与社会参与》，《当代青年研究》2010 年第 4 期。

⑤ 仇道滨：《论大学校园潮流文化的自组织特征》，《中国青年政治学院学报》2010 年第 1 期。

⑥ 刘素林：《青年自组织舆情信息功能分析》，《山西广播电视大学学报》2009 年第 6 期。

⑦ 安建增、何晔：《美国城市治理体系中的社会自组织》，《城市问题》2011 年第 10 期。

⑧ 高永良：《高校青年自组织发展研究》，《中国青年研究》2010 年第 5 期。

⑨ 童潇：《青年自组织参与社会建设：行动特征、驱动因素及社会后果——以上海城市自生性青年民间组织为例》，《中国青年研究》2012 年第 5 期。

最后是国际比较研究。李晗龙、高军比较分析了中俄青年自组织发展的现状及其特征，指出俄国青年自组织在组织机构体系、外部政策制度环境方面都达到了较高的发展水平，特别是专门为引导青年自组织和青年组织健康发展而制定的政策、法规值得我们借鉴和学习。① 与国外青年组织的发展相比，我国青年组织在内部组织结构、组织目标、社会角色等方面与国外青年组织还存在较大的差距。我国青年组织发展的自主性、专业化、多元化特质还有待进一步提升。② 安建增比较分析了中美青年自组织生成逻辑的内外部因素，并指出我国青年自组织发展中的“被动性”，缺乏本土特质③。

从以上研究视角和分析可以看出，国内学界对青年自组织的研究仍处于初始阶段，有关自组织运作的规范化和制度化管理、自组织对高校稳定乃至社会稳定的影响力及青年自组织“在线行为”与网络群体性事件治理等相关文献付之阙如。

（二）国外相关研究

从理论研究上看，国外研究者立足于青年自组织发展的现实：国外青年自组织在自身发展、政府和社会引导、社会制度环境等方面都已经过了漫长的萌芽期，进入了快速发展阶段。

首先，与国内学者对青年自组织的研究不同的是，国外对青年组织和青年自组织与社会稳定的研究主要倾向于将其归入社会与民主的研究范畴。青年自组织具有较强的政治性，它们在参与社会公共事务的决策和政治议题的提出方面发挥着重要的作用，青年自组织政治参与度较高，对个人自由价值的追求和基本权利的诉求大多通过积极参与政治活动实现。青年自组织作为社会的有机组成部分是青年实施自治、向政府实施问责的产物。在这方面，

① 李晗龙、高军：《中俄青年自组织现状及特征比较研究》，《中国青年研究》2011 年第 12 期。

② 李辉、练庆伟：《国外青年组织发展的特征》，《当代青年研究》2008 年第 7 期。

③ 安建增：《中美青年自组织生成逻辑的比较分析》，《青年研究》2008 年第 7 期。

青年自组织继承了洛克（J. Lock）[①]、潘恩（T. Paine）[②] 和托克维尔（A. Tocqueville）[③] 等近代政治思想家们关于公民权和代议民主思想的影响。他们认为，要保护个人自由，就必须通过社会权力限制公共权力；政府在很多领域尤其是微观社会管理领域的行动是无效的，因此需要通过自组织机制在政府的职责范围之外开展自我管理与自治服务，青年自组织就是其中一个重要组成部分。在亨廷顿看来，政治稳定的一个前提条件就是政治体系能够吸纳现代化过程中产生的新兴社会势力，满足社会新兴势力的政治诉求。[④] 青年自组织作为新兴社会组织，他们通过政党活动、政治选举等方式参与政治，表达其利益和诉求。如美国的美国青年政治理事会（The American Council of Young Political Leaders）主要从事国际青年政治交流、政策建议、政治运动、参与政治等公共活动，成员也主要是美国联邦和地方政府、议会、两党机构及全国性团体的青年官员和政界人物。[⑤] 这类青年组织参与政治活动相对比较活跃，而且他们的政治参与具有较大的社会影响力。

其次是侧重于青年自组织内部组织结构的研究，从“内生性”视角审视青年自组织参与社会与政治稳定的关系。西方研究青年自组织问题最有名的是 Roger A. Lomann，他提出用超越学科研究限制的“民社理论”“自由价值理论”来研究青年自组织的相关问题。Roger A. Lomann 虽然是西方研究青年自组织的第一人，但因其在研究中鼓吹“无政府主义”“无限自由论”而受到批驳，其实他也没有从根本上揭示青年自组织形成的根源和发展的动因。

---

① ［英］洛克：《政府论》，叶启芳、瞿菊农译，商务印书馆 1964 年版，第 48—50 页。

② ［美］潘恩：《潘恩选集》，马清槐译，商务印书馆 1981 年版，第 3 页。

③ ［法］托克维尔：《论美国的民主》（上册），董果良译，商务印书馆 1988 年版，第 635—640 页。

④ ［美］亨廷顿：《变化社会中的政治秩序》，王冠华、刘为译，上海人民出版社 2008 年版，第 350 页。

⑤ 马春雷：《美国青少年组织观察及其启示》，《中国青年研究》2004 年第 9 期。

实际上，西方青年自组织管理规范、信息畅通、运作成熟、生命力强。在西方，运作成熟和管理规范是青年自组织的主要特征。如世界上规模最大的青年自组织之一的基督教男青年会（The Young Men's Christian Association，简称 YMCA），其各级联盟与会员之间不存在领导与被领导的关系，而主要起到一种代表和协调作用。各地方性的 YMCA 面向所在社区招募成员，独立制订计划、组织活动。[①] 组织内部拥有详细的组织成员权利义务说明和完备的管理规范，组织成员之间的联系密切，组织具有较强的凝聚力，使得这些青年自组织能获得长久的生命力与活力。西方青年自组织大多勇于根据形势进行创新。成立于 1918 年的德国社民党青年团在 1969 年宣称放弃阶级党特征，向广大市民敞开大门。[②] 国外青年自组织大都是某一群体或党派利益的代表，具有较强的公共性和政治性，涉及权益保障、失业和职业培训、残疾人和移民问题、发展性教育问题、防止滥用药物和吸毒问题等，在社会管理领域发挥了重要作用。社会对自组织支持力度也很大，如俄罗斯《国家支持青少年社会组织法》中规定：青年组织可以被列为国家级社会组织，享有国家专项资助。美国有针对各种青年自组织的直接减免税务的相关规定，政府还常常通过合作协议、政府补贴等方式以合作伙伴身份邀请青年自组织参与社会管理。

综上所述，国外对青年自组织的研究、引导和治理都已进入较为成熟的阶段，相关的理论体系和法律制度环境也比较健全。但我国的制度、文化、规则和法律等社会环境与其他国家并不相同，我们也不可能直接照搬外国的制度设计经验和理论运用。同时，随着信息时代的到来，社会环境、文化制度的差异也要求我们进一步深化对我国本土青年自组织的研究，进而促进社会和谐、政治稳定发

---

① Andrew E. Rice, *Relationships between international Non - governmental Organizations and the United Nations*, Transnational Associations, 1995, p. 47.

② Oberpriller M., Jungsozialisten: *Parteijugend zwischen Anpassung und Opposition*, Germany, Berlin Dietz, 2004, p. 294.

展，为深化改革创造良好的制度环境和社会条件。

第五节　主要内容与研究框架

本书主要以青年自组织参与社会活动及其在此过程中的作用和表现为主要内容，通过考察青年自组织参与社会行动的范围、内容、方式和途径等，研判青年自组织在社会维稳和社会治理方面的作用，探索如何更加有效地治理并促进青年自组织的发展，尤其是青年自组织在参与社会管理、网络舆情、社区治理等方面的积极作用。在新媒体迅速崛起的背景下，青年自组织参与社会公共事务治理也存在两面性：一方面，青年自组织作为社会组织参与社会治理，可以激发社会自组织的创造力，拓展社会治理理论，积极地推进社会治理进程，提高社会治理水平和治理能力。另一方面，青年自组织自身发展还不成熟，在参与社会活动中还缺乏规范性和相应的规则约束，以至于有时会影响社会公共事务的管理和治理进程。基于此，本书以自组织、社会管理、社会治理、社会稳定、危机治理等为理论基础，从网络舆情、高校青年自组织调查与社区治理等方面考察了我国青年自组织发展的现状，并找出青年自组织发展过程中的问题，探究其问题的根源，最终为引导和治理青年自组织提供合理建议和发展建设思路。

（1）实地调查重庆市七所高校青年自组织的现状，探寻青年自组织自身发展所遇到的困难和挑战，重点在于探索青年自组织在与社会他组织交流、互动与合作过程中是如何寻求自我提升和发展的路径和策略，寻求中国特色的青年自组织管理的制度安排和运行机制。

（2）分析和研究青年自组织在社会事务管理、社区治理、志愿服务、抗震救灾、邻避运动等社会活动中的作用，找出青年自组织在这些活动中的正负效应，进而为有效治理青年自组织寻找突破口，引导青年自组织成为社会稳定的重要力量。利用青年自组织成员的扩展性特点，将组织文化建设与成员素质培养有机结合，增强自组织的危机应对能力，加强对青年自组织网络舆情和社会参与的监管和引导。

（3）正面引导青年自组织网络“在线行为”，通过谣言阻断、源头阻断、暴力阻断、导火索阻断四个途径阻隔“在线行为”向“离线行为”转化，减少和防止网络群体性事件。随着网络信息技

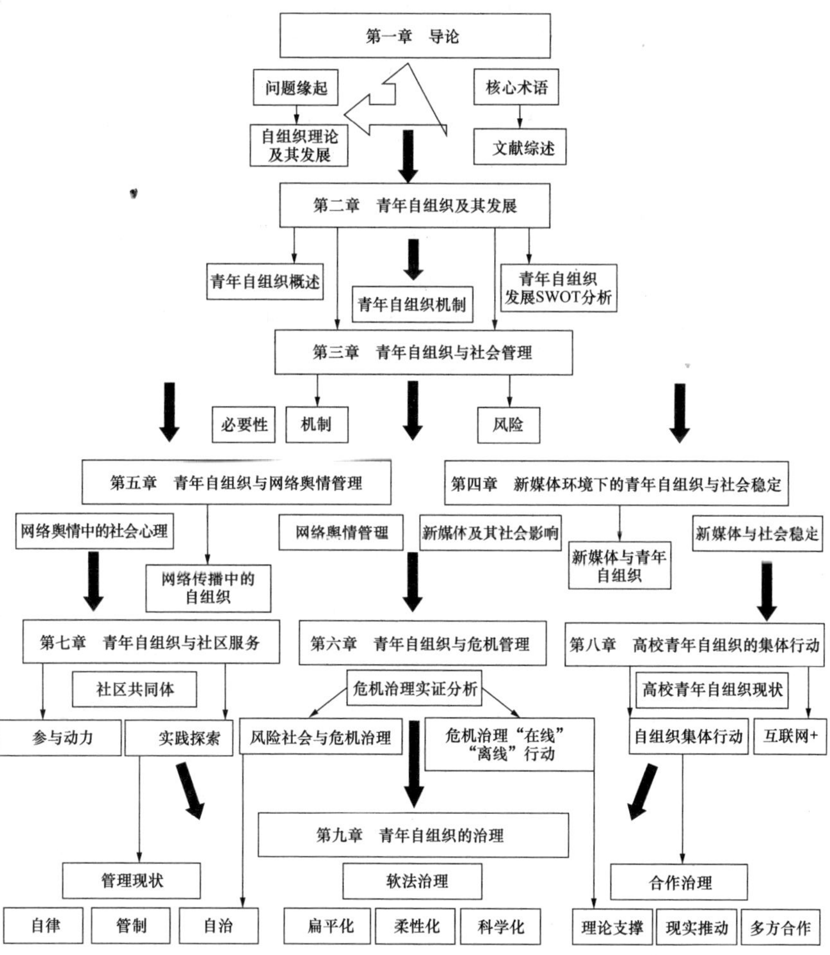

图1-1　本书研究框架和主要内容

术和新媒体平台的多元化发展，信息传递越来越迅速，一方面有利于党和政府的方针、政策和法律法规迅速使社会周知；同时也有利于相关部门及时了解青年群体的诉求及对国家政策的意见和建议，增强管理、治理和引导的有效性。另一方面，在信息不对称的情况下，容易造成小道消息的肆意传播，甚至是谣言的扩散，冲击主流意识，特别是当青年自组织通过互联网等信息技术平台可能将网络虚拟的非理性意愿转化为现实集体行动时，将会成为社会的不稳定因素。鉴于青年自组织的两面性，需要正确引导青年自组织发挥自身的积极作用，防止其在网络群体性事件中的消极影响。

（4）利用青年自组织在线活动平台设置相关链接，与政府、社会和家庭协作，迅速掌控信息共享中的网络舆情。借鉴国外高校青年自组织的管理规范模式，探寻青年自组织对社会稳定的多元影响及如何在线引导青年自组织的集体行动，并与政府、社会和家庭形成预防群体性事件的联动机制。通过社会参与、网络管理、网络舆情、危机管理、集体行动、合作治理等理论视角，多角度对青年自组织的发展和社会参与进行分析和研究，在青年自组织参与社会管理、社区治理、突发事件等方面考量青年自组织的社会服务能力和在社会合作中的治理能力。

（5）结合重庆地区高校青年自组织发展现状和特征，从自组织内部结构条件和社会外部环境两大视角分析和探索青年自组织的治理之道。青年自组织是集产生不稳定因素与消解不稳定因素为一体的复杂群体，笔者主张构建和完善内外兼治的冲突阻断机制，以利益表达、对话协商、缓和矛盾、化解冲突为特征的内部阻断机制，结合以预防、预警、预控为主的危机发生的外部阻断机制，两种阻断机制共同作用，有效预防网络群体性事件。

第二章　青年自组织及其发展

青年自组织作为社会中自组织的代表之一，其发展有其特殊的内部运行逻辑和动力机制。青年自组织不同于其他社会中的自组织，其组织内部结构、组成成员和参与社会活动的主体都有其自身的特质，它们的产生、形成和发展在很大程度上都要受其生存的内部要素和外部社会条件的限制。相对于社会他组织而言，青年自组织较少受社会他组织的外部控制和主导，同时它们又在社会参与中不断发展壮大，在参与社会活动、与社会互动过程中形成了自己独特的运行机制，对社会管理和治理产生广泛影响。本章主要以青年自组织的自身特征、组织构成要素、发展现状等为主要内容，运用SWOT战略管理分析理论和方法对青年自组织自身的运行效果和参与社会的行动做出合理的评价，进而找出青年自组织自身发展的内外部优势与不足，探索适合青年自组织健康发展的策略选择。

第一节　青年自组织概述

随着我国改革进入全面深化阶段，社会力量在公共事务治理和提供公共服务方面发挥着越来越大的作用，社会组织就是一个重要的社会治理主体。在我国社会现代化与政治民主化的背景下，社会加速转型，社会结构、社会生活出现了新情况、新现象。各类新型社会组织在我国得到快速发展，它们在促进和谐社会结构方面起到十分重要的作用，一些新型的青年组织应运而生并迅猛发展。青年自组织由于其自身所具有的独特魅力，吸引了很多青年参与其中，成为社会治理多元主体中的一员。

一 青年自组织的特征

由于其内部要素和外部生存环境的差异等原因，青年自组织的发展呈现出不同的特征。因而，青年自组织的特征可以从两个角度进行分析，一是从青年自组织的内部结构、运行机制、组成成员等组织自身因素加以认识。二是从青年自组织形成和发展的外部社会环境因素加以分析。把内外部因素分析结合起来可以更全面地认识青年自组织本身的属性和特质。

（一）内部特征：组织构建视角

内部特征是青年自组织的根本特质，青年自组织的内部建构、运作、协调等内部属性从根本上决定了青年自组织的社会行动。对其内部特征的分析有助于我们从本质上认识和把握青年自组织的基本特质和属性。

1. 非正式性与非营利性

非正式性是当代中国的青年自组织区别于体制内或社会其他正式青年组织的根本特征。从外部环境看，青年自组织没有直接的上级管理单位，也未经社团登记和注册，在很大程度上不受政府机构的影响和控制。从青年自组织内部结构看，组织内部没有形成系统的、正式的管理章程，成员可以随入随出，不需要履行任何正式的手续；在组织活动的进行过程中也没有正式严格的规则，成员可以自愿加入，随时离开。青年自组织是一个从无到有发展起来的新生事物，随着其不断发展，这类组织的组织化程度也在不断提升。但是即便如此，相对于正式组织而言，青年自组织的内部结构还是呈现出较大的松散化、碎片化。另外，我国对青年自组织的监管，由民政部门和业务主管单位共同审核的双重管理体制逐渐宽松乃至废除，没有通过登记与注册的青年自组织已具有合法地位，准入门槛开始降低。2013 年的《国务院机构改革和职能转变方案》明确提出，民间组织可以直接向民政部门申请登记，不再需要主管单位审查同意，这意味着双重管理体制的终结。这为青年自组织的发展提供了有利的外部条件，奠定了非正式青年自组织的合法性和社会地位。

非营利性是青年自组织的另一个重要属性。绝大部分青年自组织的活动资金来源于成员自发缴纳的会费或者社会公益捐助。因此，青年自组织的大部分服务项目是免费的。组织可能会通过经营活动来“营利”，但目的并不是为了自己的“营利”或是赚取利润，而是将其用于组织的生存、发展及组织事业的再扩大。青年自组织的非营利性也在一定程度上体现了其社会公益服务的属性。

2. 自主性与独立性

当代青年生活在经济全球化、信息高度发达的时代，加之中国社会的转型，他们接受了东方与西方文化、现代与传统文化等多重文化的教育和熏陶。年轻人兴趣广泛，他们身上更多地表现出追求个性、自由，甚至叛逆的性格特征，由他们组成的青年自组织本身必定具有追求自主、独立的特性。

一方面，青年自组织整体具有自主性和独立性。自我参与、自我管理是当代中国的青年自组织在内部治理上表现出的较之体制内传统青年组织更为突出的特征，自发成立、自主运行与自我管理是当代中国的青年自组织的基本特征。在遵守法律的前提下，青年自组织的决策和行为不受政府的影响，自组织可以自行确定负责人，决定自己的事务。为在促进自我发展的同时保持独立性，其活动经费主要依靠自组织内部筹集。调查显示，48.5%的青年自组织的资金来自组织内部，仅有5.4%的是来自政府或单位的拨款。① 另一方面，组织成员的活动具有很大的自主性。成员进入和退出并不必遵循严格的规章和程序，在参与社会活动时，组织成员的自主性不是指单独行动，而是指成员在活动中的个人自主性和自觉性得到充分的尊重和发挥。

---

① 数据源于本课题组针对重庆七所大学抽样调查分析所得。详见第六章。

3. 交叉渗透性

交叉渗透性主要是指青年自组织成员身份的多重交叉性和青年自组织之间关系的网格化。一是成员身份的交叉渗透。青年群体大量聚集，为了满足他们多样化的生活需求和发展需要，一个青年可以同时参加多个青年自组织并视之为生活的一部分。对成员个人而言，青年自组织的成员具有多重社会身份和角色，加之青年自身发展的多样化需求也决定了一个人不可能只属于某一个特定的青年自组织，而且各青年自组织的组建和发展对成员而言也不是绝对排他的。二是青年自组织之间的交叉渗透性。青年自组织之间形成密切的交流、合作的互动关系，建立信息共享、资源共享机制，甚至形成战略联盟，形成网格化的社会关系网络，在参与社会活动中共享资源，活动没有明确的边界。

4. 组织微观化

青年自组织的规模和社会影响力决定了青年自组织的微观化特征。第一，从时空阈值上看，青年自组织开展社会活动具有明显的地域性。开展现实活动是青年自组织加强成员间凝聚力最直接有效的手段。受空间和时间的限制，其活动和组织必然体现一定的地域性：一是成员构成的地域性，大多数青年自组织的成员构成主要以同城、同一社区或同乡等共同的地域元素为基础；二是活动的社会影响主要针对特定地域，如蒲公英义工社就主要以重庆地区各高校在校大学生义工（志愿者）为参与主体，并结合大学生的专业特点，帮助他人，回馈社会，开展对弱势群体的关注与帮扶活动等。第二，组织的趣缘性等局部属性决定了青年自组织的微观化特征。青年自组织的形成，主要源于具有某种共同利益、共同的信念和观点，或者相同的社会背景、志趣爱好和类似生活经历的人群的自发组合。因此，组织成员活动内容和范围的有限性赋予了青年自组织社会活动的微观化特征。

5. 运作方式网络化

以网络、新媒体为基础联络工具是现代青年自组织的重要特征。

青年自组织运行方式的网络化体现在两个方面。

第一，现代信息传递技术的运用。现代信息网络技术的网格化和移动化为青年自组织自身发展和社会参与提供信息、交流信息，如会员管理、活动策划、信息发布等，低成本、开放和自由的特性，使其成为青年自组织运行中不可替代的载体。根据第39次《中国互联网络发展状况统计报告》显示，通信软件、博客、微博、论坛以惊人的速度发展，特别是通过智能手机、iPad等移动终端上网、视频的人数剧增（见图2-1、图2-2所示）。青年使用网络的频繁性及互联网开放自由的特点使网上交流成为青年自组织成员的主要沟通方式。网络的开放性，使青年能够突破地域、时间和资源的限制，无边界地开展活动；网络的自由性，使青年能够更加平等地参与到社会活动中来，尽情展示自己的才能，挥洒内心的情感；网络的便利性，使青年能够低成本、高效能地运行自己的组织。

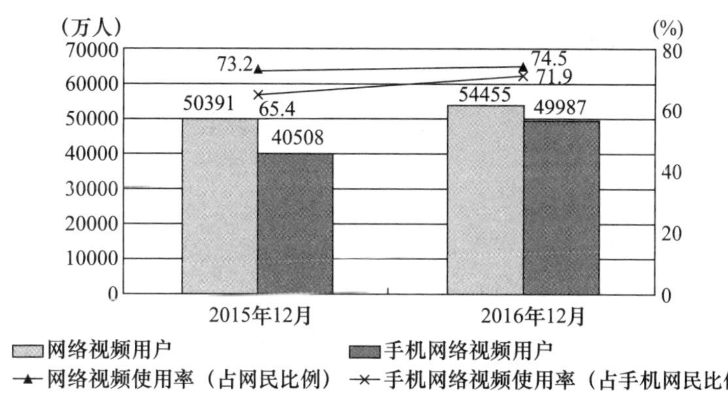

图2-1　2015—2016年中国网络视频/手机网络视频用户规模及使用率

资料来源：中国互联网络信息中心：《中国互联网络发展状况统计报告》，2017年1月，http://mt.sohu.com/business/d20170124/125065514_481676.shtml。

第二，参与社会活动的联络。这主要是指青年自组织之间以及与其他社会组织之间的交流互动形成了网络化，在资源获取、信息传递、社会参与、组织内外部协调等方面形成复杂的关系网络和互

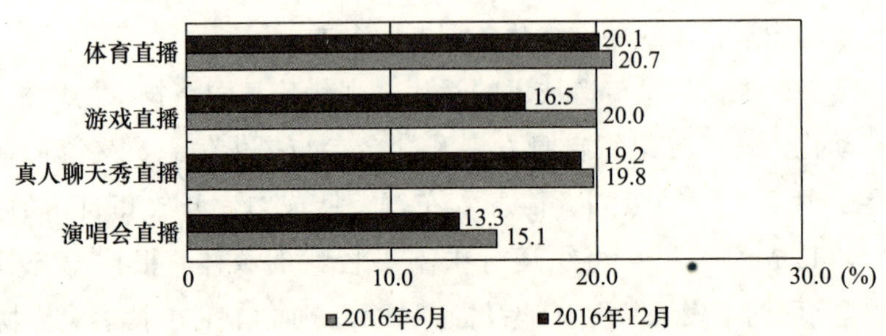

图 2－2　2016 年网络直播使用率

资料来源：中国互联网络信息中心：《中国互联网络发展状况统计报告》，2017 年 1 月，http：//mt. sohu. com/business/d20170124/125065514_ 481676. shtml。

动关系的网络化。所以我们说微博、微信、QQ 等移动终端软件的大众化发展，导致青年自组织的社会参与实现了“双重网络化”：信息交换技术网络化和社会参与互动网络化。

6. 内部管理民主化

青年自组织的内部运作民主化主要体现在两个方面：组织成员间的平等关系与内部管理的扁平化。第一，组织内部平等性。由于青年自组织是成员自愿自发组成的，所以组织中每个成员都有平等的发言权和决定权，对社会参与活动的过程或结果不满意的成员一般不受决定的约束，可以随时退出此项活动。青年自组织大多主张民主、平等、协商、参与，除了兴趣、爱好等聚合点以外，在某种程度上迎合了青年的心理需求和自我发展。第二，管理模式自由化。即扁平式松散型管理。组织的运作主要依靠成员间的默契和领袖的权威。成员之间较为平等，资金来源比较分散，组织成员都可以一对一地畅通交流，都可以发表自己的意见，展现自己的才能，甚至选择来去的自由。这种管理系统是流畅不失真的，减少了组织的内耗，决策是相对民主、科学和尊重人性的，有利于调动各方积极性，取得最大限度的满意。成员既是社团的参与者，又是社团的自治者。因此，在内部治理上，组织成员一般都能够积极履行成员义务，正确行使成员权利，体现自我参与、自我管理的特征，组织举措能得到有效实施。

（二）外部特征：社会环境视角

从社会环境和制度生态视角观察，青年自组织的外部特征主要是指针对青年自组织的外部生存环境进行剖析，特别是青年自组织在参与社会活动时，不仅将其特质带入社会活动中，同时，自身的发展也不可避免地受到社会的影响。

1. 组织类型多样，满足社会多元需求

社会转型促使社会向多元化方向发展。当前青年自组织正处于快速发展期，随着青年自组织组织化和社会化程度不断提高，青年自组织参与社会活动也越来越广泛。因趣缘、业缘、地缘建立的青年自组织在数量上也不断增多，主要涉及娱乐、交友、体育、电玩、旅游、公益、网络论坛等领域，活动内容多样化，青年自组织类型也逐渐多元化。一方面，青年自组织成长和发展越来越突出自主性和主动性。青年处于人生转型和性格培养的关键时期，在这个阶段，更注重自身潜能的发掘和自我价值的实现，利益意识不断觉醒，张扬个性和发挥自主性的需求日益强烈，追求生活风格的个性化、价值取向与生活方式的多样性也就成为一种必然的趋势。同时，人民生活水平不断提高，社会文化形态更加多元，青年自组织的发展状态也由碎片化向需求导引转型，青年自组织的需求重心逐步从生存需求导向转向以发展需求为主导，更渴望向自主、主动表达需求层面和参与需求层面转型。另一方面，在现代信息技术和社交网络迅速发展的背景下，青年自组织的活动受时间、空间等客观条件的限制逐渐减少，他们可以面向社会进行公开招募、公开活动、公开宣传等。其对青年个体成长而言，除满足青年休闲、娱乐、交友外，还引导青年投身社会公益，在环保、慈善、维权、培养正确的社会价值观等领域发挥了积极作用。青年自组织的发展类型与青年成长发展的兴趣密切契合，可以说，青年有什么样的兴趣、爱好、需求，相应的青年自组织就会快速产生并发展起来。青年自组织涉及娱乐、交友、体育、旅游、志愿服务、公益服务、社会救援、社区服务等社会管理和社会治理的各个方面，青年自组织多元化的发展既满足了青年群体自身发展的需要，也符合现代社会多元化的发展诉求。

2. 活动主题鲜明，富有时代创新精神

特定的主体和组织活动方式赋予了青年自组织主题鲜明和富有创新精神的特质。就自组织的准入资格、兴趣爱好、赞同支持情况看，几乎所有的青年自组织都是基于共识而自发组建起来的，或是对某一理论和信仰的认可和推崇来参与社会活动的。正是基于这些“共同的逻辑”，青年自组织才自觉地接受一部分人，同时也排斥另一部分人，使它的社会参与主题鲜明化。同时，从年龄上看，青年人朝气蓬勃、敢于冒险，富于创新和探索精神，在社会服务和公益服务活动中，青年自组织及其成员可以发挥其充满想象力和创造力的智慧，进而探索和创新社会治理和社会管理的新方法。

当下，空前的社会变革使青年的行为方式倾向于追求新颖性和创新性。但是，青年生存和发展的压力也更为突出，青年面对的问题更加具体，青年交流和沟通方式的选择愈加多样化，青年自组织的发展和重组也更加活跃。这种多元化的选择和动态的社会背景使青年自组织在寻求自我创新和社会参与创新中不断发展。

3. 社会适应性强

首先，青年自组织没有强制性的内部规则决定了它们在参与社会活动时具有较强的灵活性和适应性。与社会他组织，特别是政府、企业和社团等相比，青年自组织对内部成员的管理并没有严格意义上的规章制度，因而它们对其成员的约束力较弱，成员在进入退出过程中，无须履行繁琐的程序，充分体现了自发参与、自由退出的特点。这一特征在网络青年自组织中更为明显，只要发现某组织的宗旨、成员年龄、文化状况、活动内容等符合自己的兴趣，就可以在线注册；在准入资格方面，只要承认组织章程，填写的资料符合要求，也基本上都会被吸纳，而且通过互联网、自媒体等新兴信息媒介，青年自组织能够更加便捷地参与社会活动，减少了信息交换和行动成本。

其次，青年自组织的规模也决定了其社会参与行动必须具有较强的弹性化特质。一般而言，与正式组织相比，青年自组织成员相对较少，社会参与影响较小，能利用的社会资源也相对有限，这就决定了青年自组织必须以内部有限的能力展开活动。其组织活动主要以追求轻松、活泼的活动方式进行，地点和时间最大限度地满足青年人的要求。这种相对分散化的组织力赋予了青年自组织社会参与的灵活性特征，同时也反映出了青年自组织较强的社会适应能力。

4. 组织发展不均衡

青年自组织的整体发展水平在很大程度上受到城市经济发展程度、城市文化结构、市民思想观念等诸多外部因素的影响。在经济发达、文化活跃、社会结构多元的长三角、珠三角等沿海地区以及北京、上海、广州、厦门等城市，青年自组织发展迅速，组织规模也不断壮大，参与社会活动的范围广、参与社会活动的频率也相对较高。而在西部地区的一些城市，青年自组织的发展仍相对落后。与上海相比，重庆高校青年自组织的发展情况就相对缓慢。根据重庆团市委的调查，重庆地区的社会组织超过了5000个，而上海早在2008年就有1.8万个之多。[①] 青年自组织这种区域性发展差距不仅体现在数量、规模上，在组织内部，青年自组织在区域差异和经济、文化和社会发展的差异上也比较明显，相对于经济发达地区，西部地区的青年自组织的社会参与在范围、方式和影响等内部能力方面也相对较弱。总之，在社会转型背景下，我国青年自组织还处于初步发展阶段，其内外部发展的不均衡性仍会长期存在。

二 青年自组织的要素与类型

青年自组织是一种特殊的社会组织，其内部构成要件不仅具有

---

① 闫加伟：《草芥：社会的自组织现象与青年自组织工作》，上海三联书店2010年版，第31页。

一般组织的特征，而且还具有独特性。我国社会多元化发展催生着青年自组织的转型发展。为了深入研究青年自组织的内外部势能及其未来发展趋势，有必要对青年自组织的内部构成要素和发展类型进行系统的分析。特别是随着网络、自媒体等新兴信息技术的迅速发展，青年自组织的内部领袖、组织准入与管理规则、社会参与方式等都发生了巨大的变化。

（一）青年自组织要素

作为社会组织，青年自组织与其他社会组织一样，也具有必要的组织结构。如组织成员、必要的准入规则和管理制度、规章、组织目标、领导者及组织结构设计等。

1. 基本要素

对于青年自组织的要素问题，我们可以从三个方面加以分析：主体、客体、对象。青年自组织构成的主体包括组织领袖、骨干及成员；客体主要是指青年自组织内部自发设计的准入资格、内部管理规则及社会参与活动原则等；对象主要是指青年自组织在参与社会活动的过程中针对的事物和活动的对象，如环境、残疾人、留守儿童等特殊群体。

与其他社会组织相比，青年自组织的组织架构和内部构成要件具有更多的不均衡性。青年组织的规章、制度、纪律、成员资格及组织目标设计等在组织内部是必不可少的，但青年自组织的这些基本要素体现了更多的非正式性和非强制性。在青年自组织内部由于其成员是自发、自愿加入青年自组织的，这种非正式的组织建构形式本身就意味着资格准入、管理规则、组织制度及纪律的非强制性。另外，青年自组织的组织目标也比较单一，倾向于某个单一的社会目标。因而，组织目标意愿的达成主要取决于其组织成员的志趣和个人诉求。

2. 组织领袖

青年自组织领袖是组织的骨干成员中最重要的角色，主要是创办者和发起人、组织骨干继任者、内部民主选举产生者等。组织领袖引领着自组织的发展，所起的作用至关重要，特别是网络青年自组织中的意见领袖在参与社会活动或者社会影响方面往往发挥着关键性的作用。主要表现在以下三个方面：第一，青年自组织领袖能够激发组织活力。作为组织发展的奠基者和发起者，他们凭借其影响力，谋划、设计、决定所在组织的发展方向和发展进程，组织的活力几乎完全取决于其领袖工作的主动性和积极性。第二，青年自组织领袖是组织活动的策划者和组织者。与社会其他正式组织不同，青年自组织的成员来自各行各业，组织成员成分复杂，人员多样。因此领袖人物一般都掌控着组织对外的话语权，引领着组织内部的话题。而且活动的策划、安排、协调和具体执行都主要由领袖人物负责。第三，青年自组织领袖从文化意识上引领着组织的发展方向。青年自组织领袖及其成员是一个同龄、同质群体，他们在年龄、知识、阅历、兴趣、爱好、价值观和行为取向等发展需求方面大体相同，客观上形成了一个文化统一体，这种无形的群体文化具有深层约束力和凝聚力。这种同质文化的凝聚力赋予成员一种群体的归属感。

青年自组织领袖的存在使其发展模式少不了核心人物的作用，领袖人物在成员管理、事务决策方面处于决断性地位。因而，一旦发生领袖人物的更迭、领袖人物组织理念兴趣的转变等各种原因，就会影响组织的持续发展。

（二）青年自组织类型

目前，我国青年自组织发展非常迅速，加入的人数日益增加，类型也日益增多。根据青年自组织的活动方式、成员身份和组织功能不同，可以将青年自组织划分为不同的发展类型。我国的青年自组织主要可以分为以下几种功能类型：

1. 高校青年自组织

高校青年自组织是青年自组织的典型代表。高校汇聚了优秀青年，存在着许多自发成立的社团组织、兴趣小组、老乡会、俱乐部等非正式的青年组织，高校青年自组织主要是由具有共同志趣爱好的高校大学生自发建立的各类自组织，其活动内容和范围比较广泛，组织内部成员的同质性更高。与其他青年自组织不同的是，高校青年自组织成员主要由高校学生组成，他们接受了系统的学校教育，可以更好地将他们的智慧和价值取向充分地运用到自组织的组建和社会参与活动中。凭借他们自身所处环境的优势，青年自组织已成为高校学生参与社会实践、提升自我能力的一个重要平台。

2. 社区青年自组织

社区青年自组织主要是城镇和城市社区中的青年群体为了某个共同的社会目标而自发成立的，社区青年自组织的成立不仅满足了青年自我发展的需求，同时也推动了城镇化和市民化发展。随着新型城镇化和农村转移人口市民化的快速推进，人口大量集中于城市，城市社区和城镇社区迅速兴起。为了消除个人在陌生环境中的孤独、无助和空虚感，社区内部具有相同志趣爱好和价值取向的青少年纷纷建立各种青年自组织。通过开展活动及参与社会活动，尤其是一些社会公共服务，社区青年在融入社会的过程中相互关怀，力图消除在城镇化和市民转型过程中的孤独感与无助感。

3. 网络青年自组织

网络青年自组织是具有相同志趣爱好的青少年，以网络为联系工具和组织平台建立的自组织。网络社区和论坛、自媒体、移动终端技术等兴起的主要原因是能够满足人们平等及时交流、便捷获取信息的需要，网络自组织成员间更可以在不受时空限制的沟通与交流中获得归属感。

随着信息技术的发展，尤其是 Web2.0 时代和新媒体时代的降临，上网已成为当下青年人生活的重要内容，网上青年自组织在此背景下应运而生，蓬勃发展。网上青年自组织是青年人以新媒体和互联网提供的平台为依托，聚会交友、投身公益活动、参与社会事务、娱乐休闲等社会活动，网上青年自组织是当代青年人参与社会活动、表达自身诉求的新途径、新形式。这些自组织没有受到外在严格控制而自发组建，以维护青年的利益需求和满足青年的兴趣爱好为主要功能。作为当今社会新兴的民间组织，由于青年群体的特征，更具有强烈的鲜活力和吸引力。

4. 公益青年自组织

公益青年自组织是由有社会责任感、公益心的青年，在参加各类公益事业、志愿服务活动中自发建立起来的各类自组织。组织成员具有强烈的社会责任感和奉献精神，热衷于公益事业，倡导用爱心和行动参与社会建设和社会服务。此类自组织影响力强，社会反响好，容易得到群众和政府的关注和认可，如爱心社、义工团、公益网等。其数量众多，成员分布较宽，社会影响力较大，活动内容涉及面广，涵盖社会公益、环境保护、贫困地区帮扶、弱势群体关心救助等领域，充分体现了青年的公民参与和公共服务意识。这类自组织能凝聚大批具有奉献精神的青年，在帮助弱势群体、扶助困难老人、资助贫困学生、支援灾后重建、保护环境等社会服务和社会建设方面积极开展各项活动。

5. 其他青年自组织

按照青年自组织参与社会治理和对社会影响力的差异性还可以将其区分为不同的组织类别，如职业青年自组织、休闲青年自组织、宗教青年自组织、兴趣爱好类青年自组织、交友类青年自组织、就业创业类青年自组织等。

三　青年自组织的发展现状与趋势

《中共中央关于全面深化改革若干重大问题的决定》指出，“激发社会组织活力”，“适合由社会组织提供的公共服务和解决的事项，交由社会组织承担”，“支持和发展志愿服务组织”。在此政策制度背景下，青年自组织迎来了更好的发展机遇。另外，在我国社会急剧转型及改革步入深水区的特殊阶段，青年自组织自身的发展与参与社会活动也面临着许多困难和挑战。

（一）发展现状

近年来，众多自发成立的、非正式的新兴社会组织纷纷涌现，大多是由有共同兴趣爱好和社会需要的、同质性较高的人群自发成立的社会组织。青年处于社会化过程的关键阶段，他们更加开放、更为积极地参与社会活动。青年立足于自身发展的需求，有选择地成立并参与青年社会组织，他们在组建和参与这些社会组织的过程中更好地认识自我和认识社会，更好地表达自身的诉求，实现自身的价值。例如，郑州市青年联合会第十二届四次常委会正式通过了增设“社会自组织”界别的决议，7 个社会自组织的负责人，正式增补为郑州市青联委员。此举在全国尚属首例。市青联尝试以个人自荐、社会推荐的方式向社会公开增补青联委员，并在青联中增加社会自组织界别，不仅是一次改革创新，也是团结、凝聚、引导社会青年的一种新尝试。

当前广泛兴起的各种社会组织，特别是自发形成、自主运作、具有一定自我发展能力的青年自组织则可以认为是社会中志愿性社团的组织形态之一。其成员所从事的是对自身关注领域或者社会热点问题的信息互动、讨论交流。

社会的信息化、现代化等多重转型交替进行的时代背景催生了我国青年自组织迅速发展，在数量、组织规模、活动范围、社会参与度、社会影响力等方面日益显著。《民政部发布 2014 年社会服务发展统计公报》显示，截至 2014 年年底，在全国 60.6 万个社会团体中，青年自组织是绝对主力。① 各类新兴青年自组织开始突破地域、资源、时空等外在条件的限制，成为直接面对青年、满足需求、无边界的组织。青年自组织的多样化已开始适应青年需求，多样化的青年自组织逐渐具有平等、自由、轻松的组织文化等组织特征，为青年展示自我和全面发展提供了便捷的平台，受到青年的热烈追捧、迎合、全情投入。

针对越来越多的社会组织特别是青年自组织的兴起，国务院以及国家相关部门近年来出台了一系列法律条文和政策来规范社会组

---

① 《民政部发布 2014 年社会服务发展统计公报》，2015 年 6 月 10 日，http://www.mca.gov.cn/article/zwgk/mzyw/201506/20150600832371.shtml，2015 年 9 月 2 日。

织的发展。民政部颁布的《取缔非法民间组织暂行办法》（2000）、《社会组织评估管理办法》（2011），2016年政府工作报告中提出要"依法规范发展社会组织"，中华人民共和国第十二届全国人民代表大会第四次会议于2016年3月16日通过《中华人民共和国慈善法》，中华人民共和国第十二届全国人民代表大会常务委员会第二十次会议于2016年4月28日通过《中华人民共和国境外非政府组织境内活动管理法》等，都体现出不仅国家对社会组织的管理逐步规范，社会组织自身的发展也在不断适应法治社会的要求，而青年自组织也在遵守法律法规的前提下追求组织自身发展的自由，逐渐步入法治化的轨道。

与西方的青年自组织发展相比，我国青年自组织的出现比较晚，改革开放后才开始发展。借力于互联网的快速发展，青年自组织得以迅猛发展，成为当前青年的新型社会参与形式。青年自组织大约从2002年开始发展，以网站论坛、网络社区、QQ、MSN等网络即时通信工具为主要载体，开展活动项目，吸纳成员。由于青年自组织的组建方式、组织目的、组织结构复杂多元，其成员构成也非常庞杂，大多数青年自组织是短时期内自愿组合、灵活发展，成员的流动性较大，因而，从组织的可持续发展方面看，青年自组织在当前的社会背景下仍面临许多难题和困境，如缺乏组织活动的经验、融资渠道匮乏、活动经费不足、组织的凝聚力较弱等。

（二）未来发展趋势

在中国社会多维转型同步交替进行的环境下，青年自组织的现代化是其适应社会发展的需要，同时也是青年自组织自身发展的必然趋势。

1. 组织发展日趋多元化

青年自组织的日益多元化发展是青年自组织维系生命力的必然趋势。青年处于人生中思想最为活跃的阶段，精力旺盛、思想活跃，喜欢冲破固有束缚，对不同领域的思想、文化保持着强烈的求知欲，乐于接受新鲜事物，并勇于尝试不同于传统习惯的行为。新的思潮和文化也比较容易在青年中扎根发芽并迅速传播发展。而更加自由、开放、动态、多样、便捷、灵活的自组织模式，可以让成员间自由平等地交流、充分发挥自身才能，当代青年自组织的运作模式在更深层次和更大程度上满足了自我与社会的多样化需求。

2. 组织方式虚拟化、结构网络化

新媒体时代，青年自组织在其内部运行和社会参与的过程中逐渐转向了虚拟化和网络化的发展方向。目前，QQ、微信、微博等移动客户端已成为当代青年诉求表达、宣泄情感、交流思想、文化互鉴的主要工具，而且网上虚拟自组织借助网络迅速发展并成极速扩大之势。特别是网络青年自组织运用新媒体手段（如微博、论坛、微信、QQ、MSN 等移动客户端技术）组建自组织，信息传递的时间和成本比以前降低不少，社会影响力却不断扩大，青年参与人数也越来越多。网络具有跨时空、开放性、跨地域、便捷性和低成本等优势，成为青年自组织组织活动、交流和动员的重要方式。网络具有匿名、平等与隐私保护等特性，大家在网上可以自由地交流、随意地发挥，富有个性化的网络互动方式深受他们的推崇和喜爱。现实中产生的青年自组织绝大部分也通过网络进行联系和沟通。现代通信工具不断推陈出新且功能日益强大，人们可以随时随地进行联络与沟通，这些现实世界中实体组织和个人交往所不具备的特性，推动着青年自组织的构建和发展，也促进了青年自组织内部组织更加虚拟化、社会参与活动也朝着网络化方向发展。

3. 组织凝聚力增强

青年自组织自身的发展在将组织目标与贴近青年生活结合的过程中增强了组织自身的内部凝聚力。近年来，公益类组织、公益类项目日益增多，公益已融入当代青年的生活，成为社会时尚的一个精神符号，公益理念的发展也日趋成熟。青年自组织所奉行的是“快乐公益”理念，与传统的公益理念有较大的不同：传统公益的组织者大多是社会他组织的政府组织、政府下属或附属的中介机构，开展公益活动是专业范畴的事；而新型青年自组织者的公益理念则范围很广，人人可做公益，公益就在身边，绝大多数都是业余从事公益。新型青年自组织的活动项目以创意见长，使某些公益项目、公益概念迅速传播，从而成为社会风尚，公益组织所倡导的生活方式影响着越来越多的青年人。时尚、快乐、体验、分享、责任的价值理念为众多青年效仿。从组织的内部结构变革来看，青年自组织开始健全组织结构，完善组织章程，制定组织目标，宣传组织使命，提高自身能力素质，改善运行管理模式，使活动经常化、制度化。通过建立激励约束制度、目标控制制度、财务制度、淘汰制度使组织化程度大为提升，这为青年自组织的持续发展奠定了基础。在强化社会参与和加强自身管理的过程中，增强成员对组织的认同感和参与度，以提升组织的文化内涵和社会影响力。青年自组织正是不断将自身组织目标与组织成员自身发展诉求相结合，从而进一步强化了其内部凝聚力。

4. 组织管理与发展的法治化

青年自组织更加自由、开放、动态、多样、灵活的自组织模式使其在管理与发展中受外界的干扰和约束较少，但是在法治社会不断发展的今天，随着针对社会组织管理法律法规的不断完善以及越来越多的法律条文的出台，青年自组织在追求自由、灵活的组织模式的同时，也在遵守法律法规的基础上进行组织的自我管理、开展组织活动，提高青年自组织管理与发展的法治化程度。

5. 广泛拓展社会合作

青年自组织与社会他组织合作方式大体有三种：一是自组织之间合作。自组织之间的互动与合作是为了互通有无、共享资源。二是与正式社团合作。青年自组织通常采取挂靠的方式与注册的非营利机构合作，寻求支持。三是与各类媒体合作。青年自组织为了自身组织目标而寻求新闻媒体的支持，而媒体记者储备了大量的社会资源，当接触到一个社会新闻点后，就可以迅速得到回应。

当代青年的参与意识、个体意识普遍增强，很多青年自组织日益走出自娱自乐的小圈子，走进社会，积极参与社会活动，在文化、扶贫、环保、维权、中介、慈善等领域实现了对政府、市场及社会他组织的有益补充，彰显了青年组织的公共性、服务性、发展性与社会性。许多青年自组织正是通过社会参与建设形成了自身的专业领域视角，找到了自身关注重点，从而通过热情与专业的结合使之成为社会发展过程中的行动者，甚至被认为是一种“决定未来发展”的力量。

四 青年自组织的社会功能

组织行为学告诉我们，有组织、有领导、有规则、有共同目标并且相互影响的个体集合在一起才能成为群体，而群体行为是指群体在内外刺激的作用下，通过成员互动沟通做出的反应。在某种程度上，我们可以说个体行为是群体行为的一部分，群体的行为可以细化分解为组织成员的行为。青年自组织就是一个由同质的青年个体聚集而形成的群体。青年自组织作为青年人聚集的群体，其社会参与越来越引人注目，参与途径也越来越多样化。

（一）有效提供公共服务、凝聚青年群体

提供社会服务是青年自组织社会参与的一种途径，同时青年自组织通过提供各类社会公共服务而有效凝聚青年群体。青年自组织不同程度地满足了青年在交友、休闲、娱乐上的需求，也挖掘青年自身的力量来解决青年婚恋、生活、帮困等现实问题。同时，还积极引导青年参与到社会公益事业上来。由于他们根植在社会的最基层，在开展互益性、公益性服务时更加贴近现实、贴近社会、贴近青年。青年自组织灵活的组织方式和多元化的服务手段，能为青年提供所需所盼的各项活动，在提供公共服务的同时能更好地吸纳更多青年加入到组织中。而且青年自组织开展活动具有成本低、效率高的优势，在扶贫、环保、维权、慈善、文化、中介等领域实现了对政府和市场的有益补充，在社会治理和社会公共服务方面发挥着独特作用，实现了自身的社会价值。

（二）引导青年理性政治参与和利益表达

青年自组织自身组织运作的特性有利于引导青年群体形成民主

的政治参与，并通过正确的渠道找到合理的利益表达途径。实行自主管理、自主发展、自主运作是青年自组织的运行模式，这种模式有利于自组织成员形成民主、协商、开放、参与的意识，有利于提高青年自组织自我发展能力。另外，青年自组织可以借助新媒体等媒介手段的宣传报道，争取成为政府的合作伙伴，通过参与政府的公共项目来满足社会和公众的需要，向社会提供更多的公共产品，承担一些政府部门不该做，企业做又未必能做好的社会事务，通过各种渠道建言献策，从而成为党团组织与青年之间的桥梁和纽带。让有关决策部门听到他们的利益诉求，有助于完善公共政策的利益综合功能，从而达到保证公共政策制定的民主性和科学性的目的，在一定程度上实现决策过程的民主化和科学化，保障公共政策的利益均衡。

青年自组织通过社会参与来提供社会服务，利用现代网络技术来表达青年群体的利益诉求。青年依托网络，集聚感兴趣的议题，实质上就是诉求表达、意见整合。如今，网络的出现和发展为青年人提供了自由表达观点的平台，在各种论坛上可以看到无数不同的观点，这实质上就是青年人表达诉求的过程。青年自组织就是有相同观点和主张的青年人集合而形成的，组织将他们的观点通过内部的联络机制集中起来并向外界表达，而这些通常都是当代青年人最普遍的观点。许多社会问题往往都是因为网络上有不同的声音在声讨而浮出水面。青年自组织就是通过表达自身利益诉求来实现社会参与。

（三）整合内外社会资源，培育和谐共赢文化

青年自组织在社会资源整合的过程中是通过自发的形式进行的。通过自发型聚合能力可以提高社会资源整合的效率，更好地为社会服务提供支持。青年自组织和社会他组织一样处于同一社会环境中，青年自组织必须具备无须外界指令和控制就能够整合和集聚组织资源的能力。丰富的组织资源是青年自组织得以发展的基础，但倘若资源未得到充分利用，那只能是组织的一种潜在能力，而不是

现实的自组织能力，自组织也将逐渐走向萎缩。在既定资源条件下，青年自组织对资源能否进行有效整合以及有效利用，又在多大程度上有效整合利用了这些资源，都是青年自组织能力的重要体现。为寻求自组织的更好发展，吸引更多青年参与其中，青年自组织必定会在保持原创力的基础上关注周边世界的变化，与不断变化的城市生活方式、文化心理模式和社会认知模式相连接，与其他的社会组织联系，挖掘各自的潜力，使资源配置达到最佳状态。青年自组织能够通过提高社会事务的参与率进行社会资源的整合，为自身的发展寻求各方面的资源支撑，形成一个良好的、灵活的资源整合机制。

青年自组织能够敏锐地捕捉社会热点，从某种程度上讲，它也能成为传播和倡导青年时尚文化的重要载体。青年自组织在组织运行上形成了平等、民主、协商、参与的机制，培育了以平等、民主、开放为主旨的社团文化；在活动内容上积极参与教育、文化、扶贫、慈善、环保等，青年与社会和谐互动、与自然和谐相处。

在经济文化日益发展的现代社会，青年自组织随着不同的文化元素自觉进行分类，形成了不同种类、不同功能的各类组织。这些组织满足了当代青年在人际交往、职业生涯、学习、休闲娱乐、情感倾诉等方面的多元化需求，让他们的社会生活更加丰富多彩。同时，青年自组织开展的这些社会活动对社会文化的丰富、和谐发展也起到很大作用。其中，以趣缘群体为主的兴趣爱好类青年自组织包含了体育发烧友俱乐部、驴行爱好者协会、作家协会、歌迷影迷联盟会等等，共同的兴趣爱好让他们聚集在一起，开展集体活动，组织成员在活动中得到满足感，内部成员之间的相互交往也能让他们感受到来自他人的温暖，青年自组织的这种社会参与实际上是对新兴社会文化的传播与弘扬，使现存的社会文化呈现多元化态势。再比如，公益型青年自组织包含环保自组织、志愿者自组织、义工自组织等，这些组织以社会公益事业为活动主题，以向社会提供公益服务为目标，倡导组织成员在社会活动中向他人提供帮助。这些组织对传统的、大众主流文化的弘扬具有重要的作用。

青年自组织的社会参与对培育和谐共赢文化具有积极的推动作用。青年富于创意，具有勇于创新的精神，他们对既定事物总会带有一种怀疑态度，乐于向传统发起挑战。民主、开放、平等的文化是青年自组织的宗旨和目标，一些公益类的青年自组织尤其注重教育、文化、环保等活动的参与，参与这些活动能够彰显出青年与自然、社会的和谐相处，正好契合了和谐社会建设的要求，对和谐文化的弘扬有很大的帮助。青年自组织的良好发展和团体互动与社会文化的和谐繁荣是相辅相成的，青年自组织的社会参与可以促进社会文化的理性化发展，让社会文化更有朝气和活力。同时，当代青年流动性强，呈现出分布区域多样化、就业方式多元化、民主参与强烈化、正当需求多元化的特征，这些特征促使青年自组织之间加强服务、主动联合、共同合作，进行区域性的青年自组织展示、交流活动，促进青年自组织之间的相互沟通、相互借鉴，从而实现共赢。

第二节　青年自组织机制

作为一种特殊的社会组织，青年自组织在参与社会事务管理和社会治理的过程中具有特定的运作机制。青年自组织机制主要体现在自组织内部运作机制及其与外界社会环境进行能量交换时形成的互动机制。青年自组织的运行机制贯穿于青年自组织从产生、发展和参与社会治理，再到自身不断变革、转型等整个发展循环过程中。由此可以看出，青年自组织机制是由一系列运作机制组成的，这一组机制始终伴随着青年自组织的产生、形成、发展直至灭亡。当然，随着青年自组织处于不同的社会成长环境和发展阶段，运行机制的构建和运用也会有所不同。同时这些运行机制并不是相互分离的，在青年自组织的成长和发展过程中，每一个运行机制都将会对青年自组织产生不同的影响和社会效果。

一 青年自组织的运行机制

青年自组织的运行机制体现在青年自组织自身建构和社会参与过程中，其运行机制由于受到不同社会环境和自身条件的限制而各不相同，因而青年自组织的运行机制也是多样化的，其中主要的运行机制有四个：组织协调机制、资源获取机制、信息传递与共享机制、社会参与机制。

（一）组织协调机制

从组织发展整体视角看，青年自组织的组织协调和整合主要包括两个方面：一是组织内部运作调整；二是青年自组织与社会环境及他组织的协调。

对青年自组织内部结构及其自身运作而言，青年自组织的内部协调主要是指组织内部成员、结构、资源等相互关系的合理安排与统筹。第一，保持和提升组织内部管理的民主化程度。青年自组织维系生存的关键在于其自身内部结构的互相协调，特别是在组织内部保持其天然的民主化管理和治理传统。在参与社会活动中既要发挥意见领袖的引导作用，也要防止青年自组织领袖的极权化，培养和保持自组织协商、对话与合作等组织成员平等参与的决策机制。第二，构建组织内部的知识共享机制，尤其是隐性知识。自组织是典型的学习型组织。内部的知识共享有利于青年自组织与他组织进行合作，对提升组织内部的凝聚力至关重要。建立知识共享机制需要组织成员建立共同学习的网络文化，用在合作运行过程中形成的网络精神、价值观、相互信任、合作的网络文化，为网络成员实现资源共享、知识交流提供有力的保障。为了保障知识共享的有效性，还必须制定规则，通过契约或是组织内部的规章制度来约束自组织成员。从软性的文化及硬性的制度两方面共同构建良好的知识共享机制，实现组织网络知识的创新与发展。

在青年自组织与社会环境、社会他组织的关系方面，青年自组织应构建动态的整合协调机制来适应社会发展。动态整合就是把青年自组织及其活动相关者的能力与积极性拧成一股绳，并努力指导它们去实现一项共同目标的活动。青年自组织并非孤立存在，而是置身于普遍联系的社会生态网络系统中，它与政府、企业等社会他组织共同构成社会经济结构重要组成部分。因此，作为青年自组织，要实现自己追求的组织目标，就必须进行与外部环境的整合协调以及组织内部的整合协调：首先，青年自组织必须充分利用政府部门及业务主管部门出台和制定的相关政策、规章和制度，逐步提升自己在整个社会系统中的影响力。其次，青年自组织必须协调好与社会环境的关系，提升自组织自身适应社会环境的调适能力。再次，青年自组织要不断提高自身的能力建设与公信度建设，取信于民，协调好与社会公众（媒体）的关系。最后，青年自组织必须协调好与他组织之间的关系，与社会他组织形成合作、对话、协商等平等关系。青年自组织整合协调机制可以通过图 2－3 进行简述。

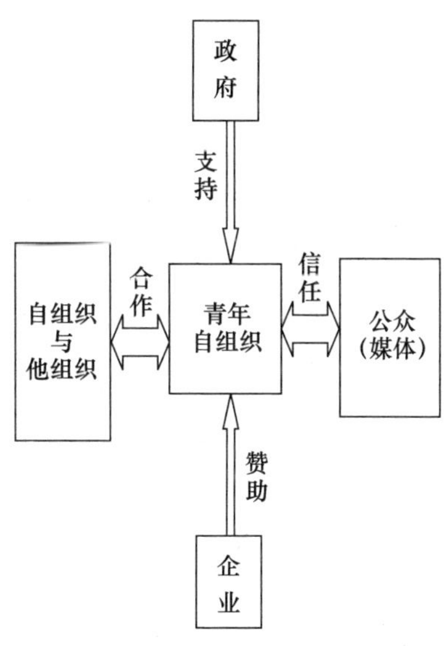

图 2－3　青年自组织整合协调机制

（二）资源获取机制

资源是组织重要的生命来源。“资源的获取是贯穿组织生命的一个必需的但又是不断变化的过程”①。组织学家巴基（E. Wight Bakke）认为，组织是“一个连续的系统，有明确的人类行为的分工和合作，利用、转换和结合一系列具体的人类物质、资本、思想和自然资源，使之成为一个独特的、能解决问题的整体，以便满足在特定环境下与其他人类行为和资源系统相互作用中产生的特殊的人类需要”②。因而，“组织生存的关键是获取和维持资源的能力”③。青年自组织也不例外，而且青年自组织的产生和发展更依赖于对社会资源的汲取。青年自组织通过参与社会活动，与社会进行资源和能量交换从而得到社会的认可和支持。通过逐渐适应社会环境的变化，补充组织发展能量，增强自身持续发展的能力。

青年自组织在参与社会治理过程中必须综合有效利用各类社会资源，其中包括物质资源、人才资源、信息资源、制度和政策资源、管理技术等。获取这些资源的同时也构建适合自身发展的社会系统，以此换取自身的正向变革和现代化转型。于是，青年自组织资源获取机制的设计和建构就与青年自组织自身的建构形式密切相关。斯格特（W. R. Scott）认为，适当的组织建构形式的发明对于组织的资源获得至关重要。每一类型的组织都代表了特定的经济、技术和社会资源的集合。缘此，大范围的社会规范必须支持这种组织形式新发明的冒险：组织的目标及组织追求目标的手段必须被认为是合法的，必须有一个制度框架来支持组织的资源获得活动。④斯廷奇科姆（Arthur L. Stinchcombe）也注意到，在特定时期建立的

---

① ［美］W. 理查德·斯格特：《组织理论：理性、自然和开放系统》，华夏出版社 2001 年版，第 671 页。

② E. Wight Bakke, *Bonds of Organization*, New York: Harper & Row, 1958, pp. 8 – 9.

③ ［美］杰弗里·菲佛、杰勒尔德·萨兰基克：《组织的外部控制——对组织资源依赖的分析》，东方出版社 2006 年版，第 3—4 页。

④ W. R. Scott, *Organizations: rational and open system*, New Jersey: Prentice – Hall, Inc, 1992, pp. 150 – 184.

组织必须根据可以利用的社会资源来建构它们的社会系统。[①] 正因为组织建构与社会资源（包括政策、制度、文化、环境等）的这种辩证关系，青年自组织在特定社会环境中只能采用社会规范所许可的综合协调方式来获取资源，调整自身组织形式对物质、资金、技术、信息、制度政策等社会资源进行综合汲取和运用，如青年自组织之间及其与社会他组织之间形成信息资源共享和互通机制，进而形成一个系统性的资源获取机制。

（三）信息传递与共享机制

随着知识信息时代的降临，现代传播技术和网络信息科技的发展，对传统的组织发展方式早已开始感到不适，正如汉迪（Charles Handy）所说："你不能认为未来是过去的延续，……因为未来将会不同。我们确实有必要抛开我们在过去所用的方式，以适应未来。"[②] 在此背景下，青年自组织要在参与社会治理的活动中谋求自身发展，就必须建立适应现代化社会的信息知识传递与共享机制，以现代信息技术为媒介提高信息传递和共享的实效性。

首先，信息化动员方式保证了青年自组织具有充足的人才资源。现代社会广泛运用信息技术，自组织可以充分运用多样化的现代科技文化手段组织、动员青年，扩大青年自组织的人才来源。从青年自身的特点和兴趣爱好出发，采取公开招募、自愿参与、结对互助、广告和招投标等新型动员方式以及报刊、电视、广播、互联网等现代传媒手段，特别是要善于利用新媒体及移动终端技术，建立快速动员和响应体系，通过这些信息和关系网络，在第一时间就把信息传递给分散的青年组织和青年个体，充分吸纳青年加入自组织并调动广大青年参与社会建设的积极性。

其次，青年自组织内部的信息沟通。青年自组织作为一个团队，

---

① Arthur L. Stinchcombe, "Social structure and organizations", in Joel A. C. Baum and Frank Dobbin eds. *Economics Meets Sociology in Strategic Management* (*Advances in Strategic Management*,), Britain: Emerald Group Publishing Limited, Vol. 17, 2000, p. 229 - 259.

② Charles Handy, *The Empty Raincoat*, London: Century Press, 1995, pp. 278 - 280.

能否完成组织目标取决于组织成员进行有效沟通的能力。人际沟通是组织规划、解决问题、落实目标、结果反馈的基础。组织内部的沟通效果、有效沟通方式等对于组织文化的形成、团队凝聚力的强化、团队绩效的提升及团队形象的塑造等方面有着非常重要的作用。青年自组织成员不固定，成员之间联络与交流仍较少，沟通的作用显得更为重要。内部沟通与对外沟通的结合可以使青年自组织更好地利用信息资源。青年自组织内部沟通以定期组织情况联络会、交流会、恳谈会等多样化的形式展开，更具灵活性。而青年自组织对外沟通则通过公开、透明的组织运作过程赢得社会信誉，提升青年自组织立足于社会的公信力，这也是青年自组织参与社会治理的重要资源。

最后，大众化的信息共享。青年自组织由社会不同职业、阶层、地域的青年群体组成，他们获取信息的方式较多，特别是 APP 等手机移动客户端技术的运用已成为当代青年获取信息、分享信息的重要途径，通过网络的移动化他们可以用较小的成本极大地提高信息传递和共享的速度。这种碎片化、分散式的信息共享机制打破了传统信息传播的垄断模式，疏通了信息传播渠道，组成了社会化的信息传递及其覆盖全社会的信息网络，使青年自组织不仅在组织内部实现了信息传递和共享，也不断推动社会信息，知识的共享和创新。

（四）社会参与机制

青年自组织成立的初衷就是服务社会、表达青年群体的诉求。由此，青年自组织的社会参与机制也带有强烈的社会化特征。青年自组织的社会参与机制与前面的组织协调机制有相通之处，但又有所不同。青年自组织的社会参与机制主要强调各类青年自组织参与社会事务治理的参与主体、范围、途径和行为模式等问题。

首先，社会参与主体是各类青年自组织成员，他们也是社会活动的直接参与者。这些青年自组织在参与社会事务治理和表达自身诉求时既是组织者，也是实践者。他们通过寻找共同的爱好、志趣、利益诉求及共同关注焦点吸引青年群体加入组织，同时在青年自组织开展各类活动过程中，也会将政府、企业、非政府组织等社会他组织成员吸纳到组织中，更重要的是青年自组织成员本身的社会角色也是多元化的，这就为组织开展活动提供了充足的人力资源和人才资源支持。其次，青年自组织社会参与覆盖的范围较广，从宏观上看，经济、政治、文化、社会等方面青年自组织都有涉及；从微观上看，诸如环保、救助等社会事务或社会热点问题也不例外。最后，在社会参与方式与途径的选择上，青年自组织之间不仅能够达成资源共享，它们还能与政府、企业、非政府组织等社会他组织建立良好的沟通、协调及合作关系，甚至还能与国外的自组织或他组织联合行动，获取资源为社会服务。青年自组织与社会他组织的合作是双方互相选择的过程，尽管组织资源提供者以条件制约和愿望对组织目标施加压力，但不同的组织资源提供者对青年自组织的制约与影响方向不同。青年自组织之间及其与社会他组织的合作主要通过平等合作方式进行，青年自组织以平等的身份和以对话、协商与协作等平等的方式参与社会他组织的合作治理。

二　青年自组织的效果与评价机制

效率是决定组织生存和发展的重要因素，青年自组织自身的成长及其参与社会治理的效果既是其自身成长的重要组成部分，也是社会对青年自组织评价的一个重要标准。组织的有效性主要指组织内部管理的效率，它有两方面的含义：一是管理机构设置合理、管理程序科学、管理活动灵活；二是最大限度地降低管理成本。[①] 青年自组织的管理成本不仅仅是指经济物质成本，更重要的是青年自组织在参与社会活动时所消耗的资源及其给社会带来的影响。

怎样的青年自组织才是正能量的组织？如何评价一个青年自组织的优劣？这就涉及为青年自组织的各项活动建立有效的评价机制问题，这在青年自组织研究中既是重点也是难点。同经济活动一样，青年自组织的行为活动都要经过权衡其成本及收益（主要指社

---

① 俞可平：《治理和善治引论》，《马克思主义与现实》1999 年第 5 期。

会效益、影响力）后，才能确定它是否有价值，才能衡量其对社会的贡献大小。因此，从不同角度综合考虑青年自组织的行为绩效，建立较为完善的评价指标体系也是至关重要的。第一，青年自组织社会参与主、客体的互动评价机制。在青年自组织的社会参与互动评价中不是只有评价主体对评价客体的单向评价，还包括评价客体及青年自组织的外部环境对评价结果的评估和预判，建立双向评价机制将青年自组织的组织内部评价与社会环境的外部评估结合，提高青年自组织社会参与效率。第二，组织成员权益诉求保障机制。当青年自组织成员在参与社会治理、服务社会的过程中其基本权利受到损害时，青年自组织内部可以通过组织内部的规则或者以组织名义进行权益申诉，通过与社会正式组织的协调完成。第三，组织内外部评价与监督。青年自组织的社会参与效果评价是组织自律、自治与社会他组织及民众的监督的统一。而且，青年自组织自身、青年自组织之间及其他监督主体共同对社会参与活动过程进行监督和评估。第四，组织绩效管理评估。虽然青年自组织并非营利性组织或其他社会正式组织，但青年自组织从其生存的社会中汲取资源，也存在成本与收益的考量问题。而且青年自组织的组织管理绩效评估也可以有效激励组织成员参与社会治理的积极性和主动性。2015 年民政部首次全面实施第三方评估的形式，就是完善社会组织监管体系的重要内容。所以统筹考虑结果、行为、能力的绩效考核，能有效提升青年自组织的运作能力与发展能力。

第三节　青年自组织发展的 SWOT 分析

随着我国改革的全面深化，社会组织自身发展及参与社会治理活动都迎来了良好的机遇。《中共中央关于全面深化改革若干重大问题的决定》指出：要“激发社会组织活力”、对“适合由社会组织提供的公共服务和解决的事项，交由社会组织承担”。《2014 年民政部购买社会服务指导目录》显示民政部将向社会组织购买多项社会公共服务项目，这为社会组织参与社会治理提供了良好契机。2014 年《政府工作报告》也提出为了“推进社会治理创新”，就要“更好发挥社会组织在公共服务和社会治理中的作用”，以及在我国正在进行的政府职能转变、行政审批权下放等政策制度改革，这些都为青年自组织的发展提供了良好的制度环境和政策支持。青年自组织能否良好发展，取决于其内部结构设计与生存环境的协调性，在现代、多元、动态的转型社会环境中，青年自组织成长和发展的关键在于发展策略的选择。因此，我们借鉴 SWOT 分析法对青年自组织发展策略选择做进一步分析和探讨。

一　SWOT 分析法

SWOT 分析法（也称 TOWS 分析法、道斯矩阵）即态势分析法，它最早是由美国旧金山大学韦里克（Heinz Weihrich）教授于 20 世纪 80 年代初提出，随着国际上企业竞争战略理论的发展而逐渐发展和完善。SWOT 四个字母分别代表优势（Strengths）、劣势（Weaknesses）、机会（Opportunities）、威胁（Threats）。SWOT 分析法是通过具体的情景分析，将与研究对象密切相关的各种主要内部优势、劣势、机会和威胁，通过调查进而分别识别、列举和评估，依据矩阵的形态进行科学的排列组合，然后用系统分析思想把各种因素相互匹配和组合，从中得出一系列相应的结论，而结论通常带有一定的决策性。运用这种方法，可以对研究对象的内部能力与外部环境综合起来，进行全面、系统、准确的分析，为研究对象的发展提供合理的发展战略、计划和对策等。

SWOT 分析法的基准点是对组织内部环境之优劣的分析，在了解组织自身特点的基础上，判明组织外部的机会和威胁，然后对环境做出准确的判断，制定有利于组织（公司、企业、社会组织等）发展的战略和策略，同时也可以对社会组织的发展做出风险分析和评估。SWOT 分析法主要是将内部优势分析（S）、内部劣势分析（W）、外部机会分析（O）和外部威胁分析（T）这四个方面统筹起来。

SWOT 方法主要是运用道斯矩阵对社会组织进行分析（图 2－4），其分析方法主要有以下几步：

（1）A、B、C、D 区：分析组织的优势和劣势、可能的机会与威胁，填入相应的道斯矩阵区域内。

（2）E 区：内部优势与外部机会相匹配，是最理想的匹配，对组织发展最有利，此时可通过两种方式强化组织内部的优势：一是通过找出最佳的资源组合来获得竞争优势；二是通过提供资源来强化、扩展已有的发展优势。

（3）F 区：此区域表明组织的发展受外部机会主导，此时可通过两种方式来权衡对机会的把握：一是优化组织内部结构，将劣势转化为优势开拓机会；二是以外部机会推动组织内部的改革。

（4）G 区：内部优势与外部威胁相匹配，此时也有以下两种选择：一是通过重新构建组织资源来获得发展优势，将威胁转为机会；二是采取防守战略，抓住其他区域中有前景的机会。

（5）H 区：与外部威胁相关的内部劣势，此种是最糟糕的匹配，与其他区域的组织发展状态相比，在此区域内组织面临着最大的威胁。此时也存在以下两种选择：一是主动进取，争取领先；二是主动放弃。

<table>
<tr><td colspan="2" rowspan="2"></td><td colspan="2">内部能力</td></tr>
<tr><td>C 优势</td><td>D 劣势</td></tr>
<tr><td rowspan="2">外部
环境</td><td>A
机会</td><td>E
优势与机会匹配（SO）</td><td>F
劣势与机会匹配（WO）</td></tr>
<tr><td>B
威胁</td><td>G
优势与威胁匹配（ST）</td><td>H
劣势与威胁匹配（WT）</td></tr>
</table>

图 2－4　道斯矩阵

二　青年自组织发展的 SWOT 分析

青年自组织在参与社会治理时处于复杂的社会环境中，它既要考虑自身的发展问题，更要考量外部社会环境对组织发展的制约。对青年自组织发展进行 SWOT 分析的步骤主要有：（1）列举青年自组织拥有的优势（S）和劣势（W），面临的机会（O）与威胁（T）（表2－1）；（2）分析自组织发展的优势与外部环境；（3）分析自组织发展的内部劣势与来自外部的挑战。准确把握青年自组织发展的内外部动力，为青年自组织有效参与社会治理提供发展策略。

表2－1　　青年自组织的 SWOT 影响因素

内部优势（S）	内部劣势（W）	外部机会（O）	外部挑战（T）
1. 自治性与独立性 2. 灵活性与包容性 3. 内部管理民主化 4. 网络化	1. 组织松散 2. 核心成员流动大 3. 组织稳定性弱 4. 组织结构张力	1. 深化改革背景 2. 政府政策支持 3. 社会转型 4. 治理文化	1. 组织合法性 2. 资源获取路径少 3. 他组织竞争

（一）优势与机会

第一，青年自组织的优势分析主要是对其组织内部特性的分析。青年自组织的产生、形成与发展过程中培育起来的特质赋予了其参与社会治理的独特优势，这些内部特征给其参与社会活动带来了积极的影响。如组织的非营利性和非正式性可以为他们获取广泛社会认可和支持，运行方式的网络化进一步促成与社会他组织的合作，内部管理民主化能够充分调动组织活力，吸引更多青年参与各类青年自组织等。

青年自组织内部的自治性和独立性不仅是组织能力自我提升的重要条件，也赋予组织参与社会治理更多的灵活性。由于青年自组织是青年群体自发自愿组织起来的，不受性别、行业、地域等条件的限制，只要有志于青年自组织的宗旨和组织目标的社会青年都可以申请加入，这种包容性使组织具有较强的生命力；组织内部运转充满活力，青年自组织的自由、民主、开放的特点极大地契合了青年成长的多样化需求与社会多元发展的诉求。首先，组织灵活，活动新颖，极大地方便了社会青年的参与。其次，内容丰富，自娱自乐的同时不忘社会公益，满足广大青年人社会参与的激情，符合青年人的心愿和呼声。再次，青年自组织开展的活动不受拘束，成员之间平等相待，没有隔膜，吸引了大量青年。青年自组织以微观化组织开展社会活动或参与社会服务，极大地体现了其社会参与的适应性和灵活性。最后，青年自组织内部运作的网络化也极大地降低了社会参与的信息成本，青年自组织借助现代互联网、新媒体等现代社交技术，降低了活动和联络成本、减少了地域性限制以及提高了信息传递效率。组织网络化增加了青年自组织与社会他组织合作的机会，便于青年自组织以更有效的方式参与社会治理。

第二，外部环境分析。随着我国改革进入全面深化阶段，特别是政府、市场与社会三者之间的关系已经开始逐渐转变，市场与社会的地位得到进一步提升。在政府政策方面，培育和完善社会治理体系、提升社会治理能力成为进一步深化改革的关键环节。十八大以后，民间组织正逐步成为中国进一步深化改革的基础和重点，特别是在十八届三中全会公报中指出，“要进一步激发社会组织活力”，“推进社会治理体系和国家治理能力现代化”，政府职能转变是为民间组织发展提供空间和资源支持的前提，而民间组织发展则是承接政府职能转移的基础和保障。这为社会组织的快速发展提供了良好的制度环境和政治支持。2013 年的《国务院机构改革和职能转变方案》明确提出了双重管理体制的终结。民间组织正逐步成为中国进一步深化改革的重点。这些都是青年自组织丰富的政策资源。在社会组织发展方面，随着我国改革的深入，社会组织也在迅猛发展，社会治理、合作治理等治理理论和文化方兴未艾，其中很典型的一个方面就是社会组织的数量在不断增加。据《中国民间组织报告蓝皮书（2013 年）》显示，截至 2012 年年底，全国共有民间组织49.9万个，比2011年增长8.1%。[①] 社会体制改革的重要任务是把民间组织培育成为公共治理结构中的重要主体。从前是“政府本位”，即政府包办一切、政府直接管理。而现在要转变为“社会本位”，政府与社会共同承担且社会优先。在此过程中，政府要“加法”和“减法”同时做。“减法”是要减少对公民个人和民间组织的过多干预，降低民间组织成立的准入门槛；“加法”是政府要采取多种政策措施，大力扶持民间组织发展。十八大后，国家治理、社会治理的治理理论成为我国全面深化改革的关键词，由此形成了浓厚的政治治理文化氛围和中国特色的治理语境。充分调动社会组织的积极性是培育和完善社会治理体系，提升国家治理能力与社会治理能力的充分条件。因而，中国特色的治理理论和治理文化的培育对青年自组织的发展具有正面导向作用。

（二）劣势与挑战

对青年自组织的SWOT分析的劣势和挑战主要是认清青年自组织内部弱势和外部环境的挑战。在社会转型与改革深化的背景下，外部环境不仅为青年自组织的发展提供了机遇，同时也给其社会参与带来了巨大的挑战。

第一，青年自组织的内部特质具有两面性，其组织的优势特征隐含了组织松散、核心成员流动大、组织稳定性弱、组织结构矛盾等弱势的一面。从内部组织化程度上看，青年自组织的内部管理和运行较松散，组织化程度并不紧密。青年自组织是以网络为基础性联系手段，这就为青年自组织带来不确定性：它的成员数量可以迅速增加，但网络的隐蔽性和匿名性也会导致青年自组织难以掌握成员的真实情况，而且大部分青年自组织没有严格的组织管理和完善的制度建设，组织内部缺乏强大的约束力，难免在管理运行中存在松散性、随意性、不规范性，表现为成员意见不易统一、人员流动

---

① 光明网：《中国民间组织报告蓝皮书（2013年）》，2013年9月17日，http://politics.gmw.cn/2013-09/17/content_8938675.htm，2013年10月7日。

性大、负责人更替机制不规范等问题。在短时间内，会有大量青年自组织产生，同时也有大量青年自组织消失，组织发展缺乏延续性和稳定性。这是当代中国的青年自组织处于发育和发展过程、尚不成熟的一个基本特征。青年自组织显示出这种特点使青年自组织出现得快，消失也快，没有管理能力，缺乏吸引力，不用多长时间就会自然淘汰。

在组织内部的结构矛盾方面，组织规模的膨胀、多元化的社会需求与组织结构之间的矛盾和张力也弱化了青年自组织的社会参与能力。规模小的青年自组织，组织内部机构也极其精简，只需社团领袖（一般是发起人）和少量的核心成员就可以确保组织的扁平化管理。随着组织规模的扩大，为确保组织的有效运行，组织领袖和组织骨干会相应增加，构成一个相对稳定的管理机构，层级开始增多，规范的组织章程逐步建立，活动的机制化建设逐渐完善。在组织成立的初期，组织者和参与者的地位相对平等，传播者和受众的界限也被打破，人人都可以成为组织者，这可以说是青年自组织最吸引青年的要素之一。但随着组织的成长和内部层级的增多，其扁平动员、互动管理、平等交流的特色会有所减弱。

第二，外部环境的挑战。青年自组织既从外部社会环境中获取资源、汲取能量，同时也受到社会环境的制约。青年自组织在发展过程中不仅面临着一般民间组织的普通困境，而且因为其强烈的“草根”特性更面临着特殊困境，极易导致组织活力下降甚至逐渐消失。首先，组织的合法与独立的博弈。在一般情况下，青年自组织成立初期，由于其组织规模小、社会影响力还较小，通常不会被有关监管部门所关注，即使不通过登记等渠道获得合法身份，它们也能保持较强的自我组织、自我运作的独立性。在青年自组织成长中期，随着组织规模和活动影响的扩大，其合法性开始被社会各界关注，合法性问题成为该成长阶段的重点问题。虽然政府部门对社会组织、民间组织的管理已经开始废除双重管理体制，但青年为了取得组织的合法性地位，青年自组织通常会积极寻求与社会他组织展开合作，扩大自身的影响。然而，青年自组织在这个过程中，由于受到他组织的影响而可能弱化其独立性和自主性，合作与妥协是青年自组织参与社会活动、获取社会他组织支持的重要环节，因而，获取组织合法性与保持组织的独立性之间就存在着博弈和难以缓和的张力。其次，资源来源的有限性与社会服务需求的无限性之间的矛盾。外部社会环境提供的社会资源是青年自组织成长和发展的基本条件，青年自组织资金来源主要靠自筹，除了从会费、服务性收入获取人头费、办公费等费用外，大量的活动费用需募集。目前青年自组织的资源主要由两部分构成：人力和资金。从我国目前的情况看，青年自组织由于没有通过登记获得合法身份，因此也就不能按照《中华人民共和国公益事业捐赠法》获得资助。有些青年自组织曾试图通过工商登记注册成企业的方式来获取经营收入，缓解经费不足的问题。没有项目资金，青年自组织的工作很难开展，形成无资金、无作为、无吸引力的恶性循环。资金短缺成为困扰众多青年自组织发展的一个难题。另外，青年长期依赖小范围的组织内部动员，必然会造成两种发展中的问题：一是组织开展活动缺乏创新、略显单调，难以满足组织成员的要求以及社会发展需求，长此以往，将影响组织成员的认同度；二是组织对社会新生的服务需求难以有效满足，影响青年自组织自身的社会形象。

从政府监管的角度看，政府对青年自组织的监管存在约束与引导的边界问题。调查显示，大多数青年自组织对组织自身的运行方式、职能定位、用人机制、成员素质等方面没有长期规划和指导，缺乏长远目标，因而影响其持久发展。它们对青年的影响和覆盖，仍然停留在业余活动、短期吸引、局部影响上，自组织的公共功能尚未得到充分的发挥和体现。青年自组织独立性的特征决定了其不愿意把自己归入政府部门和群团组织的管理范围，甚至刻意与政府部门和群团组织保持距离。如此一来，直接导致了青年自组织的运作缺乏必要的规范，容易受社会上一些复杂情况的影响，稍有不慎就会产生负面的社会影响。政府部门和群团组织很多时候难以对青年自组织的活动和行为实施必要的干预和影响，特别是对其干预和影响的边界、深度等都还在探索过程中；加之政府及其他社会组织对其进行有效管理的政策法规有些还处于缺失状态，所以，政府、社会组织等他组织对青年自组织的约束和引导、监管和治理的程度问题的不明确，可能会给青年自组织发展提供一个不理想的外部环境。

三　青年自组织发展的策略选择

依据上述分析可以看出，青年自组织发展的 SWOT 策略选择可以有以下四个简化的策略，同时也对应于青年自组织不同的成长和发展阶段（图 2－5）。在Ⅰ象限形成“优势—机会战略”（SO），在此阶段青年自组织可以很好地利用外部机会，发挥自身优势；在Ⅱ象限形成“劣势—机会战略”（WO），此时青年自组织应充分利用机会，克服自身的劣势；在Ⅲ象限形成“威胁—劣势战略”，在此象限，青年自组织处于最艰难的阶段，此时他们应避开外部威胁，同时还要克服自身缺陷；在Ⅳ象限形成“优势—威胁战略”，在此境况下青年自组织要发挥内部优势，尽量克服外部社会环境的威胁。

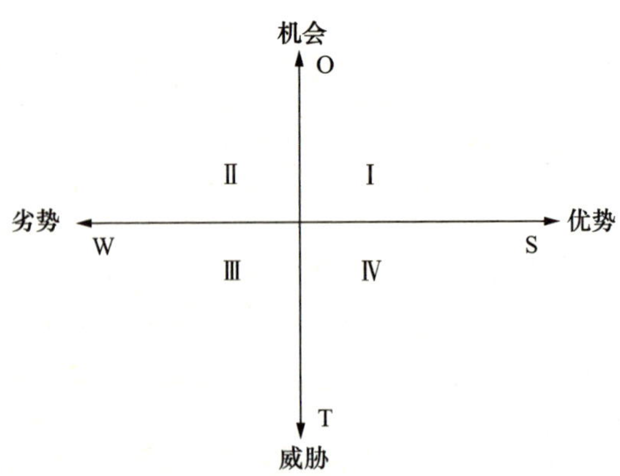

图 2－5　青年自组织发展策略选择的 SWOT 分析

上述对青年自组织的 SWOT 分析大大简化了组织自身认知和发展需要掌握的信息分类，然而这也使 SWOT 分析局限于三个方面：第一，内外区分。在 SWOT 分析中通常认为，机会和威胁只存在于外部环境中，优势与劣势只存在于内部环境中，然而事实上优势和劣势可能出现在组织外部，机会和威胁也可能出现在组织内部。如果在 SWOT 分析中仅仅依靠列举组织内部优势和劣势以及外部环境的机会和威胁，继而建立某种内外关联，并借此探求组织发展的关键因素，显然是危险的，而且在实践中已经证明是难以操作的。第二，利害区分。对优势和劣势的判断是一个复杂的测量问题。从测量角度看，对组织内外条件的考量往往会表现为一个连续体，优势和劣势的相对性要求使用 SWOT 分析采用合适的测量标准。威胁和机会可以针对同一事件，组织如果把握或处理得好，就有机会在社会参与中抓住机会，反之则有可能一蹶不振。因此，SWOT 的优势与劣势区分割裂了项目内部情况的连续性和整体性，而机会与威胁的区分不能反映同一事件的利害两面性。第三，静态分析。SWOT 分析通常是在某一时点对青年自组织发展的内外条件进行扫描，然后进行优势、劣势、威胁和机会的分析，从而形成四种内外匹配。这种对组织的优势、劣势、机会和威胁进行的静态分析，很难确保还没有实际发生的内外匹配一定会实现。

因而，对青年自组织发展策略的选择还应该考虑组织的连续性、整体性及动态性。在现实中，青年自组织的发展是处于一个内外部的动态环境中，影响组织发展的内外部因素之间不能也不可能分离开来。

第一，青年自组织应注重提升自我发展能力。青年自组织最大的特质就是自治能力和自组织能力，青年自组织必须重视与外在环境进行物质、能量、信息中自发适应组织内外部结构，强化自组织的内部认同和组织凝聚力，形成组织融洽的氛围，降低组织发展不稳定性，促进组织可持续发展；将组织成员更大限度地聚合到组织活动、组织行为上，变组织成员无序、被动参与为有序、主动参与。无论何种类型的青年自组织，都要把实现组织活动宗旨摆在首位，为青年、为社会提供服务，力求得到青年的信任和社会的认可，才能树立良好的社会形象。青年自组织就是要将树立自身良好的社会形象，提高社会公信力作为第一要务列入组织议事日程，注重机构综合素质的提高，注重营销能力、策划能力的培养，使青年自组织真正成为政府的得力助手，成为社会事务治理的重要主体，成为社会事务的重要承担者。另外，良好的社会形象也可以为青年自组织筹募资金奠定坚实基础。

第二，提高组织内部管理水平。青年自组织通过固定、非固定的组织化架构以及民主化的治理方式提升组织内部的管理水平，同时提高组织自身的创新能力。培育自我整合，形成较为稳定、良好的组织社会关系网络，保证青年群体能够有序表达社会公共意见。自我创新能力的培养，不单纯指组织活动方式、活动渠道的拓展创新，还要进一步对组织内部“差异”有意识地培育。对内部差异的培育，是保证组织由平衡态到远离平衡态、动态有序演进的重要手段。具体策略包括注重建构有利于组织核心成员和普通成员成长的良好体系、设计针对组织活动主动参与、被动参与的不同激励方案等。青年自组织的治理应该是外部监督、合作和自治三位一体，单纯地要求加大政府行政管理的力度而忽视青年自组织之间的互动作用，忽视青年自组织内部的管理，是不能取得最佳效能的。而且青年自组织要根据自身的定位、成员的特点，设计符合其参与的服务方向，充分发挥他们在不同领域的知识特长。系统地建构由法律规范、外部监督、组织自律三者构成的治理机制。

第三，加强对青年自组织意见领袖的培养。在虚拟网络社会中，青年自组织意见领袖在公众舆论和社会热点事件中的影响越来越大。注重对自组织意见领袖的培养可以进一步提升青年自组织的内部管理水平。青年自组织领袖引领和主导着组织的发展方向，青年参加自组织的动机有个体的自我需求，如增长阅历的需求、扩大社交的需求、拓展能力的需求、慰藉心灵的需求、成才发展的需求等。因此，在组织里如果出现有资历、有能力、有想法且能针对大众的需要而发声的人，就很有可能成为组织里的意见领袖。

第四，发挥共青团的引导和辐射作用。共青团作为凝聚青年群体的正式组织，其汲取社会资源的能力、社会影响力等方面都优于各类青年自组织。共青团的积极引导有利于青年组织的健康可持续发展。首先，共青团要积极承担政府青年事务，探索青年自组织的发展规律，凝聚青年自组织，团结青年，为建立新型组织体系汇聚力量，成为党政和青年自组织的良好沟通渠道。通过扩大组织覆盖面、协管青年事务、重塑团青关系等有效途径，满足青年自组织的发展需求。依托青年协会、青年志愿者等平台，加强与青年自组织的联系，为青年自组织及其成员加强横向沟通、交流与合作，吸引、包容并引导各类青年自组织参与到共青团举办的各类活动中。再次，共青团组织可以通过开展青年自组织领袖沙龙、研讨论坛，举办各类青年自组织领袖训练营等，加强与自组织意见领袖的互动交流，培养骨干队伍，帮助他们提升管理水平、组织服务能力和个人综合素养，在提高青年自组织的内部管理能力和社会适应能力的同时，及时引导青年自组织骨干的正向影响力。最后，共青团在组织各类活动时，要围绕青年公益、交友、娱乐、休闲等方面的需求，不断创新活动形式、扩大辐射范围，积极发动各类青年自组织及其成员前来参与共青团的活动，在活动开展中增强感情联络和互相信任，在潜移默化中使青年自组织向团组织靠拢，逐步成为共青团的合作伙伴，弘扬社会主义核心价值观。

第三章　青年自组织与社会管理

随着全球化和现代化的不断推进，社会关系和社会利益的多元化、社会事务的碎片化导致我国社会管理任务日益繁重，使社会冲突增多，社会的风险因素不断增加。应对这些风险，单单依靠政府履行的社会管理职能是不够的。社会自组织作为一种新力量也可以在社会管理中发挥积极作用，成为社会管理的补充力量，有助于构建“小政府，大社会”的社会形态。青年自组织是青年组织方式多样化的一种表现，也是一种新兴的社会组织形式。社会管理中的青年自组织具有双重属性，它既是社会管理的主体，同时又是社会管理的客体。一方面，青年自组织是以兴趣、爱好、公共利益等为基础成立起来的自发组织。它们源于社会，关心社会的发展，希望通过自己的力量融入社会发展的潮流，参与社会管理，获取社会认可，活跃在社会的各个领域，在维护社会稳定中发挥自己的作用。另一方面，青年群体在面对复杂的社会关系时，有时会缺乏清晰的判断，对一些社会现象认识不清，容易产生一些不满情绪和怨恨心理，并试图通过寻找各种途径发泄。缘此，如果不加以正确引导，一些不理性的发泄就可能成为青年自组织参与社会管理过程中的不稳定因素。由于大多数青年自组织的成立和解散较为随意，人员组成较为复杂，所以他们自身其实也是被社会管理的对象。

青年自组织是整个复杂的社会网络的要素之一，它们所表现出的社会管理的主体与客体的二重性，使它们既能有机会了解社会存在的问题，主动地介入社会治理与社会建设中，也学会了在社会发展变化的过程中逐步改善组织的生存环境，通过组织变革完善自身，以适应社会发展。

第一节　自组织参与社会管理的必要性

社会管理涉及食品卫生、社区建设、志愿服务、环保维权等诸多社会领域。自组织作为一种新兴的社会组织形式，具有自愿性、草根性、公益性、多样性等特点，它们的出现有助于填补政府在社会管理过程中的“真空地带”，有助于积极协调社会管理中的各种关系，成为社会管理的重要力量。

一　不可或缺的一项管理

国家的职能主要包括政治统治职能和社会管理职能两大部分。在马克思、恩格斯的许多著作中都论证了国家是“阶级压迫的工具”、“暴力机器”，突出强调政治统治是国家最为重要的职能，但是他们并没有把政治统治当做是国家的唯一职能，而是认为在任何国家形态中，社会管理职能都是必不可少的，明确指出国家“既包括执行由一切社会的性质产生的各种公共事务，又包括由政府同人民大众相对立而产生的各种特殊职能”[①]。“旧政府权力的纯粹压迫机关应该铲除，而旧政府权力的合理职能应该从妄图凌驾社会之上的权力那里夺取过来，交给社会的负责的公仆。”[②] 这些论述都是说明国家的职能不仅仅只有阶级压迫的政治统治职能，而且还有处理社会公共事务的社会管理职能。

中国社会由一元化社会向多元化社会转变的过程中，社会矛盾日趋复杂，国家的社会管理职能的重要性日渐凸显。中国学者所说的社会管理，在西方社会的话语里，并没有与之相符合的词汇。在

---

① 马克思、恩格斯：《马克思恩格斯选集》第二十五卷，中共中央著作编译局译，人民出版社 1975 年版，第 432 页。

② 马克思、恩格斯：《马克思恩格斯选集》第二卷，中共中央著作编译局译，人民出版社 1972 年版，第 376 页。

西方国家中，政府机构、私营部门、非政府组织等其实都可以进行社会管理，其社会管理内容更多的是指社会服务、社会秩序、社会规制。就目前而言，我国学者对社会管理主要有以下几种观点：

第一种观点，从广义上来界定，社会管理是政府和各类社会组织，包括社会团体、非政府组织对各类社会事务所进行的管理活动。从狭义上说，这一概念的社会管理，一般与政治管理、经济管理相对应，指的是对社会公共事务中排除掉政治统治事务和经济管理事务的那部分事务的管理与治理。①

第二种观点，以陈振明等学者为代表，认为社会管理就是政府通过制定专门的、系统的、规范的社会政策和法规，管理和规范社会组织，培育合理的现代社会结构，调整社会利益关系，回应社会诉求，化解社会矛盾，维护社会公正、社会秩序和社会稳定，孕育理性、宽容、和谐、文明的社会氛围，建立经济、社会和自然协调发展的社会环境。②

第三种观点，所谓的社会管理就是“政府和社会组织为促进社会系统协调运转，对社会系统的组成部分、社会生活的不同领域以及社会发展的各个环节进行组织、协调、服务、监督和控制的过程”③。这也是本章所采纳的社会管理的概念。

综合上述观点，可以总结出社会管理主要包括两类：一类是政府社会管理，主要依靠政府的自身力量对社会公共事务进行管理；另一类是社会自我管理或者社会自治管理，这主要是依靠社会自身的力量，如社会组织、企业、社区等，对在社会发展过程中所出现的公共事务问题进行处理。

二　社会管理的四个重要关系

社会管理是社会生活中不可或缺的管理活动。自组织参与社会

---

① 李程伟：《社会管理体制创新：公共管理学视角的解读》，《中国行政管理》2005年第5期。

② 陈振明：《政府社会管理职能的概念辨析》，《东南学术》2005年第4期。

③ 中国大百科全书总编辑委员会：《中国大百科全书·社会学卷》，中国大百科全书出版社1991年版，第301—302页。

管理体现出社会力量对建设和谐稳定社会的渴望。但目前社会结构网络化和社会成员需求的多样化给自组织参与社会管理带来了一定的挑战。因此，研究自组织参与社会管理需要厘清以下四对关系：

第一，国家与社会的关系。研究青年自组织参与社会管理的前提首先是厘清国家与社会的关系，而对于国家和社会的概念的理解又是理解国家与社会关系的前提。国家是人类社会发展到一定阶段的产物，是阶级矛盾不可调和的产物。恩格斯认为，“国家是社会在一定发展阶段上的产物；国家表示的是这个社会陷入了不可解决的自我矛盾，分裂为不可调和的对立面而又无力摆脱这些对立面。而为了使这些对立面、这些经济利益互相冲突的阶级不致在无谓的斗争中把自己和社会消灭，就需要有一种表面上凌驾于社会之上的力量，这种力量应当缓和冲突，把冲突保持在‘秩序’的范围以内；这种从社会中产生但又自居于社会之上并且日益同社会脱离的力量，就是国家”①。列宁在总结和回顾马克思、恩格斯对国家认识的基础之上，提出了一个对于国家的经典定义，即“国家是一个阶级压迫另一个阶级的机器，是使一切被支配的阶级受另一个阶级控制的机器”②。社会是共同生活的人们为了相同的目标、利益、价值观等通过各种各样的方式结合起来的一个整体或者集合。恩格斯认为社会是按照自身所固有的客观规律变化发展的，国家会随着社会的发展变化——阶级的消失而逐渐消失。

因此，从对国家和社会的概念的认识上，可以看出国家与社会的关系首先是先有社会，后有国家。国家只不过是社会发展过程中的一个产物，它会随着阶级的消失而消失，而社会是永恒存在和发展的，社会发展过程中产生的各类社会组织会在社会转型进程中发挥出其积极作用，从而成为社会管理的主要力量。其次，虽然国家会随着阶级的消失而消失，但就目前而言，国家仍然是社会管理的

① 恩格斯：《家庭、私有制和国家的起源》，人民出版社 1972 年版，第 167—168 页。
② 列宁：《列宁选集》第四卷，人民出版社 1995 年版，第 31 页。

主体力量。当前的社会矛盾在全球化和社会转型的影响下日益复杂，国家可以运用其强制力达到实现管理社会的目的。但仅仅靠国家来管理社会又是不够的，正如林南所说，一个稳定的社会，应该是由政府、市场、社群来管理。所以，要真正达到有效的社会管理，应当将国家强制力量和社会自发力量有机结合起来。换言之，有效的社会管理也需要政府和社会组织的协同配合。

第二，政府组织与非政府组织的关系。政府组织和非政府组织分别是国家权力和社会力量的载体和表现形式。现代社会发展的速度超越以往的各个时代，发展中的不稳定因素增多，对我国的政治文明、物质文明、精神文明的建设带来了极大的影响，也对我国的社会管理提出了更高的要求。政府、非政府组织、公民是维护政治、社会稳定，进行社会管理的重要的力量。目前，社会管理有两种形式：一是以政府为主体的社会管理，二是以社会公众为主体的社会管理。在实际的社会管理过程中，一方面要政府发挥社会公众在社会管理中的主体作用，让公民通过各种途径或渠道结成公民组织依法参与政府的社会管理，促使政府由“官本位”走向“民本位”；另一方面又要发挥非政府组织的有益作用，承接政府所转移出来的部分职能，协同参与社会管理。例如近年来，广东省不断创新社会管理模式，通过制定各种政策来扶植社会组织的发展，规范社会组织的活动，同时，允许社会组织在一定程度上承接政府转移的部分社会管理职能。简言之，政府组织和非政府组织在社会管理中各司其职，各尽其责，又要互为作用，相辅相成，缺一不可。

第三，自组织与他组织的关系。自组织是公民在社会发展过程中自发组织、自我管理、自我发展的自生性组织。他组织是在社会发展的推动下组建起来的组织，包括政府、具有政府背景的社团、公司等等。相比自组织而言，他组织更有组织性和规范性，拥有一些垄断性的社会资源，所以自组织的运作要与一些他组织进行互动，才能获得外部资源，推动自身的发展。但现实状况是，社会自组织在组织内部展开活动的意愿较高，而对于政府、共青团等他组织对自身的指导和管理的认可度较低，态度模棱两可。目前，我国现有的自组织无法找到具体适合自身并愿意直接接受它们的业务管理部门，同样也就无法获得一些合法资格，所以由于缺乏社会团体管理部门所认同的合法资格，大量的社会自组织游离于政府和社会管理视野之外，政府等他组织对于自组织的向心力作用较小。

第四，社会管理的主体与客体的关系。我国的社会管理方式是一种高度集中的管理方式，主要是以政府为主体，将政府管理和社会管理结合起来代替社会管理的方式。这种管理方式使社会组织的自我发展和自我管理能力相对较弱，导致社会各个方面的协调能力发展不均衡，不能解决社会快速发展所带来的众多的社会问题。社会快速发展的现实要求多元主体的社会管理方式，社会管理的主客体可能会在特定的情况下进行互换。当然，政府作为整个国家和社会的权威者，它是社会管理的主体，但在一个由“大政府”走向“大社会”的时代，政府也有可能成为社会管理的客体。仅仅从目前社会管理的角度来看，社会组织的客体角色定位明显。社会多元化的发展进程中，社会管理主客体的互换使社会组织可能会成为社会管理的主体，进行社会动员，参与社会管理，成为一支实现社会管理的重要力量。

第二节 青年自组织参与社会管理的机制与潜在风险

自组织是由社会中的个体所组成的组织，这些个体与社会有着最自然的关系，与社会接触最为广泛，同时它们也是各种社会关系、社会冲突、社会矛盾的直接关系者，所以自组织一经产生就自然而然具有了参与社会管理的愿望和需求。只要自组织与外界有联系，那么在其发展壮大的过程中就会具有参与社会管理的能力。网络化时代的到来，更加促进青年自组织的迅速发展，同时也鼓励青年自组织积极参与社会管理和社会建设。并在处理社会管理中形成了一些行之有效的运作机制，表现出它本身的运作机制，这种机制为青年自组织参与社会的公共事务管理助益良多，但由于青年自组织的自身不足尚存在诸多风险。

一 参与社会管理的运行机制

青年自组织是社会组织中的一种新兴类型，它在运作过程中必然存在特有的机制，并伴随青年自组织的产生、发展到灭亡。我们要健全这些机制，让这些机制在构建的过程中充分发挥青年自组织自身优势，鼓励其参与社会管理。青年自组织参与社会管理的机制主要表现在以下几个方面：

（一）利益表达机制

利益表达机制就是在承认个体正当利益的基础上，允许社会成员通过正常合理的渠道和方式表达自己利益诉求的机制。[①] 在社会管理中，要实现社会的稳定和发展，就需要尽可能地平衡社会不同利益群体的利益，而青年自组织为民众的利益表达提供了一种良好的利益表达平台。主要表现在以下几个方面：

第一，帮扶弱势群体，凝聚力量。我国社会中存在一些弱势群体，他们的力量弱小，利益得不到表达，权利容易受到损害。究其原因主要有两种：一是在我国经济迅速发展的同时，出现了资源分配失衡、分配不公的现象，如教育资源东部多于西部、医疗资源城市多于农村等。在与处于优势地位的企事业团体以及群体的交涉和互动中，弱势群体的力量比较分散，没有集中力量去表达和维护自己的利益，处于一种显而易见的劣势地位。而他们一旦将分散的力量组织起来，这种状况就会改变，如出现在东部沿海地区的流动人口自组织，它们通过开展项目将分散的个体凝聚起来，达到维护和表达自身利益的目的。二是在城镇化建设、社会服务的增长、经济

---

① 赵传伟：《创新社会管理的突破口在于健全利益表达机制》，《中共贵州省委党校学报》2011 年第 136 期，第 97 页。

发展差异的影响下，大量的人口从农村流向城市，从不发达的西部地区流向发达的沿海东部地区。这部分流动人口中青年群体占据了很大的比例，多数都从事体力劳动，他们对新的环境缺乏心灵归属感，当地政府也容易忽视这一群体；如果群体中有特殊困难或诉求，他们的利益表达和保障更加难以实现。在这种情况之下，流动人口群体以血缘、亲缘、地缘或年龄等为基础结合成一个个小团体，希望通过群体力量弥补个体在表达和维护自身利益方面的不足。这时，青年自组织就会站出来为弱势群体的利益去申诉，以缓和社会矛盾。

第二，增强人们的权利意识。近年来政府加大了政府职能的转变，社会组织开始承接一些政府转移出来的职能，因此，一些基层社会组织开始表现得越发活跃。在城市和农村的社区中，青年群体自发组织起来，建立起自我管理、自我服务的群众性、非正式性的自组织，如农民农业技术组织、农村生产互助组织、环保组织等等。其通过与政府进行沟通和连接其他社会组织，在参与社会问题的管理过程中，明确提出自己的利益诉求，表达自己对社会建设的观点和看法，这些都营造了良好的政治文化氛围，有意无意中增强了人们的权利意识。

第三，自组织参与公共事务，影响政府决策。政府是社会管理的主体，它们制定公共政策，提供公共产品，服务社会。青年自组织除了通过某些渠道表达自己的愿望，以期与政府进行沟通外，还可通过参与现实或网络上的绩效评估来影响政府决策，这主要表现在两方面：一方面，青年自组织虽然不是政治性组织，无权参与决策，但是它们会通过参与政府绩效评估等各种渠道表达它们的利益，促使公共政策的制定者在决策的时候考虑到这些组织及其所代表的利益群体，以达到维护自身利益的目的。同时政府为了获得社会成员内心的认同和服从，需要通过广泛、持久和深层次的社会参与，使决策者制定政策前能够获取足够的来自社会的信息，以保证政府不背离社会公共利益，满足社会公众对政府各种利益诉求的期待。另一方面，增进公众与政府的互信，提升政府公信力。随着公众的参与意识日益增强，公众和社会自组织可以积极地表达对政府政策和公共事务的看法，这有助于提高政府决策与执行的质量，最重要的是有助于增强公众与政府的互动，提升政府在社会管理活动中的公信度，促进政府与社会的良性互动。而与一些发达国家的社会组织相比，我国的自组织参与政府决策主要涉及公共事务领域，并不涉及国家生活的全部领域，如国家主权等。环境保护是自组织参与社会管理活动最为频繁的领域，是因为环境保护在之前较长一段时间里并不是我国立法领域和政策领域的重点，敏感程度低。同时，环保政策是一个比较温和的领域，这就吸引了原本资源较少的自组织的参与。此外，教育、卫生、养老等社会问题，也是自组织活跃的范畴，青年自组织在这些方面的活动方式主要是以志愿服务为主，很少或者基本没有参与到教育、养老等社会领域的法律制定与政策制定。

（二）行为规范机制

青年自组织通过志愿服务实现行为规范，号召并推动人们积极参与公共事务，提供积极健康的价值行为导向，这也是影响社会最为广泛的方式。志愿服务是指任何组织或者任何人自愿利用自己的时间、技能、资源等，在不谋求任何物质报酬的情况之下，为社会公众的生产生活提供服务，促进社会发展进步的一种行为，具有公益性、无偿性、自愿性、组织性的特征。志愿服务不仅是青年自组织提高自身知名度的方式，也是其参与社会管理的主要途径。志愿服务的内容主要体现在社区建设、抗洪救灾、应急管理、环境保护、救助老弱等方面。下面就以社区建设为例探讨社会自组织的行为规范机制。

社会是由国家、市场、社区三个不同的功能领域组成的系统。在这个系统中，三个不同的功能领域具有不同的功能和不同的协调机制。国家以其行政强制力为基础，给社会公众提供公共产品，对社会公共生活的各种权利关系进行协调，以保证全社会的福利达到最大化；市场是以价格竞争机制为基础，对社会生活中的私人领域的社会关系进行协调，保障个人的利益达到最大化；社区则是以社会成员之间进行沟通协商的自我调节机制为基础，追求集体利益的最大化，对集体中不同成员的关系进行协调，对集体中的弱势群体进行保护。国家和市场的协调机制对于较大和不太复杂的社会矛盾的调节具有较大的优势。但是随着社会关系的变化，社会成员之间的矛盾逐渐复杂化、微观化、琐碎化，国家和市场的协调机制对微小矛盾的缓解还力所不逮。社会矛盾之所以复杂，除了社会大环境的原因以外，还包括一些微观上的原因，如邻里纠纷、留守儿童、残疾贫困等，对于这些问题，“大政府”难以控制、解决，而只有依靠“大社会”的功能才能弥补。社会通过自我协调的方式来调节成员之间的矛盾，尽可能地从细微之处解决问题。在这当中，青年自组织发挥着重要的作用，尤其是那些活跃在社区中的青年自组织，它们有热情、有精力、有思想、有技术，主要从以下三个方面来实现行为规范，参与社区管理：

首先，调节社会矛盾，协调社会利益。目前社会转型时期出现的各种问题，使社会利益主体多元化，利益纠纷逐渐成为社会矛盾的导火索。而自组织是我国推进社会管理创新过程中逐渐产生的，是我国基层民主建设的产物。具有非营利性、志愿性、公益性的青年自组织在社会建设的过程中，为社会成员提供协调自助、自我管理的组织模式以及帮助公众参与政府决策和社会发展，在政府与社会之间发挥中介作用；它们在利用自身优势，为他人服务的同时，消除人们对一些社会现象的不满，缓和了社会矛盾和冲突，推进社区成员依法自治、完善基层民主政治建设，实现基层社区的和谐稳定。

其次，提供社区服务。在市场经济发展的过程中，政府要面对比以往各个时代更为复杂的社会环境，需要处理的国家和社会议题较多，付出的治理成本较大，同时在进行治理的过程中可能会出现治理的盲区。社区是社会管理中的基本单元且数量众多，呈现出网格化的特征。政府在治理过程中不可能面面俱到。为此，青年自组织正好发挥其优势，从微观方面发挥作用。社会成员通过自组织的方式积极利用各种社会资源，整合社会各方面的力量向社会提供公共服务，进行社会治安、社区矫正、社会救助等志愿活动，承担起维护社会治安和对罪行较轻、社会危害性不大的罪犯或者经过监管改造、确有悔改表现、不致再危害社会的罪犯在社会中进行有针对性管理、教育和改造的社区矫正辅助工作，降低社会管理的成本。

最后，推动社会文化和价值观建设。青年自组织通过动员组织成员以志愿服务的方式，促使人们关注公益，关注环保，潜移默化地培养社区居民的公益意识和公共道德，营造健康和谐的社会文化氛围，推进社会主义精神文明建设。

（三）网络参与机制

网络是青年自组织参与社会管理的最重要工具，它们依靠网络平台相互交流和联系，把线上活动转变为线下活动。随着社会的发展，人们物质生活水平不断提高，社会问题也在不断地增多，热点问题层出不穷。住房、医疗、养老保险、教育、基础设施建设、收入分配、反腐倡廉等民众所关心的社会问题在网络上都引起人们极大的关注和讨论，网络已成为青年自组织参与社会管理和建设的重要方式。根据中国互联网络信息中心发布的第 39 次《中国互联网络发展状况统计报告》，我国网民人数和互联网普及率有较快的增长。如表 3－1 所示，截至 2016 年 12 月，我国网民规模达到 7.31 亿，较 2015 年年底增加 4299 万人，互联网普及率为 53.2%，较 2015 年年底提升 2.9 个百分点。与此同时，截至 2016 年 12 月，我国手机网民规模达 6.95 亿，较 2015 年年底增加 7550 万人，网民中使用手机上网的人群占比提升至 95.1%。[①]

① 第 39 次《中国互联网络发展状况统计报告》，2017 年 1 月 22 日，http：//www.199it.com/archives/560209.html，2017 年 1 月 22 日。

表 3－1 我国网民规模和互联网普及率（截至 2016 年 12 月）

	单位	2009 年	2010 年	2011 年	2012 年	2013 年	2014 年	2015 年	2016 年
网民数	万人	38400	45730	51310	56400	59056	63200	68800	73125
普及率	%	28.9	34.3	38.3	42.1	44.1	46.9	50.3	53.2

资料来源：根据工信部网站和第 39 次《中国互联网络发展状况统计报告》相关数据整理而成。

网民规模的扩大和互联网的普及带给社会最直接的益处就在于从最广泛的意义上实现了资源共享，使各类社会组织和社会个体更加接近信息，扩大了社会参与的程度，个人自由活动的空间得以扩展。尤其是当前网络技术的发展以及 3G 的普及、手机应用的创新，在现实社会之外存在着一个虚拟社会，一方面人们无论何时何地都能获取信息、分享资源，通过网络将不同区域和领域的人连接起来，成为人们的一种生活方式。另一方面使人们参与社会活动的方式和途径多样化。同时，这也为自组织在社会管理中发挥作用，提供了一个新路径和平台。相比较而言，网络的传播速度优于报纸、书刊、邮件等传统媒体，人们能将社会热点问题通过微博、QQ 群、论坛、博客、视频网站等媒介放置于网络之中进行传播，引起社会舆论的关注，引发社会公众的广泛参与。这种自发参与并非由外部力量施加，而是由网络内部的网民自发进行。南开大学马得勇对中国网民的政治立场进行网络问卷调查，发现当下的中国网民的政治立场比较中立，占调查对象的 55.1%，且男性多于女性（如图 3－1）。再如表 3－2 和表 3－3 所示，截至 2016 年 12 月，网民年龄段一直集中于 10—39 岁之间，约占网民总数的 73.7%，高中以上学历者占网民总数的 47.9%，网民职业结构中学生占比最大，为 25%。从以上数据看出，网民主体很大比重是青年。他们有一定程度的社会教育和学历，思维活跃，对参与社会管理中出现的问题有自己的见解与看法，既不完全肯定，也不完全否定，如图 3－2 所示，当今大学生网民持中间立场者的比例多于政治立场“左”倾和右倾的比例，这样也是一种平衡和谐。同时，他们积极利用虚拟身份参与社会热点问题的讨论，进而形成一种社会合力或压力。只要我们加以引导，他们就会有更多的人投入到促进社会稳定的行列。

表 3－2 **网民年龄结构** 单位：%

年龄段＼年份	2010	2011	2012	2013	2014	2015	2016
10 岁以下	1.1	1.7	1.7	1.3	2.1	2.7	3.2
10—19 岁	27.3	26.7	24.0	23.2	24.5	21.4	20.2
20—29 岁	29.8	29.7	30.4	29.5	30.7	29.8	30.3
30—39 岁	23.4	25.7	25.3	26.1	23.4	23.8	23.2
40—49 岁	12.6	11.4	12.4	12.6	12.0	13.1	13.7
50—59 岁	3.9	4.1	4.4	5.2	5.2	5.3	5.4
60 岁以上	1.9	0.7	1.8	2.0	2.1	3.9	4.0

资料来源：根据中国互联网络信息中心相关数据整理而成。

表 3－3 **网民的学历结构** 单位：%

学历＼年份	2010	2011	2012	2013	2014	2015	2016
小学以下	8.4	8.5	10.9	11.2	12.1	13.7	15.0
初中	32.7	35.7	35.6	36.3	36.1	37.4	37.1
高中/中专/技校	35.7	33.3	32.3	32.3	31.1	29.2	27.6
大专	11.8	10.5	9.8	9.4	9.9	8.4	9.1
大学本科	11.4	11.9	11.3	10.9	10.7	11.2	11.2

资料来源：根据中国互联网络信息中心相关数据整理而成。

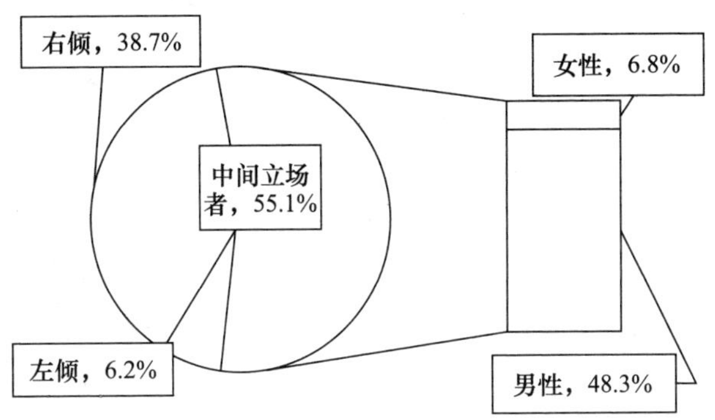

图 3－1　中国网民的政治立场调查

资料来源：根据南开大学马得勇《中国网民的政治立场调查》数据整理而成。

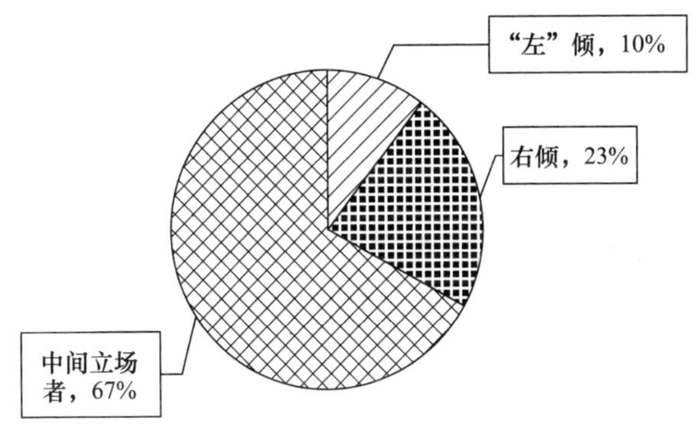

图 3－2　大学生网民的政治立场调查

资料来源：根据南开大学马得勇《中国网民的政治立场调查》数据整理而成。

迪尔凯姆的有机团结理论认为，随着社会变得日益复杂化，社会分工愈加细化，社会个体之间、整体之间、个体与整体之间相互依赖性加强，单独的个人要进行社会活动具有较大困难。可以想象，当网民讨论进行到一定程度时，会感觉单独个体在网络社会的话语力量微弱，进而将类似的话语结合起来，自发组织成一个网络群体，个体与群体相结合而成的网络自组织在网络社会中以一个声音进行网络互动，并将网络参与的力量运用于现实社会的发展，影响参与社会热点问题的讨论方向，进而将自组织的线上活动转变为影响现实的社会管理活动。

此外，青年自组织要在社会管理中发挥更大的积极作用，还需要经过政府相关管理部门的登记和审核，取得参与社会管理所要的合法性资格。但是，青年自组织处于边缘状态，很难具有合法性资格，缺少了这种资源的支持，就会给自组织自身的发展带来不利影响。随着网络信息技术发展，互联网成为自组织弥补合法性资格缺失的有利条件。网络的低成本、低准入门槛、覆盖广、资源丰富等优势，许多青年自组织依靠网络进行活动，使自组织自身的价值观与当今社会主流价值观相符合，顺应社会发展趋势，扩大组织自身的影响力，推动社会认可，从而为获得政府的合法认可铺平道路。

二 参与社会管理的潜在风险

（一）信任性危机

信任是人与人之间的一种道德关系，指社团成员对彼此诚实、合作行为的期待。表明主体（个人和集体）对他人或社会团体的可靠、忠实、诚意和正直具有坚定的信念，相信他人或集体的行为与承诺，对此没有怀疑。[①] 信任的对立面是猜忌、怀疑、不信任。在当下的“陌生人社会”，每个人都会感觉到信任是多么的珍贵。从侧面也反映出目前中国不同人群、阶层、行业、组织之间存在着一种信任危机。郑永年等认为，中国出现社会信任危机主要有两方面的原因：一是中国的社会正处于转型时期，普遍性的社会信任体制尚不健全；二是中国社会结构的一些特点导致社会信任危机，这一点主要是从中国历史发展的轨迹来说明，以往的中国社会在国家正式体制之外还存在着一个江湖社会，即“非正式体制”。[②] 由于二者之间有着不同的信任体制，难免会在活动中出现不遵守游戏规则的情况，信任危机问题就此产生于正式体制与非正式体之间的摩擦，

---

① 冯契等：《哲学大辞典》上册，上海辞书出版社2007年版，第94页。

② 郑永年、黄彦杰：《中国的社会信任危机》，《文化纵横》2011年第2期。

而这一状况一直延续至今。青年自组织是社会转型时期出现的一种新形式，在社会发展的过程中它们广泛地吸纳社会成员加入其中，参与对社会事务的管理。但是目前具有普遍性的社会信任体制尚未建立起来，加之由于自组织的力量分散，人员复杂，使社会成员对社会自组织在社会事务上能否发挥积极作用产生了极大的怀疑。不同的社会自组织之间存在竞争，在信息不畅的情况之下，更容易产生信任危机。同时，一些社会自组织或者负责人为了自身的利益，作出一些令人失望的行为，丧失了社会信任，如《打工诗人》是由一些爱好诗歌的青年打工者于2001 年自主创办的，没有期刊号，没有固定的编辑部，经费来源于乐施会等机构的资助，是一个有共同爱好的青年人抒情的场所。但 2010 年《打工诗人》的编委许强被指侵吞乐施会资助的30 多万元，引发了社会的极大反响，使得乐施会最终停止对该期刊的资助，《打工诗人》趋于解散。所以，多种因素使社会自组织在社会管理过程中得不到绝大多数人的信任，影响了其参与社会管理的有效性，反而成为社会管理的不稳定因素，从另一方面来说，对其自身的合法性也带来了一定的负面影响。

（二）合法性危机

合法性是良好社会秩序的基础，主要包括两个方面含义：一是从法学角度讲，合法性是指一个行为的发生或一个事物的存在是否符合现行法律的规定，即“合乎法律性”；另一个含义是从政治学和社会学角度来说的，合法性主要指的是一个国家政治行为或者一个组织能够得到社会认同并且具有法律依据的基本属性。由于合法性是保持社会政治秩序的基础，又由于合法性是非常主观的东西，个人和团体看待政治系统合法与不合法，在很大程度上取决于是不是符合他们的利益与价值观。① 所以，这是从形式层面和实质层面来强调合法性，同时这也是政治学的热点问题。基于对合法性的认识，社会自组织的合法性问题可以从以下两个方面来认识，一是社

---

① 转引自庞元正等：《当代西方社会发展理论新词典》，吉林人民出版社 2001 年版。

会自组织产生、发展和运作符合法律的规定，即具有合法的身份和法律地位；二是社会自组织的价值观念或者行为准则符合社会的发展，从而得到政府和社会的接受、认同和支持，即社会自组织的合法性身份要由政府和社会来认可。

在现代国家中，合法性更加依赖于政治权力，或者说政府的认可，这是近代以来政治的基本特征之一。社会自组织的产生和出现是社会的自发现象，而且大多数不符合政府管理社会组织的法律规定。例如我国2016年修订的《社会团体登记管理条例》第十条规定：成立社会团体，必须有50个以上的个人会员或者30个以上的单位会员，个人会员和单位会员混合的要有50个以上；要有固定的场所；有合法的资产和经费来源，全国性的社会团体要有10万元以上活动资金，地方性和跨行政区性的社会团体要有3万元以上活动资金。《基金会管理条例》第八条规定：全国性公募基金会的原始基金不低于800万元人民币，地方性公募基金会的原始基金不低于400万元人民币，非公募基金会的原始基金不低于200万元人民币；原始基金必须为到账货币资金。由于社会自组织大多是自发产生，组织成员加入或者退出都有很大的随机性和不稳定性，没有固定的活动场所，成员联系主要靠网络或者移动通信设备进行，可以利用的活动资金主要依靠自身筹集和社会的捐赠，资金并不固定，大大低于政府所认定的标准。此外，相关法律还规定社会自组织必须挂靠一定的业务部门，这样才具有合法性。而自组织绝大多数都是自我管理、自我运行，不愿受任何的约束和限制，因此，不能适应现行的法律制度和管理体制，也就很难取得合法性的身份。特别是青年自组织成员的特性，注定他们具有更强的自主性，更不愿接受约束和管制。一旦没有合法性，青年自组织就难以持久地推行自己的主张，即使在志愿为社会提供服务中也难以得到社会认可，从而影响组织的服务质量和效率。由此，必须加快推进立法调研，尽早出台相关法律，规范青年自组织的运行，以适应社会组织改革发展的迫切需要。

（三）渗透性危机

自组织参与社会管理的渗透性危机主要是从国家安全角度来说，目前渗透的方式多种多样，在不同的时代表现出不同的内容和形式。自第二次世界大战结束以来，国家之间、社会组织之间、个人之间交流日趋频繁，拓宽了人们的视野，增长了见识，促进了沟通，增进了国家间的互信。但是从另一方面来说，这给当今各国政府进行社会管理或社会建设也添加了一定的变数。社会自组织的草根性、网络化、缺乏合法资格等特征决定了其不可能获得来自政府的全部资源，使得它们就有可能将这种获取资源的目光转向国外，寻求国际性的援助，这就给社会自组织参加社会管理增添了国际因素。同时，目前青年自组织的主要成员是青年人，这类人群的身心智力尚在发展阶段，对政治的理解不成熟，缺乏对现实状况和形式的理性思考和正确判断的能力，一旦被国外的反对势力所渗透或利用，则会危害到国家政治秩序的稳定以及社会的健康发展。2015年5月《境外非政府组织管理法（草案二次审议稿）》的公布，意味着中国政府在不断完善对境外组织的监控，而这也提醒青年自组织在寻求资源时，对境外政府资金的捐赠必须保持高度警惕，坚持合法程序。“颜色革命”是发生在原东欧国家内部的非暴力的政治运动，实质是一种街头政治，在这些活动中会发现一些西方国家及其支持的非政府组织的身影。2004年发生在乌克兰国内的“橙色革命”就是一个很显著的例子。乌克兰青年组织“是时候了”（俄语：Пора）① 就在乌克兰“橙色革命”期间扮演着积极角色，他们事先利用互联网进行动员，在首都基辅搭起帐篷以准备反对库奇马政权，准备开展下一轮活动。整个活动期间，许多西方政府和国外非政府组织向这些运动提供了资金并教授组织非暴力抵抗的战术。其中，最为著名的是美国政府支持的全国民主基金会，该组织早在

① 刘星：《东南欧“颜色革命”、街头政治中青年行为研究》，http：//www. cycs. org/Article. asp? ID = 10835，2013年10月15日。

1998 年就开始对乌克兰进行非政府民主建设活动，并在全球范围内给一些非政府组织和反抗组织提供一定的资金支持。

另外，一些社会自组织从自身组建之初就具有较强的目的性，它们不断渗透或进入国家和社会生活的各个领域，为引起人们的关注或达到自己的目的制造一些破坏性活动，危害国家的长治久安。

（四）参与性危机

自组织参与社会管理的方式和机制多样，但是范围、途径、规模、程度都有限，从信任性危机、合法性危机、渗透性危机三个方面，可以看出自组织要参与到社会管理其实还是具有较大的现实困难。首先，活动资金不足，组织参与活动范围有限。虽然自组织中有些是全国性的，但是自组织大多数只是一个地域或者一个领域内志趣相投、利益相关的人自发组建起来的，他们受到活动资金不足的限制，也影响到自身所参与地域或者领域的社会管理活动及其层次与规模等。其次，参与途径狭窄。青年自组织的参与方式与机制不如具有官方背景的或者登记在册的非政府组织那样稳定，具备官方背景和登记在册的非政府组织能够获得体制内的支持，如参与法律制定、参与政协会议和参与政府决策，而青年自组织参与方式运用最多的可能就是通过网络在线参与。现实中的参与往往有时会受到来自政府部门、主管单位、社区街道的约束和管制。最后，自组织人员素质不高。一个良好的社会组织无论是参与自发组织的活动，还是参与政府社会管理的活动，除了组织自身要有足够的成员展开动员外，组织成员素质也是影响自组织发展的关键因素。青年自组织成员复杂、身份重叠，素质良莠不齐，除了高等学校、企事业等有学生身份、固定工作的青年以外，难免还有一部分是社会上无固定职业的青年，这些也会影响青年自组织参与社会管理的功效。

第三节 参与社会管理的失控风险

——以“民间反扒组织”为例

当前社会呈现出网络化、结构化、多元化的发展特征，这一特征也深刻地反映在社会组成单元——社会组织的发展过程当中。青年自组织在参与社会管理的过程中，既具有积极的一面，即有助于提升公民的民主参与意识，增强自组织能力，弥补市场机制的“市场失灵”和政府社会管理的不足，还有助于保证整个社会的活动有序进行，保证了人们充分利用自己的知识和信息在各种可能性上的创新①，从而促使政府治理的各个组成部分处于一个不断更新、自我维系、充满活力的系统。同时，青年自组织也具有消极的一面。青年自组织自身的发展与参与社会管理是同时进行的，在这个过程中，青年自组织的“全能化”倾向和自组织性被削弱，使其要么参与动力不足，发挥作用有限；要么就是因受到外力因素的影响或诱惑，使自组织发展成为与社会相背离的反向力量。

近年来，在社会治安领域出现了民间反扒组织，它们的组成人员大多是青年人，他们成为政府社会管理体制以外一种有益的补充，对营造良好的治安环境具有积极的作用。但它们自身在社会管理中所显现的问题也构成它们自身发展的软肋和社会管理的不稳定因素。

一 民间反扒组织介绍

民间反扒组织，又称为反扒志愿者联盟，是近年来伴随着大量的扒窃尤其是有组织的扒窃行为的出现而产生的，它们是中国民众自发组织的对抗扒窃行为的组织。所谓“民间”是与官方相对应的，它指的是自己成立的、非官方的，而“反扒”就是针对扒窃予

① 刘飞：《社会自组织与政府治理的适用性论析》，《中国商界》2009 年第 5 期。

以制止的行为。“民间反扒联盟”就是制止扒窃行为的民间公益性组织。目前，民间反扒组织主要呈现出三种发展模式：第一种模式是武汉模式。这种模式以武汉民间反扒志愿者联盟为代表，它们主要依靠自身的力量进行活动。武汉反扒志愿者联盟是国内较早成立的反扒志愿者组织，同时也是国内最大和最受关注的民间反扒组织。武汉反扒志愿者联盟是从武汉志愿者联盟发展而来，最初是由网民“手术刀”于2006年在论坛号召后成立的武汉反扒志愿者联盟，注册人数上千人，参与者几百人，大多数成员是平时活动于网络的青年人。他们平时通过QQ群、论坛等方式联系成员，开展反扒活动，一切活动的开支均由组织成员自己承担。该联盟自成立以来，共出动上千人次，抓各类窃贼约400人，都成功地移送至公安机关。第二种模式是以杭州民间反扒组织为代表的模式。这类模式是民间反扒联盟通过民政部门的审核登记，获得合法的身份，成为合法组织。2007年12月20日，经杭州市下城区民政部门审核同意，“杭州市下城区天水地区反扒协会”正式挂牌，成为国内首个被政府部门认可的民间反扒组织。[①] 杭州天水地区民间反扒组织主要还是依靠成员自身来进行活动，活动资金等需要自身筹措。第三种模式是厦门模式。厦门的反扒联盟成立于1998年，它们不但有厦门市政府和公安局的支持，而且还有自己的赞助商，保险公司也免费为它们提供人身意外伤害保险。它们还成立了专门的反扒办公室，机构运作非常成熟，厦门的模式也成为许多反扒联盟的学习对象。现在南京、广州、西安、海口等大中城市都有这样的组织。据不完全统计，国内民间反扒组织有70多家。但随着民间反扒联盟活动的深入，民间反扒联盟的一些问题也逐渐突显出来，面临着严重的生存危机。如2006年9月，武汉反扒志愿者联盟发动的一次大规模行动中，被抓获的小偷杨蛮的意外死亡，导致参与行动的网友

---

① 杨显生、杨江：《杭州反扒联盟得到官方认可　民政部门有限“放权”》，《新民周刊》2008年1月23日，http：//news. zj. com/detail/821078. shtml，2013年12月18日。

"罐子"被送入看守所。

二 民间反扒组织的主要特征和存在理由

(一)当前民间反扒组织的主要特征

民间反扒组织主要有以下特征:第一,民间性。民间反扒联盟,无论是从组织属性来说,还是从行为权限上来讲,都深深地打上了民间的"烙印"。同时,需要注意的是,反扒联盟组织成员进行反扒活动是没有法律依据的。因此它们没有执法权,还要接受公安机关的监管,故称"民间反扒"。第二,网络性。民间反扒组织的成立是通过网络论坛而建立的,同时它们开展活动也是通过QQ群、微信进行联络。如上海民间反扒组织是由网友"黑武士"通过网络论坛号召组建起来的。[①] 第三,公益性。扒窃行为所侵害的是公民财产所有权和社会治安秩序。而反扒的直接受益人是不特定的多数人,反扒行为本身能维护社会治安秩序,最关键的是青年自组织没有法定义务,是纯粹地为他人服务,纯粹地为公共利益服务,不具有任何谋利的目的。第四,业余性。民间反扒人员不以反扒为业,他们都有自己固定的职业,多是利用业余时间来从事反扒工作,组成人员为青年,其中高校学生居多。第五,辅助性。与拥有公权力的治安警察相比,民间反扒人员扮演的角色无疑是次要的,他们的作用仅仅是协助警方开展反扒工作,因此民间反扒联盟的工作性质具有辅助性。此外,民间反扒联盟与公安机关既没有直接的隶属关系,也不属于雇佣关系。

(二)民间反扒组织存在与发展依据

我国各大中型城市的社会治安状况虽然整体良好,但扒窃等违法犯罪活动也时常发生,广大人民群众的财产安全和人身安全都受到了一定威胁,社会治安也遭到了破坏。而国家和政府的力量是有限的,不可能对社会生活的各方面都进行管理和服务,面对流动分

---

① 《上海反扒联盟》,http://baike.baidu.com/link?url=QADsiCqg3hUiAVYQYo3NKXGMfWPUlyzP9ydG0L2ak5zsf5SgLiZDFb2fBootiXayynx5ObqCE3yX0s4WtROly_,2013年12月20日。

散作案的扒窃活动更是如此。相比之下，蕴含了强大力量的社会组织就成为协助政府弥补管理和服务盲区的主要力量。充分发挥社会组织在公共服务中的作用，建立起政府与社会组织合力提供社会管理和公共服务的新模式，调整政府与社会的关系，允许社会自治组织实现社会的自我管理与自我服务，形成社会与国家二元互动的格局。在这种条件下成立的民间反扒联盟，相对于政府的强制性、行政性的组织而言，其是建立在自发性和自愿性基础上的社会自组织，是社会现实的需要，它是公权力和私权力的结合，使得国家和社会有机地结合在一起，能够多方位、多渠道地打击扒窃违法犯罪，及时维护社会稳定，同时又保护了公民个人财产权利不受损害。

此外，民间反扒组织的出现首先是由于社会中存在着大量的扒窃犯罪行为，青年自组织对这一行为进行有力打击，具有一定的合理性，也是人心所向的行为。其次，《宪法》中明确规定了公民个人的合法财产不受侵犯。公民作为社会生活的构成单元，青年们自发组织起来维护个人的合法财产具有正当性。最后，根据国家的相关法律规定，任何公民都有义务配合国家和政府同违法犯罪行为作斗争。民间反扒联盟打击扒窃行为就是配合警方同危害社会治安秩序的犯罪行为作斗争，行为本身具有一定的合法性。由此可见，民间反扒联盟的出现，它一方面满足了社会现实的需要，另一方面也符合相关的法律规定。

三　民间反扒组织存在的问题

虽然民间反扒组织的出现具有社会现实基础和法律基础，但是这种自发性群体实施的活动却存在着不少问题。

（一）合法性问题

民间反扒组织实质是一种依靠自卫或者自助行为来维护自身民事权利的一种变相的私力救济。在合法性方面，它存在两方面的问题：一是民间反扒组织程序合法性问题。民间反扒组织作为一个独立的社会组织，必须符合法律的规定，按照法律的要求有必要的形式，办理必要的成立手续，具有独立的法律人格和合法的法律地位。依据我国现行法律，一个独立的社会组织必须到政府职能部门进行登记并挂靠相关单位才具有合法性，否则属于非法组织。而就民间反扒组织而言，它虽然是自发性组织，有的也有章程，本身行为也得到公众的认可，但未经法定程序和政府职能部门审核登记，所以民间反扒组织在程序上就不具有合法性。二是民间反扒组织不具有法律规定的执法权力。执法行为是国家赋予行政执法人员的特权，民间反扒组织不是行政执法机构，没有得到法律的认可。民间反扒人员在进行反扒的时候，由于其未有执法人员资格而想对扒窃人员进行制裁，很可能侵犯到其人身权利，也不符合程序正义。[①] 再者，反扒行为是一系列专业的行为，然而民间反扒志愿者通常不具备执法资格及专业素质，当他们在参与具体反扒活动时，很难做到规范执法，也很难避免做出一些无意中损害公民权益的事情。

（二）信任问题

民间反扒组织成员进行反扒活动有助于维护社会治安，但成员的良莠不齐，在反扒活动中有可能触犯法律或侵犯其他公民的合法权利，从而导致社会对其信任感降低，对组织的生存与发展带来危害。2007 年 4 月 10 日，海南省海口市警方在全国开先河，公开向社会招募反扒志愿者，成立海口反扒志愿者大队。这支反扒志愿者大队隶属于共青团海口市委青年志愿者协会，由海口警方进行业务指导，并给这些志愿者颁发证书明确他们的身份。志愿者大队成立以后，海口的反扒活动迅速展开，同时，海口的这一模式吸引大量海内外学者及大学、研究机构的关注。但在 2009 年，海口民间反扒组织却遭遇了危机。2009 年 2 月，海口市义务反扒志愿者王某在海口市解放西路百货大楼旁抓住涉嫌盗窃的许某，利用自己的身份从许某处勒索了一部手机，随后销赃卖了 120 元。2 月 21 日，王某在海秀东路金山大厦门前，再次抓住许某并向其勒索，因许某没有财

① 杜愉：《民间反扒行为合法性之法理学思考》，硕士学位论文，西南政法大学，2008 年，第 5 页。

物可以提供，王某欲强行将其带至派出所处理时，被公安人员抓获。2009 年 8 月，海口市龙华区法院以犯敲诈勒索罪，一审判处海口市义务反扒志愿者大队原队员王某有期徒刑 10 个月，随同王某被判刑的还有其他同罪名的原海口反扒志愿者队的其他若干队员。随之，海口民间反扒的脚步戛然而止，大家对反扒的关注热度也骤减。① 反扒志愿者在利益的驱使下，利用自己的身份进行敲诈勒索的不法行为，从过去的反扒志愿者变成了违法者，严重损害了自组织自身的形象，致使反扒组织陷入了社会信任危机，也将民间志愿组织的纯洁性及其违法违纪等问题，推向了舆论关注的风口浪尖。

（三）参与问题

民间反扒组织在参与反扒过程中有两个问题值得重视：一是反扒组织的自身建设问题，二是组织成员的安全问题，这两个问题制约着民间反扒组织的参与效果。首先，组织自身建设问题。民间反扒组织作为一种自发自组织，与其他社会组织都处于一个复杂的社会系统中。不同类型的自组织之间以及自组织成员之间相互影响而形成了复杂的社会网络。但是这种网络结构包含了所有的成员，容易出现结构上的漏洞，致使组织活动失败。尤其在新媒体技术出现后，社会自组织成员的数量在不断地扩大，社会网络也在不断增长，信息的自发流动使自组织成员之间的边界逐渐消解。加之自组织内部成员的身份复杂，导致自组织在整个社会网络仅能维持表面上的稳定，向心力和凝聚力不强，组织成员的社会意识较为分散，一旦社会网络中自组织之间的边界消解，处于社会网络中的自组织成员就会基于自身利益的考量，选择自身利益最大化的行为，难免会损害组织的整体利益，甚至是危害社会利益。特别是目前大多反扒组织缺乏资金支持，活动经费有限，使有些组织成员利用组织进行掩护，做出损害集体利益的事情，严重影响反扒组织的发展和反

---

① 孙瑞灼：《收编民间反扒组织是明智选择》，中国法院网，2007 年 4 月 11 日，http：//www. chinacourt. org/html/article/200704/11/241986. shtml，2013 年 12 月 13 日。

扒活动的开展。其次，成员安全问题。参与反扒组织的大多是青年人，他们朝气蓬勃，对参与反扒行动充满了极大的热情。但与专业的公安人员相比，反扒志愿者没有正式的武器和专业的反扒技能，当他们赤手空拳地与犯罪分子斗争时又很可能受伤，而他们却不能享有警察的特殊津贴和保障，地位十分尴尬。虽然短期内民间反扒组织的活动成效显著，但是从长远来看，以上两个方面使得民间反扒组织参与反扒活动的成本大大增加，制约着组织的发展并面临着解散的威胁。2006 年武汉反扒志愿者成员“罐子”在行动过程中使被抓获的小偷杨某意外死亡，虽然公安机关对此次事件撤销了调查，最终还是导致了武汉反扒志愿者联盟于 2007 年解散。

青年自组织发展迅速，数量增长较快，但规范社会组织行为的法律法规和相关制度还不完善，管理登记门槛高，导致大量青年自组织游离于监管之外。这就使青年自组织参与社会管理就像一把双刃剑，既有有利的一面，又有不利的一面。要发挥青年自组织的积极作用，避免消极影响，就需要在青年自组织运转的过程中加以管理和引导。一方面要加强青年自组织自律，提高自组织内部人员的遵纪守法意识，制定相关行为准则，同时建立起内部激励机制，提升组织成员的积极性，增强组织的凝聚力和组织成员的归属感；另一方面，也要加强对青年自组织的社会监督，建立健全社会自组织间互评互查与群众举报受理机制，引导社会监督体制良性发展，并发挥新闻媒体的舆论监督作用，以规范青年自组织的行为。这样，在社会管理中，青年自组织及其成员的积极性才能得以有效利用，同时又回应他们参与社会管理的热情，让青年自组织在维护社会稳定、促进社会健康有序发展中发挥作用。

第四章　新媒体环境下的青年自组织与社会稳定

越来越多自发成立的社会组织多以网络、手机短信、微信、微博为活动平台，具有参与对象年轻化、成员需求多样化、活动开展活跃化、动员机制灵活化、运行方式网络化等特点。作为社会组织一部分的青年自组织也积极参与社会管理。他们运用新媒体在面对谣言时，成立民间辟谣组织，求证事实，公布真相；传播信息，促进党和国家政策、法律法规的宣传；自组织中的青年在虚拟空间发表看法，催生着青年的政治社会化；微博问政，拓宽公民政治参与的渠道，帮助公民利益诉求的表达；通过网络举报，开辟出一块反腐新阵地；关注热点，促进环保、扶贫救济等。但是，因为青年自组织自身固有的局限性，加上政府社会管理约束不够，在现代信息技术的冲击下，它们在维护社会稳定的过程中也容易出现一些偏离正轨的行为，比如促使网络谣言的滋生蔓延、产生非理性的网络问政行为等问题。因此，如何有效利用新媒体，最大限度地发挥青年自组织维护社会稳定的功能，是我们需要研究的课题。

第一节　新媒体及其社会影响

公交车上的移动电视，医院、银行、楼梯里的视频，网络电视、网络报纸、网络论坛，QQ 群、微博、微信等新兴媒体随着技术的迅猛发展，正在改变着人们获取知识、社会认知、沟通交往的形式。新媒体无孔不入，它在为大众提供个性化内容的同时，有无数的信息资讯传播者和接收者能够融合并进行自主的、个性化的交流。受众不是简单地接收信息，还能提供甚至创造信息，设置议程，从而实现真正意义上的人与人的双向传播。在这个媒体竞争日益激烈的年代，新媒体势力的崛起及其对社会产生的影响已经不容忽视。

一　新媒体已成为青年群体信息传播的主体

近年来，在传媒界兴起了“新媒体”这样一个词。关于对新媒体的定义，不同领域的专家学者从不同的视角诠释着。

（一）新媒体的话语权

“新媒体”一词是美国人高尔德马克（P. Goldmark）率先提出的，他把电子录像称作“New Media”，“新媒体”概念从此诞生。罗斯托于1969年在向尼克松总统提交的报告书中，多处提及“新媒体”一词，由此在美国社会流行并扩展到全世界。

美国《连线》杂志认为新媒体是所有人对所有人的传播。有学者将新媒体定义为在计算机信息处理技术基础之上出现和影响的媒体形态；有学者从社会关系层面定义新媒体为基于网络和数字技术所构筑的三个无限，即需求无限、传输无限和生产无限；有学者把新媒体区分为广义和狭义的，广义层面上的“新媒体”以是否采用数字技术为标准划分，狭义的“新媒体”则强调与网络媒体融合；有学者认为新媒体相对于传统媒体而言，是一个不断变化的概念，只要是跟计算机相关的，都可以说是新媒体。大豫商网执行总裁崔俊超谈道：“400年前报纸就是新媒体，因为那个时候是自然传播，93年前新媒体是广播，73年前新媒体是电视，23年前新媒体是互联网，而到了4年前新媒体已成为社交网站，3年前新媒体是微博，现在在我看来新媒体是微信。”杨继红在《谁是新媒体》一书中将新媒体定义为：“基于数字技术的非线性传播的能够实现交互具有互联传播特性的传播方式和交互传播的组织机构。”[①] 中国人民大学匡文波教授把“数字化”和“互动性”作为判断新媒体的主要标准。

新媒体的定义标准各有不同，有学者对新媒体定义的类型进行归纳，大致分为“传承论”、“相对论”、“凡数字论”、“互联论”、“媒体定义回归论”、“规模论”等。传承论认为，新媒体是对传统媒体重新整合而发展起来的新媒介形式。相对论认为，新媒体是一个相对的概念，相对于传统媒体而言，“新”的媒体就是新媒体，新媒体往往兼具多种媒体的特征与特长。“凡数字论”认为，凡是基于数字技术在传媒领域运用而产生的新媒体形态即新媒体。互联论认为，新媒体是在互联基础上实现多对多或点对点传播，具有与用户互动等交互功能的媒体形式。回归论认为，因为媒体应该是泛指从事大众传播的机构，所以新媒体应该定义为新的大众传播机构。规模论认为，当新的传播形态达到大众传播的规模，即新媒体。

“新媒体”究竟是什么？究其实质，新媒体就是一种新兴媒体形态，是信息科技与媒体紧密结合的产品，包括互联网、网络电视、移动电视、数字杂志、数字广播、手机短信、博客、微信、触摸媒体等。它的产生是建立在旧媒体传播环节的创新基础之上，其“新”就在于：新的传播者（受众、新传播组织）、新的传播内容（媒体体验、植入式广告）、新的传播渠道（新的传播空间、工具）以及新的受众细分。[②] 相对于报纸、广播、电视、杂志四大传统意义上的媒体，新媒体使信息传播方式发生巨大改变，受众范围无限扩大，促进了媒体与受众的交流。当然，同时也有部分群众因无法使用新媒体，而被排斥在新型的信息传播方式之外。

新媒体的产生和兴起，逐渐引发了话语权的分解和转移，在很

① 杨继红：《谁是新媒体》，清华大学出版社 2008 年版，第 23 页。

② 王东熙：《论新媒体之“新”——从传播模式角度谈新媒体的分类和定义》，《东南传播》2009 年第 5 期，第 26—27 页。

大程度上打破了传统媒介话语权垄断的态势。习近平总书记曾在“中央网络安全和信息化领导小组第一次会议”上讲道：“没有网络安全就没有国家安全，没有信息化就没有现代化。”新媒体话语权转移的作用已经影响到个人交往以及国家的国际交往，并影响着国家的安全和发展。在个人层面上，新媒体为公众话语权的实现提供了更为宽广的平台，使公众有更多的渠道和方式发声，从“一个声音喊到底”到“人人都有麦克风”；在国家层面上，新媒体有利于不同于西方意识形态的更多意识形态的展现，让不同的意识形态有了平等发声的机会。我国目前已经成为全球新媒体用户第一大国，把握新媒体话语权在国际交往的博弈中也显得尤为重要。

（二）新媒体类型分析

因学术界并未给新媒体统一的定义，因此对新媒体的分类也存在诸多不同意见。有学者将互联网、手机和电视比作数字化信息时代潮流中驾驭新媒体的三驾马车。也有学者将新媒体简单划分为互联网新媒体（网络媒体、手机媒体）和以数字电视为基础的新媒体（车载移动电视）两大类。

伴随着互联网技术、多媒体技术、通信技术和数字技术的迅猛发展，各种类型的新型信息传播媒体不断涌现，特别是微博、微信的开通，使信息实现即时互动、无限传播等。以信息传播媒介为考量，笔者将新媒体分为互联网新媒体、手机新媒体和数字新媒体三种类型。

1. 基于互联网的新媒体

1998 年联合国新闻委员会将互联网正式列为在报纸、广播、电视之后的“第四媒体”。网络媒体在时间上具有即时快捷、随时播报、可长期使用的优势；在空间上具有无限大的容量，覆盖全球，使全球性信息海洋真正成为现实；在媒体与受众之间的关系上，因受众能自主发表言论、设置话题，实现了相互间共同分享的话语权。

互联网新媒体主要包括博客、播客、维客、网络电视、网络广播、电子杂志报纸、电子书、网络视频以及其他类型的网络社区等表现形态，其中博客、播客、维客（原名为 wiki）被称为 WEB2.0 时代的三剑客。

2. 基于手机的新媒体

手机媒体是借助手机进行传播的工具，是名副其实的“5A”媒体，即任何人、任何时间、任何地点、可以传递或接收任何媒介表现形式的任何信息。手机短信这种即时、成本低的互动方式，极大地推进了人与人、人与群之间的联络关系，植入的众多功能和增值业务，使它成为能在第一时间传播重大新闻的媒体。随着技术的发展，手机的更新换代，手机上网的网民比例为 83.4%，手机已成为第一大上网终端设备。而微信的介入，用户能随时随地进行语音聊天，少打字的便利性使语音聊天逐步取代了短信，实现一定范围的大众快速传播。

微信有着得天独厚的优势，是在 QQ、微博等通信工具的信息技术基础上发展起来的。这款软件改变了以往手机只能打电话、发短信彩信的单一传统模式。只要手机或电脑有网络，就可以实现双人乃至多人语音对讲、信息传递、照片上传、链接分享等功能，实现跨运营商、跨系统平台的语音、文字、图片等信息的相互传递和沟通。随着 3G、4G 网络的建设、智能手机的普及、信息资费的下调等一系列客观条件的成熟，微信的推广速度突飞猛进，使用人数迅猛增长。马化腾曾评价微信“只是无线互联网的站台票，不是船票”。

3. 基于数字广播网络的新媒体

这主要包括数字电视、IPTV、移动电视与户外新媒体等。与原来的模拟电视相比，数字电视有高清晰的电视画面，能与 DVD 相媲美，同时也具有优质的音响效果。由于采用了数字技术，数字电视的伴音更趋逼真，并具有抗干扰功能。数字电视受其他电器的干扰很小，因此画面稳定，且扩展功能多，如可以随时上网、点播等。IPTV 目前最大的业务范围主要还是在欧洲地区，而我国运营 IP 电视业务范围有限。“强迫收视”是车载电视、公交移动电视、户外LED广告等的最大特点，增强了信息的强制性传播。目前，微博、微信与互联网的密切结合成为人们了解事件动态的最佳方式。通过手机上网功能，连接无线网络，人们可查询、了解、掌握更为详细的信息，并迅速、准确地将信息“推”给其他人，这些都弥补了手机本身承载信息的有限性。互联网虽然包含着巨大信息资源，但也需要受众以“拉”的方式主动去获取资讯。因此手机短信、微信、微博弥补了互联网传递信息的缺陷，而互联网又反过来补充了手机短信无法存放足够信息资源的缺陷，实现了两种媒体的优势互补。

二　新媒体的特征

新媒体，就意味着信息技术的进步、信息传播方式的扩大、传播空间的延伸、话语权的大众分享、信息内容制作的转变。因此，与传统媒体相比，新媒体有它自己的特点。

（一）及时的互动性

在传播过程中，传统媒体的传播方式是“点对面”的单向线性传播，媒体处于信息控制地位，而接收者很少有主动选择的余地，媒体宣传什么信息，受众就接收什么信息，更是很少强调个性化需求。新传媒的出现改变了以往媒体信息被严格管控的局面，使信息的传播流通更为自由，突破了地域、时间、行业之间的壁垒。新媒体的即时性特征把信息传播的时效性提升到了一个新的水平。在网络新媒体上，新闻资讯、热点话题、重大事件总是在滚动更新，瞬间就传播到地球的任何一个角落。新媒体传播信息的速度如此之快、传播范围如此之广，让传统媒体望尘莫及。特别是对公共突发事件，新媒体比报纸报道的时间要快得多，公众借助网络、手机可以即时看到事件的最新发展动态。

新媒体形式下，信息传播的交互性打破了这种虽快捷但只是单向的传播模式，呈现出流动的、双向的、多点对多点的传播状态，使任何人在任何地点、任何时间都可以与他人进行任何信息的交流互换。互动性不仅仅体现在信息传播者、接收者双方的交流，还体现在整个信息形成过程的改变。新媒体使用者通过“拉”的方式主动获取信息，在这个过程中享有更多的主动权和选择权，可以自己获取和控制信息。也就是说新媒体的使用者不再是单纯地、被动地接收信息，而是主动地发现信息、选择信息、处理信息、使用信息。同时，信息接收者的地位也发生着改变，每个人都可以变成一个信息员，只要有一个手机，就可以任意对外发布意见、观点及掌握的信息。如一旦有网民在网上直播任一事件，其他网民随即便可开始信息的传播和讨论。我们借助手机浏览网页，可以看视频、读新闻，运用论坛、微博讨论热点问题并发表意见，这种互动性是传统媒体所不具备的。

（二）数字化的传媒

数字化传播方式是新媒体的另一大显著特征。数字化是把一个模拟信号转化为数字信号的过程，数字化使网络信息容量无限增大而存储空间无限缩小，它使信息的传播面大大扩展。这种数字化的传媒将受众需求多样化实现得更加充分。“数字化传媒改变了以往受众收听收看广播电视必须同步性的特点，而实现了异步性，即受众在任意选定的时间进行收听收看，如有兴趣有必要可以反复收听收看；数字化传媒改变了以往媒体信息严格受控的局面，使信息的传播流通更为自由，尤其是互联网通过其各种强大的功能，形成了海量信息源。数字化传媒改变了以往众多媒体地域性传播的特点，使传播的范围扩大至全球，它是推动全球化的强有力因素，它使任何人在任何地点任何时间都可以与其他任何人进行任何形态信息的沟通交流。”① 因此，数字化使得新媒体的信息产品具有无限复制性和使用性，在虚拟空间无限循环传播。

（三）个性化的信息服务

新媒体运用中，信息终端在网络中都有一个固定的地址，如 IP 地址、手机号、电子邮箱地址、QQ 号、微信号、微博号等，信息

① 喻国明：《解读新媒体的几个关键词》，《媒介方法》2006 年第 5 期，第 12 页。

传播者可以根据地址确定一个或多个受众，浏览、分享或转发特定的信息。另外，受众对信息具有同样的控制权，受众可以通过新媒体自由地定制信息、选择信息、检索信息、传播信息。这样，每一个新媒体用户都可以发布和接收完全个性化的信息，大众传播转变为小众传播，信息关注度越高，信息传播就越深入。大家定制的个性信息服务越多，信息的传播率和使用率就大大提升。

（四）无限性的资讯传播

从传播形态上来看，新的传播技术最明显的变化，就是在新的平台上把各种类型的传统大众媒体有机结合起来。在目前的传播环境中，主要的传播载体有网络、数字电视、手机等，大部分媒体都既能进行文字的传播，又能进行视频和声音的传播。利用新媒体的储存功能，可以把文字、视频、声音保留下来，供自己在方便的时间浏览使用。

新媒体在时间与空间上的开放性导致信息的大量存储，除非人为的限制，新媒体可以横向容纳世界各地的信息，其信息量可以说是无限的。新媒体空间上的开放性还导致网络传播地域上的全球覆盖，利用新媒体平台发布的任何内容，全球所有的网络使用者都能浏览或查询，信息的传播覆盖面无限放大。特别是随着 3G、4G 网络的覆盖，新媒体能够进行无边界、无国界的传播，网络传播的信息实现全球即时共享。

（五）阅众分享的话语权

在传统媒体的信息传播过程中，信息的社会化传播以及话语权一直掌握在少数人手中。信息接收者的能动性不过表现为选择或者不选择某个传媒，接收或者不接收某项传播内容或形式。新媒体的出现与普及，不仅降低了普通民众参与信息社会传播的“门槛”，还扩大了言论表达的多元化，民众可以通过互联网、手机、Ipad 等手提式工具及 BBS、微博、微信等新科技媒介掌握网络虚拟空间的话语权。即人人面前都有“麦克风”，人人都是新闻发言人，人人都有话语权，人人都是新闻记者。[①]

在网络虚拟空间，网络上的言论自由为网络话语权的实现提供了可能。民众可以随时随地获取新闻资讯，自主发表言论，或是表达对某一事件的看法，或是发起某一话题进行讨论，或是参与某些热点话题进行互动。随着微博的流行，民众表达言论的自由度增强，人人都可设置话题、参与话题讨论，话语权分流趋势将越来越明显，原本单纯的信息受众转身变成信息传播者。广大民众有了与新闻媒体平等的交流空间，更多地拥有了话语权。新闻、信息的产生不再是媒体编辑和记者的专利，已逐渐演化成多人分享、多人传播、多人参与的传播模式。由此可见，通过信息阅众的广泛参与、去中心化的话题讨论和普通民众与特权之间的平等对话，受众可以分享到新媒体世界的话语权。

三　新媒体的社会影响与变革

新媒体的影响不仅仅体现在媒体和传播本身的发展，而且在社会发展中，新媒体对社会的影响已经涉及社会的各个层面，成为社会不可忽视的问题。新媒体成为公共话语的空间，成为舆论监督的重要阵地，也成为重大信息沟通平台。它改变了人们的生活方式、社会认知方式；畅通了舆论表达渠道，改变着政府执政方式，提升了政府管理和公共服务水平；塑造了社会的组合方式和形态，促进了社会结构的变迁。这些积极的影响，有助于民众对社会更加深入地了解，有助于政府公共形象的重塑，有助于政府与民众的交流沟通，有助于促进社会的进步。

（一）社会认知方式的变化

新媒体使人们对社会认识了解的方式发生了明显变化。传统媒体的信息传播，是官方媒体占据主导地位，单向地传播着掌握的信息，掌握着舆论走向的主导权。在这种单向式传播的过程中，信息

---

① 马振超：《微博时代维护国家安全与社会稳定面临的新挑战》，《中国人民公安大学学报》2012 年第 2 期。

受众或多或少会受传播者的人生观、世界观、价值观影响，不能完全自主地判别事物的客观性。新媒体时代的到来，跟随事件进程报道的新闻、图片资料，保证了信息及时公开。这种及时的、接近真相的信息披露，不仅使人们感知更广范围的事情，使群众个体的信息传播能力、沟通能力得到加强，也使人们对世界的认识以及对社会现象的理解，不再依赖传统、单一的信息来源，而是在新媒体信息通道中实现沟通和辨别。

新媒体使人们对信息的组织方式发生明显变化。社会认知方式是个人获取信息后，将与自己有关的各种信息进行加工、转化，并将其作为对认识社会的方法和形式。它是一个人在处理各种社会问题中的思想观点、思维理念、社会判断标准的体现。新媒体出现后，网络信息具有海量和超链接的特点，使受众有选择地对信息进行接收。自由拼贴的信息很快被接收，传播语境的碎片化，促使人们学会通过碎片式思考去了解社会、认识社会。人们借助手机上网，在微博、微信平台上对关注话题进行转载、评论，满足个体的认知需求，在一定程度上打破了传统媒体单一话题的议程设置局面，改变了社会认知的形式。

（二）网络公共领域的重塑

公共领域研究的集大成者哈贝马斯详细研究了资产阶级公共领域的兴衰演变，把公共领域看做是“一种介于市民社会中日常生活的私人利益与国家权利领域之间的空间和时间”①。也有学者认为公共领域是一个批判领域，在这个领域中，民众对各种公共问题和国家政策进行批判性的思考。

新媒体催生了网络公共领域。19 世纪末以来，公共领域与私人领域逐步融合，社会公共领域的独立性也因此逐渐被削弱。随着互联网的产生和通信技术的广泛使用，传媒产业中为人们所喜闻乐见

① ［德］哈贝马斯：《公共领域的结构转型》，曹卫东译，上海学林出版社 1999 年版，第 29 页。

的新的交往方式，如QQ、MSN、社区、校内网等社交网站，很快被人们所接受并普遍运用，人与人之间相互沟通交流的平台逐渐由现实转向虚拟。人们在一个开放、互动、匿名和平等的公共平台上畅所欲言、表达观点、交换想法，通过数据传递着相互之间的信息和情感，社会公共空间在网络上得到了极大的延伸，催生了网络公共领域的形成。

网络公共领域即将成为信息时代公共领域的主流形态。有人认为，在微博的影响下，人们在公共领域中的互动性得以加强，无论是状态发布者或者微博话题的提供者，都拥有了一个话语表达平台。[①] 人们在网络上的直言不讳、披露事实，比传统媒体传播的信息更具直接性和批判性，这就使网络公共领域具有更为强烈的批判功能，当然这种批判功能在现代社会中逐步被法律规则约束，规则也一定程度上规范了网络公共领域的秩序。然而，就目前网络公共领域的发展现状而言，它的自由无中心、结构分散等自身缺陷，以及当前中国网络空间中缺乏必要的法律制约、伦理规范和道德约束，都严重阻碍了网络公共领域向更深层次发展。2010年“蒙牛陷害门”事件，就有受雇用的网络水军利用网络进行炒作的恶劣行为，还有部分网络水军使用了诽谤、诬陷、抹黑等手段，攻击竞争对手、编造轰动事件、混淆公众视听，这些都严重扰乱了网络公共领域的秩序。再如男生反串女生、明星造神运动等现象使网络公共领域内的秩序、规范受到严重冲击。因此，对网络公共空间进行规范治理，是现代新媒体时代发展进程中必须面对和解决的挑战和任务。

（三）议程设置的新发展

新媒体对受众起着议程设置的作用。通常认为，传统的大众媒体具有一种为受众设置“议事日程”的功能。传媒通过新闻报道和信息传达活动赋予各种“议题”不同程度的显著性，影响着人们对

---

① 姜璐：《浅析微博对网络公共领域的影响》，《新闻世界》2013年第2期。

周围世界“大事”及其重要性的判断。① 然而，传统媒体对于议程设置之后产生的效果却是难以控制的。在网络媒体发展阶段，新旧媒介之间相互融合作用，信息接收者的地位得以迅速提升。他们开始通过新媒体进行自我议程设置，促使受众与新旧媒体之间、新媒体与传统媒体之间、新媒体自身之间的议程设置效果更加明显。在新媒体的影响下，媒体对受众的议程设置功能变得更加复杂，“由传统媒体环境下的媒体为受众设置议程变化为新媒体环境下的受众与媒体双向互动设置议程”②。

新媒体扩大了议程设置的范围。在微传播媒介逐渐繁荣的环境下，信息传播的主体和模式都发生了变化，受众在议程设置中的地位及影响更加突出。当公共事件发生后，传统媒体只是将网上舆论加以概括和集中报道，有所侧重、有所引导地向受众呈现事件的进展情况。而新媒体时刻关注的是事件的每一步进展、每一种变化，并将由事件所产生的问题和引发的思考设置为议题，引导网民广泛参与讨论、发表观点。如 2011 年“微博打拐”事件中，公众关注整个事件进展的同时，也跟随媒体报道开始思考“随手拍照是否侵犯个人隐私”、“流浪儿童的权利保障问题”等议题。公众与传统媒体、新媒体都成为议程设置的主体，公众议程和媒体议程之间相互作用，共同推进事件的发展。

值得一提的是，新媒体时代的议程设置的作用发生了显著变化。“微博打拐”事件中，意见领袖的影响凸显，如行动发起人于建嵘、“打拐斗士”邓飞以及众多明星名人，成为打拐行动的助推器。同时，议程设置的影响也随着传播方式的扩大而扩大。微传播的方式所具有的强大的群际传播能力和社会组织动员能力，使其对议程设

---

① 郭庆光：《传播学教程》，中国人民大学出版社 1999 年版，第 214—218 页。

② 蒋忠波、邓若伊：《国外新媒体环境下的议程设置研究》，《国际新闻界》2010 年第 6 期。

置的影响在一定程度上得到了扩大。① 备受人们关注的网络热点议题经由微传播放大了影响，如“上海静安大火”、“温州动车事件”、“李刚事件”等有影响力的事件，都在微博平台造成井喷式的舆论传播力量，网民之间的相互转发很快引起社会各界的参与和互动，迅速形成公众关注的舆论焦点，给社会带来了巨大的冲击力。

（四）非制度化的利益表达

美国著名政治学家阿尔蒙德在著作《比较政治学：体系、过程和政策》中从“结构—功能主义”的视角提出了利益表达的概念：“当某个集团或个人提出一项政治要求时，政治过程就开始了。这种提出要求的过程称为利益表达。”② 从规范性角度来看，利益表达的渠道有制度性和非制度性两种方式。我国推行信访制度、听证制度、人民代表大会制度等，逐步完善制度化的利益表达，保障了公民能够有序地表达自己的利益诉求，然而在现实生活中，还是有很多普通老百姓、弱势群体、最底层群众的利益诉求的实现，在一定程度上受到较大的束缚。而以网络、微博为代表的新媒体，为畅通民众利益表达渠道提供了平台，成为倾听民意、表达诉求、反映问题的“直通车”。

新媒体成为了一种非制度化的利益表达渠道。与传统媒体传播社会声音相比，新媒体通过技术手段清除了一些传播渠道中的障碍，使底层社会、弱势群体的声音得到迅速表达。在网络虚拟空间里，网民通过微信、微博、博客、论坛、群等虚拟社区表达自己的观点和意见，反映自己的诉求，对关注的热点话题进行讨论交流，达成共识，同时还能对公权力的行使进行有效监督。这种在虚拟公共空间形成的、能被民众自己所操控的网络表达权力，具有匿名性、直陈性、平等性、开放性、互动性等特点，为广大民众表达权

---

① 阮藐藐：《微传播语境下议程设置作用机制的转向——以“微博打拐”事件为例》，《新闻研究导刊》2011 年第 6 期。

② ［美］加布里埃尔·A. 阿尔蒙德，小 G. 宾厄姆·鲍威尔：《比较政治学：体系、过程和政策》，曹沛霖译，东方出版社 2007 年版，第 179 页。

力提供了更为广阔的维权空间。

（五）社会群体的新媒体赋权

有学者认为西方的赋权理论具有三个取向，即通过弱势群体自身的参与，激发其潜能，令其在更大程度上掌握社会资源和自身的命运，从而实现社会变革；是一个互动的社会过程；具有强烈的实践性。[①] 以手机、互联网为代表的新媒体的广泛运用，与西方的赋权理论形成结合点，并赋予社会群体在网络虚拟空间的信息知情权、自由表达权、参与权和监督权。

网络上任何社会热点、焦点都会被置于网络舆论的探讨之下，甚至很多重大问题首先就由网络揭示，然后才引起社会各界广泛关注的。有学者对近几年出现的重大网络事件进行了分析，认为在人人参与的互联网时代，网络赋权产生了集体行动的效应。有学者通过分析华南虎照片网络事件，认为事件经过网络新媒体的广泛参与和传播，造成社会巨大反响，而“打虎社群”和“挺虎社群”等网络自组织借助新媒体事件的解放力量实现了自我赋权，形成了两股强大的舆论力量，对事件的发展起着不同的推动力。

网络群体借助新媒体赋权，也给社会带来负面影响。因网络的虚拟隐匿性，自由的空间会成为滋生谣言的温床；因网络空间的海量信息，其中就可能蕴含大量的虚假信息；煽动性的、极端的言论经过网络的扩大传播，易引发群体性事件，严重威胁社会正常的秩序。因此，必须规范和引导网络自组织自我赋权过程。

（六）政府社会管理方式创新

新媒体的产生及运用，迫使政府社会管理的思维也随之转变。当下，各种社会关系变得异常复杂，不同阶层的利益冲突可能激化，社会问题也日益增多。新媒体无中心化、无秩序、不确定的信息传播，使传统的社会管理体制已明显难以适应当今时代社会发展

① 丁未：《新媒体赋权：理论建构与个案分析———以中国稀有血型群体网络自组织为例》，《开放时代》2011 年第 1 期。

的要求。新媒体时代社会管理面临着一系列突出矛盾：集权治理的惯性与分权善治诉求之间的矛盾；社会组织管理行政化与社会组织方式自治化的矛盾；自上而下的利益聚合与自下而上的利益表达的矛盾；社会稳定和谐的政治愿景与社会问题放大化的矛盾。[①] 因此，要解决突出矛盾，就必须逐步转变政府社会管理的思维模式，加强新媒体在提供公共服务、进行政务信息公开、创新服务群众方式等方面的作用发挥，实现现实政府与虚拟政府管理的有机结合。为此，政府社会管理的行为方式随着新媒体的运用发生转变。新媒体的交互性、即时性、虚拟性、信息的海量性等特征使得政府社会管理创新的思维、社情民意的传递渠道和方式、政府与民众的沟通方式、政府的工作行为方式等在新媒体时代都将发生巨大变化。[②] 对于政府加强和创新社会管理来说，这一切既是机遇，又是挑战。海量的网络信息及其迅速传播，都给人们的政治活动提供了多样知识需求，但同时也在一定程度上对人们的价值取向和行为标准产生影响，干扰和妨碍人们客观地做出正确的判断，容易弱化和降低民众对政府的信任度。所以，为了不让信息产生这种负面连锁效应，政府就必须实行信息公开制度，及时快速地公开信息，赋予公众平等享有信息的权力。

此外，人们运用新媒体对政府权力的行使进行监督，也丰富了政府社会管理的监管方式；运用新媒体对网络舆论、热点事件进行实时监控，加大了对网络舆情的监测和危机预警力度，有效地将风险阻断在潜伏阶段。

---

① 赵春丽：《新媒体时代政府社会管理思维的新转变》，《社会主义研究》2012 年第 1 期。

② 王卉：《新媒体环境下地方政府管理的挑战与创新》，《福建省社会主义学院学报》2013 年第 1 期。

第二节　新媒体环境下影响社会稳定的因素

社会稳定是社会各阶层普遍关心的一个理论和现实话题，是政府努力追求、实现与维护的社会目标。对于社会稳定，学者从不同角度进行界定。有的学者认为社会稳定由生活稳定、心理稳定、价值观稳定、政治稳定和制度稳定五个方面构成，并从低到高构成金字塔形；有的学者认为社会稳定包括政治局势、经济形势、社会生活秩序和人们思想心态四个方面的稳定；有的学者从构成社会各要素如社会、经济、政治等角度出发，认为各要素之间的一种稳定状态就是社会稳定，即社会结构的协调、均衡；有的学者则缩小概念界定范围，认为社会稳定指的是社会生活、社会心理和社会关系的稳定。因此可知，相对于无序、冲突、动荡等状态而言，社会稳定是指社会的绝大多数成员遵守共同的行为规范，维持现行社会秩序，为实现稳定的集体目标形成趋于一致的社会凝聚力，以整体协调一致的脚步向前发展，从而实现社会动态平衡的过程。

要想实现社会稳定，就要知晓并掌控影响社会稳定的因素。在新媒体环境下，人们多元化言论表达都存储在网络虚拟空间，当言论变成信息时，人们自由地选择并迅速地传递给他人，有利于社会正能量的传递。然而也正因为新媒体具有虚拟性、信息传播迅速、大众分享等特点，虚假信息共存于网络空间，在信息传播中跟随真实信息一并传播，增加了人们辨别信息真伪的难度，容易引起虚假信息的大量传播，对网络公共领域和社会公共秩序产生冲击，影响社会稳定。

一　社会思潮的多元化呈现

新媒体具有很强的时效性、同步性、互动性、匿名性，在第一时间传递信息、传播思想、交流观点、倾听民声、反映民意、监督社会、守望文化、记录生活等，都有传统媒体无法比拟的优势。

“人人都是自媒体”。新媒体的广泛使用，实现了信息传播的同步性和全覆盖，虚拟空间成为重要思想碰撞的主要场地，特别是微博，每天都碰撞出思想火花。

微博作为重要的网络平台和新媒体窗口，对社会舆论引导的影响力、渗透力日益增强，这种新颖且直接的方式，逐渐向思想理论、社会政治等领域渗透，深深地影响着社会大众思想，形成了一些特殊的社会政治现象，如“微政治”。各种社会思潮借助微博持续发声，影响力由学术界向一般公众扩散，形成多样化多元化的社会思潮，拓宽了人们思维，引导人们规范自己的行为，激发了社会创造力。但如果微博被境外敌对势力充分利用，输入敌对的政治价值观、文化，将对我国国民的观念形成巨大冲击，甚至会影响信息接收者正确的价值观，对社会稳定发展产生不利影响。

二 社会转型的结构失衡

改革开放和社会主义市场经济的发展推动了我国经济社会结构的转型，促使社会阶层不断分化。党的十八届三中全会审议通过了《关于全面深化改革的若干重大问题的决定》，在全国范围内掀起政治、经济、社会、文化、生态文明以及党的建设等重大领域的改革浪潮。体制的改革和现代化建设会引起社会阶层的分化，也给维护社会稳定、政治稳定带来了新挑战。

社会阶层结构的不合理是影响社会稳定的结构性因素。我国现代社会阶层结构的形态还未形成中间大、两头小的橄榄形结构，处于社会阶层结构的中间层规模较小，所以对抗风险的能力较弱；而处于社会阶层结构基础地位的规模较大的低级阶层，因逐渐拉大的收入差距，教育、医疗、保险等公共资源分布的不平衡，他们享受到的社会进步成果远远低于中间阶层，再加上社会机制体制方面的不健全，使社会风险的增加有了结构性基础①，从而引发社会矛盾

① 陈凯：《建设和谐社会视域下的社会稳定问题探析》，华东师范大学出版社 2010 年版，第 23 页。

与冲突。当社会矛盾与新媒体相对时，信息在网络的传播中开辟出了新的公共空间，而新公共空间功能的发挥使各阶层群体越发自主自由地获取利益，又反作用于社会阶层，对社会阶层的重新分化起着一定的影响作用。

三　网络话语权的争夺

据CNNIC第39次《中国互联网络发展状况统计报告》，截至2016年12月，中国网民达7.31亿人，网络普及率达53.2%，10—39岁群体占总体网民的73.7%，其中20—29岁网民占比最高，达30.3%，青年网民成了互联网、手机等新媒体用户的绝大多数。而青年（包括青少年）是社会生产、国家建设的生力军和后备力量，可以说谁赢得了青年谁就赢得了未来。当前国际传播中，中国国际话语权的不足导致中国形象在国外传媒中被丑化、歪曲，甚至妖魔化。

2011年召开的西方八国集团首脑会议，把互联网问题纳入议事日程，会议高度重视对网络安全的管理，争夺和掌控制定网络"游戏规则"的主导权，抢占规范互联网发展方面的话语权是会议的重中之重。而以网络、微博为代表的新媒体，逐渐成为西方国家掌握话语权，推行其自由观、民主观，神化西方政治制度，抹黑甚至完全否定我国的政治制度的主要工具。人权问题一直是西方媒体妖魔化中国政治的符号①，将中国报道成一个专制、威权且实行镇压统治的国家。回顾历史，境外敌对势力对我国西化、分裂的"和平演变"政治图谋始终未变，它们利用热点敏感问题进行炒作发挥，并与网络媒体的传播途径相结合，扩大渗透的广度与深度，CNN等西方媒体或集体性"失明"、"失聪"，或有意识地淡化暴恐而同情暴力，抢占话语权，给我国反恐维稳造成阻力；网络媒体进行语言诱导和情绪煽动，通过各种途径资助恐怖分子在国内制造恐怖活动，

---

①　相德宝：《国际自媒体涉华舆情现状、传播特征及引导策略》，《新闻与传播研究》2012年第1期。

如2014年“3·1”昆明火车站暴力恐怖事件和“5·27”新疆暴力恐怖袭击事件；利用政治性出版物攻击中国的主流意识形态和政治制度，使非理性的受众产生思想上的扭曲；利用学术、民间活动等交流方式抢占中国意识形态话语权，进行不符合我国国情和社会主义发展的政治、文化负面渲染。

除了国际话语权的争夺，国内也存在着网络话语权的争夺，网络逐渐成为名人、政客以及意见领袖争夺话语权的新战场。为了赢得民心，获得更多的支持者和认同感，他们通过各种方式进行着无形的较量，努力争取更大的话语权。谁的话语权越大，谁就有希望把握舆论方向，将舆论导向对自己最有利的一方。

四　网络群体事件的频发

通过互联网、微博、微信等虚拟交流平台，有着共同爱好、兴趣、话题，或是为了某些利益，人们自发成立了许多网络非正式组织，如网络社区、聊天室、QQ群、热点博客、灌水族、微信群等。这些组织无正式机构，无严格规章，成员加入和退出十分自由，行为有较强的一致性和盲动性，往往会一呼百应。而其中的青年自组织群体敏感、冲动、叛逆，充满激情和无所畏惧的天性，很容易被煽动、蛊惑、利用，有意无意地参加网络或现实中的集群行动，成为群体性事件的主要群体。网络群体性事件，则主要是发生在以互联网为阵地的群体行为。

近十年来，群体性事件呈现上升趋势，且数量逐年递增、规模逐渐扩大。如贵州瓮安事件、云南“躲猫猫”事件、三鹿奶粉事件、华南虎照片事件、“抢盐”风波等都是社会影响大、范围广的网络群体性事件。通过对群体性事件动员方式的分析，众多网民参与话题讨论或声援某种网络群体性事件，这种集体行动的动员方式都是通过网络，且新媒体的运用十分广泛，线上和线下的联络互动增多。群体性事件不仅扰乱了事发地区的整体秩序，造成严重的经济损失和人员伤亡，甚至连带引发周边地区乃至全国范围内的群体行为，产生示范效应，严重影响社会稳定和谐。

五 网络传播的维稳考验

网络的虚拟性、互动性、开放性、匿名性等特点，促使网络信息传播呈现出言论多元化和自由化。一方面，网络信息主体有序的言论表达，促使互联网成为思想、文化、信息交流的集散地；另一方面，信息发布者和传播者可以不受约束地叙述所谓的“事实”，虚假的、不真实的信息资讯也在虚拟空间随时随地无限传播，冲击着网络空间和现实生活的秩序。

当下，青年自组织运用网络、微博、微信等新媒体媒介，自由、开放地表达着自己的观点、情绪，或代表不同利益群体发声，或充当扶危济困的志愿者。党和政府逐渐运用新媒体，开通了政府门户网站、政务微博、信访举报网站等形式多样的公共网络平台。在平台上，政府与青年们进行信息互换，青年自组织也在这些平台上反映诉求，参政议政，畅通了利益表达渠道。而网络讨论和表达一旦被别有用心的传播者利用，极有可能迅速形成主导型的舆论潮流，进而影响到民众对事态的理性判断。同时，在一些突发事件当中，自组织中意见领袖的作用非常强大，他们激进的言论有意或无意地引导着舆论方向，用心理诱导、情感渲染或是情绪发泄，经“群体感染”的聚合和效应的放大，对社会稳定产生影响。因此，不仅要高度重视、规范管理青年自组织的舆论传播，还要培育发展自组织中的意见领袖，引导青年自组织正确发挥作用，积极参与社会矛盾处置和化解，强化其社会服务功能。

第三节 青年自组织的维稳功能与风险症候

青年作为中国网民的生力军，依据其自身利益追求和价值取向，运用网络、手机等新媒体自发成立的网络青年组织，成长为一支不可小觑的社会力量。自组织通过微博、微信等媒介，积极参与社会管理，提供社会服务，拓宽政治参与的渠道，在建设和谐社会、维护社会稳定过程中起着积极促进作用。但是，因新媒体的虚拟性，网络信息的无限传播，加之青年自组织管理的松散、成员自由出入、资金来源的局限等自身特点，也给社会稳定带来了一些消极影响，如网络谣言的滋生，引发非直接的利益冲突等。因此，在新媒体环境下，要采取积极措施去引导青年自组织，并发挥青年自组织的优势，以促进经济社会健康稳定发展，维护社会和谐稳定。

一　青年自组织的维稳功能

青年自组织是自发成立的一种社会组织，具有自发组织、自发管理、自主运作等特征。他们通过网络搭建平台，积极参与社会事务的管理，关注环保、关爱留守儿童，积极充当志愿者，积极为社会提供服务，在新媒体所带来的自由空间里发挥着积极干预社会现实的正能量，在和谐社会的建设、维护社会稳定的过程中发挥着越来越重要的作用和功能。

（一）澄清事实的民间辟谣

互联网、微博、微信等新媒体扩大了参与者的来源，调动了参与者的积极性，并在沟通、交流与讨论过程中体现了公平正义，成为网络民意和公共舆论的聚集地。新媒体的虚拟性与开放性，使其承载的信息良莠不齐、或真或假，受众根据自身的喜好、兴趣、目的对信息进行选择和吸收。获取信息的过程中，有的并不知晓信息的真假，有的明知是谣言却仍进行传播。在这样的虚拟世界里，青年自发成立的各类自组织，为求证事实、澄清事实、公布事实真相而进行信息传播，维护虚拟空间和现实社会公共秩序。

第三方调查团的介入加大了青年自组织网络辟谣力度。因云南“躲猫猫”事件而成立的第一个网友调查团，公开面向社会招募网友和社会人士加入，以期对事件进行重新调查。在调查团中，参与的成员多为青年，虽未能成功完成使命，却开启了第三方涉入调查的先河。这种“网民调查”的舆论监督方式，是我国第一次网络力量与现实力量的碰撞，尊重了网民的知情权，扩宽了网民了解、接近真相的新渠道。在随后的“钓鱼执法”和“徐宝宝”事件中，由政府部门组织的第三方调查分别用六天和一天就完成了整个事件的调查，在查明了事件真相的同时又满足了公众的知情权、参与权以及对于实体正义和程序正义的需要，提升了公众法律意识，从内心产生了对政府的信任，从而提高了政府的公信力①。

由青年自发成立的各类辟谣组织充分发挥辟谣作用。随着微博的兴起，网络谣言也引起了网站管理者的关注。为了反击谣言，各大网站纷纷开通了辟谣账号，如新浪的“微博辟谣小组”；民间也自发成立了一些辟谣的自组织，如由大学教授、律师、作家、记者、公务员等组成的“辟谣联盟”，大量青年参与其中，并积极揭露事实真相。他们以微博为战场，用确凿证据说话，公布事实真相，肃清网络谣言，自成立不到两个月的时间就辟谣113起，在郭美美事件、日本海啸、浙江乐清等事件的舆论澄清中都活跃着他们的身影。又如著名的民间科普组织“科学松鼠会”，质疑“美国抗衰老医学科学院中国代表处”以及抗癌“神药”“抗瘤酮”，并迫使其接受调查，为维护患者的切身利益提供了信息保障。民间辟谣组织在“抢盐风波”中，积极配合官方并及时回应，从开始到结束仅短短两天时间就迅速破谣，是一次辟谣行动的典范。

（二）开辟网络反腐新阵地

反腐工作一直是党委、政府及广大民众时刻关注的一项重要任务。通观历史反腐经验可以得出，仅依靠国家权力机关之间的监督与制约是不够的。“世界各国反腐斗争的最新趋势表明，公民的积极参与已成为建立国家廉政体系的重要组成部分”②。国际上，如以色列最大、最有影响的民间反腐败组织“国家廉政运动”，全球最著名的民间反腐机构“透明国际”等民间组织积极参与反腐工作，日本废除“官官接待”公款消费的运动，都能看到民间组织活跃的

① 曾茹：《我国公共事件中第三方调查制度构建研究》，华东理工大学出版社2012年版，第18页。

② ［新西兰］杰瑞米·波普：《制约腐败：建构国家廉政体系》，清华大学公共管理学院廉政研究室译，方正出版社2000年版，第186页。

身影。它们不仅培育了公民的反腐意识，也推动了全民反腐的进程。

互联网的普及，让人人都有可能参与到网络反腐队伍中，从而使“人人负责，人人起来监督政府”成为可能。与传统反腐形式相比，网络反腐是一种全新的群众舆论监督，其中主要活跃的是青年网民，它开辟了反腐败斗争的第二战场。近年来，纪检监察机关适应互联网发展新形势，主动运用新媒体，积极稳妥地推动政务微博建设，在党风廉政建设和反腐败工作中发挥了积极作用，受到广大网民的欢迎和好评。据不完全统计，各级纪检监察机关目前开设的政务微博账号近 28 万个，政务微信公号已逾 10 万个。有些地方还开通了政务微博群、政务微信群，形成上下联动、快速回应、办理群众诉求的工作机制，充分发挥了政务微博的积极作用。2013 年 6 月 25 日，中国社会科学院新闻与传播研究所、社会科学文献出版社联合发布了新媒体蓝皮书《中国新媒体发展报告（2013）》。

在网络反腐中，民间自发成立的反腐组织参与网络反腐的作用越来越大，特别是青年成员较多的自组织，对于反腐案件的进展情况保持高度的关注。民间网络反腐指的是网民自发利用网络平台，对国家公职人员及其手中公权力的行使进行监督的一种行为。这种监督方式既能让执政者吸纳民意表达，与公民形成良性互动的社会民主环境，从而对政府执政、施政行为产生有效的监督与约束；又为执政者提供了一个全新的平台，可以更为清晰、理性、全景式地把握民众的意愿和社会舆论，进而提高其执政施政能力①。而以微博为代表的新媒体受到青年网民的热烈追捧，充分发挥微博的“微”力量反腐的作用。在网络反腐过程中，青年自发组成的自组织运用网络、手机等新媒体，曝光或收集腐败舆情信息及线索，是网络反腐力量的重要组成部分，为新形势下的反腐工作注入了新

① 丁志刚、张正堂：《民间网络反腐存在的问题与对策》，《求实》2013 年第 10 期，第 69 页。

活力。

（三）促进青年政治社会化

所谓政治社会化是人们在特定的政治关系中，通过社会政治生活和政治实践活动，逐步获得政治知识和能力，形成和改变自己的政治心理和政治思想的能动过程。王浦劬认为政治社会化是以家庭、学校、大众传播工具、社会政治组织等媒介赋予个人以特定的政治人格和政治能力，并使之适应、参与乃至改造社会政治生活，维持、改变和创造社会政治文化，维持或改变政治体系。青年作为社会进步发展的重要有生力量，社会总是希望将其培养成为符合其主导价值观、能实现其政治目标的新一代公民。因此，青年的政治社会化也就成为了政治社会化中极其重要的一个内容。群体社会化的理论认为社会化就是一种文化传递。这不是通过传统的一对一的方式完成，相反，它主要是通过群体与群体之间的交流完成的。青年政治社会化是青年社会化的核心，是指青年群体逐步接受现存政治制度所肯定和实现的政治信念和规范，形成特定的政治态度和政治行为，并积极参与政治活动的过程，包括政治认知的形成、政治情感和态度的培养、政治参与行为投入三个方面。

在传统的政治社会化传播途径中，家庭、学校、大众传媒等处于绝对权威的地位，它们将得到带有特定倾向的政治信息形成某种舆论，对青年进行潜移默化的教育，使它们传输的政治观念被接受。青年自身所内化的政治观念、政治倾向和政治心理，在其后的政治行为方式和政治人格上保留着上代人的痕迹。随着互联网和手机通信技术的高速发展，无线网络覆盖面积的不断扩大，以网络、手机短信、微信、微博为主要表现形式的新媒体，以即时互动性、信息海量性、资源共享开放性、匿名性、个性化服务等特征受到青年人的热烈追捧，以多媒体融合方式满足个性化需求使传统单方主导模式发生了质变。新媒体为青年人提供了一个开放自由的交流沟通平台，每位参与者根据自己的兴趣随时查询所需要的政治信息、自由表达观点与意见、积极参与政治实践活动。

在这样一个虚拟自由的空间里，青年以虚拟的身份关注感兴趣的社会事件、发表自己的看法、充分交流思想；或是自发形成各种自组织，表达意愿与诉求，为青年政治参与开辟了多样化的渠道；并且有些将利益诉求诉诸行动，在网上或是现实生活中进行集体行动，如募捐救灾救助等。虚拟空间里的各种政治信息和政治学说观点，拓宽了青年人的视野，引发了更多对突发事件、和谐社会、政府政策等深层次思考，逐渐出现政治意识的分化与裂变，呈现出思潮多元化的趋势。人们能够从所读所看所听的信息内容，发展出对物质现实和社会现实的主观及公认的意义构想，引起思想和情感上的共鸣。青年人根据这些政治意识来决定自己的政治行为，通过网络参与突发性的社会政治事件，已成为当前青年政治成长和政治社会化的主要渠道。当有重大突发事件发生或重大政策出台时，青年群体的政治参与热情高涨，运用网络、手机短信、微信微博等新媒体积极主动向决策层发出明确的意向，向广大基层群众发出极具影响力的呼声，有的甚至可以影响政府的政治决策方向。

（四）网络问政与利益表达

网络问政，是指通过网络问责于政府，政府通过收集网络舆情来了解民意、汇集民智、解决民生，以最终实现科学决策的一种新型问政方式。从2008年国家领导人做客人民网与网友的在线聊天到地方开通政务微博进行“微博问政”，越来越多的政府信息被公开，政府行使权力也公开进行，使民众能通过网络感受到政府的政治行为。另外，民众也可以通过网络在线表达诉求，保障公民的知情权、参与权、表达权和监督权的实施，网络问政逐步被人们所接受。换句话说，网络在推动中国民主政治进程中发挥着推动作用，是其他任何媒体都不能替代的。

大多数青年在满足自己兴趣爱好的同时，随时都会关注某一热点事件的进展，发表观点看法，或是通过网络平台表达自己或帮助他人表达诉求。如今，一些“网上听证会”、“网上新闻发布会”、“网上在线访谈”等新型的网民议政方式，搭建了官民沟通交流的新平台，青年网民主动与政府进行信息交流，提出民意诉求、阐发政策理解、提出不同意见、表明自身立场，实现了利益主体之间的快速连接和沟通，对民主决策、科学决策起着促进作用。

青年还可以通过加入自组织进行利益表达。青年自组织积极活跃于虚拟空间，对社会、经济、文化等方面的问题发表自己的观点，表达自己的或所代表的群体的利益诉求，维护自己的正当权利和公共利益。通过网络获知国家方针政策，追踪事件进程，关注他人言论并发表自己看法，参与事件的调查研究再进行交流，向政府部门提交意见或建议等，这些行为都能在某种程度上影响政府的决策。政府通过网络问政于民，能更加真实地了解民生疾苦、广泛收集民意，发现社会发展过程中存在的问题，通过主动回应和启动相关方面的机制予以解决。在网络传播时代，网民使用互联网参政议政，比传统媒体更加直接、更加快捷，有利于政府收集民间信息，及时掌握每一件正在发生、正在讨论事件的进展情况，制定有效措施以切实解决问题。

（五）完善舆情信息网络管理

随着社会结构的发展变化和新媒体技术的飞速进步，新的舆情主体将不断增多，新的舆论场也在不断形成。要做好舆情信息工作就必须拓宽舆情信息报送的渠道和内容，完善舆情信息网络建设。中央明确指出，“要发挥社团、行业组织和社会中介组织提供服务、反映诉求、规范行为的作用，形成社会管理和社会服务的合力”。青年基于共同兴趣爱好或共同目标而自发形成的组织，能反映出一些被大众忽略了的底层诉求，是网络舆情中不可忽视的重要来源，也构成了舆情信息网络建设中的重要组成部分。

青年自组织中成员来自不同的阶层，有网络的也有现实的。一方面自组织要为组织成员提供服务，满足其共同需求及兴趣爱好；另一方面也有公益服务目标，如环保、救灾等。所以青年自组织要完善舆情汇集、舆情分析和舆情传输作用，对网络中的信息传播是否真实进行调研，争取在日常工作中能够深入基层、了解各个方面的舆情信息，真正反映不同群体不同阶层的意见。在收集大量舆情信息之后，青年自组织要去伪存真，对符合条件的社情民意进行分析，并将有些舆情信息传输给政府或其他组织，使其掌握一手的舆情信息，做出利民惠民的决策，有效地完善政府和其他相关组织的社会管理工作。

（六）扩大社会管理参与主体

党的十七大报告明确指出："推动社会主义文化大发展大繁荣"，并强调"重视社会组织建设与管理"。党的十八大报告指出，"加快形成党委领导、政府负责、社会协同、公众参与、法治保障的社会管理体制"。加强和创新社会管理，事关党的执政地位，事关国家长治久安，事关人民安居乐业，是构建社会主义和谐社会的必然要求，是维护最广大人民根本利益的重要举措。因此，要充分发挥社会力量参与社会管理的基础性作用。

社会管理涉及广大人民群众的切身利益，是对人的管理与服务，因此必须坚持以人为本的"民本"思想。这就是说，针对当前社会管理中的突出问题，大家要转变管理的理念，充分利用网络、微博等新媒体，拓宽社会组织参与政府社会管理的方式，扩大社会管理的参与主体，让政府、公众、专家、新闻媒体、企事业单位、社会组织、人民团体等都积极参与到社会管理中来。

在新媒体提供的沟通联系平台上，互不认识的人构建着新的社会关系，塑造、宣传群体价值观，成为网络青年自组织。他们在网络上收集、传送与引导网络信息、组织开展网络救援志愿活动、成立辟谣组织查证事实等，成为社会管理的参与主体之一。因此，要充分发挥青年自组织的正能量，培育和发展各类青年自组织，构建其与政府社会管理之间的良性互动，可以使公民利益诉求得到及时、有序的表达，有效地减少成员失范行为的扩大化和社会群体性事件的发生。在社区里培育青年自组织，是在政府与社会之间搭建了一个沟通、对话的互动平台，在保障群众利益和维护政府社会管理之间实现了良性平衡。一方面，社区青年自组织成员与社区居民来自一个社区，关系密切，能及时了解社区成员的利益诉求，将正当的利益诉求和意愿及时反映给居委会，做到下情上传；另一方面，协助居委会开展法制教育、计生卫生政策宣传等工作，将党和国家的方针、政策向居民宣传，做到上情下达。

二　青年自组织的风险症候

青年自组织在广泛运用新媒体，自身得以迅猛发展的同时，通过发挥其优势，也积极地促进社会的和谐、稳定与发展。但由于青年自组织自身因素的限制，网络谣言、意见领袖偏颇的引诱，公民非直接利益关系的冲突等因素的影响，青年自组织在维护社会稳定的过程中也存在着风险。

（一）自组织自身局限

青年自组织在新媒体时代依然有一些自身固有的问题，困扰和制约着它的发展，主要体现在：一是组织管理涣散。大多数青年自组织在成立之初，就没有明确的长期规划、严密的组织构架和规范的管理制度。有些虽有组织架构，但成员的管理规章制度并不完善，约束力也较低，导致其内部管理松散，致使其在实际发展中缺乏向心力。二是人员流动频繁。青年作为经济人，有较高利益追求，有些成员加入青年自组织是一时兴起，真正愿意为自组织的发展谋划的还为之较少；加之，自组织中人员素质参差不齐，留不住高水平的专业人员。因此，人才的缺乏使青年自组织缺乏发展潜力。三是资金来源的局限性。青年自组织资金来源主要依靠的是组织内部筹集。随着自组织规模的扩大、影响力的扩散，依靠自组织内部筹集的资金难以满足青年自组织开展活动的需要，活动质量大打折扣，有些自组织甚至从未开展过活动。这种资金的短缺会造成两种局面：一方面是青年自组织为保证其发展的独立性，在开展活动时只能选择低成本甚至零成本的项目，但这就直接降低了青年自组织活动的影响力，限制了青年自组织规模的扩大；活动的低成本也会导致活动单调，缺乏创新，影响成员的活动参与度和对青年自组织的认同感。另一方面是资金的来源会对青年自组织的行为方式产生影响。青年自组织为使其规模不断扩大，不得不依靠外部资金，这样便会导致青年自组织行为受约束，不能完全按照自组织意愿开展活动，甚至被一些有不正当目的的组织所利用，产生很大的消极影响。

值得注意的是青年自组织的异化现象。组织的异化就是指组织在商品社会中，为追求组织自身利益和交换价值而被市场等外界力量所控制，使得组织偏离了自身目标，从而导致组织活动与组织自身属性相疏离的现象。[①] 通过青年自组织的生成逻辑分析，虽然可以发现青年自组织组织结构弹性化、运作灵活，富有强烈的使命感；但是，由于我国青年自组织发展正处于起步阶段，制度建设方面的缺乏，导致组织可能被某些不法团体利用，出现危害社会秩序的现象。如本身存在的非法目的，成立的宗旨就是反动的、政治性的；或是本身存在是合法的，但在其培育发展、社会参与、组织活动服务发展的过程中受国外敌对势力影响，逐渐偏离发展目标，成为不法分子破坏社会稳定的工具。

（二）非理性网络行为

青年自组织是非理性网络行为的易发人群，易冲动、盲目的特点导致其容易受营销账号、网络水军等的诱导，未经切实了解，或仅凭一些网络传闻就对当事人进行网络暴力，甚至发起人肉搜索等侵犯他人合法权益的非理性网络行为。人肉搜索指借助广大网民的力量，一方提问八方回应，通过各个网友提供的零散信息，拼接还原出所谓的“真相”，或将当事人甚至亲友的私人信息整合后发布到网络的行为。这种人肉搜索多打着“讨伐恶势力、伸张正义”的名号，实则是明目张胆地对当事人隐私权的一种侵犯，给当事人带来极大的心理伤害，而当初的施害者也会变成网络暴力的受害者。从“铜须门事件”、“虐猫女事件”、“白衣 32 号文雯打人事件”到

---

① 转自钟一彪、贺立平：《非营利组织异化及其研究路径》，《广东青年干部学院学报》2010 年第 6 期。

成都被打违章女司机遭人肉搜索，名字、身份证、生活照甚至开房记录等隐私被曝光发到网上等事件中，都能看出人肉搜索所导致的网络暴力的杀伤力着实令人望而生畏。除人肉搜索外，网络水军也是一股不容忽视的强大力量。网络水军是指受雇于网络公关公司，为他人有偿发帖回帖造势的网络人员。这无疑是对网络话语权的一种滥用，因为发帖人往往不考虑是非曲直，不负责任地发表言论，只将其作为谋取私利而非表达真实意思的工具，利用人们的从众心理进行诱导，以达到其想要的效果。网络水军不仅将网络这潭水搅得混沌不清，而且事情演变到最后往往由对真相的探讨演变成了水军的比拼。青年自组织有时会被网络水军误导或受利益的诱惑，加入到网络水军，恶化了网络发展的健康环境。青年自组织运用新媒体参政议政，在很大程度上对促进我国民主政治发展起到了积极作用。然而，在社会转型时期，有些明显的矛盾和利益冲突还并没有得到有效解决，互联网安全管理工作也还不能完全到位。舆情信息的不真实性和不确定性，让一些青年人无法正确理解和认识社会政治和社会现象，从而误导青年自己的政治态度、政治情感和政治行为。一些非理性的、偏激的言论也会被别有用心的不良分子、敌对势力利用，肆意煽动网民情绪。这些传播一旦通过网络的超链接性，被其他产生相同情绪的人接受，就易引发青年非理性的网络问政行为。给正常的政治行为带来强大的舆论压力，并且青年的偏激行为还可能演变成大规模的非法政治参与事件。

西方敌对势力思想也企图通过网络进行渗透。在网络空间，任何团体和个人都可以在此表达自己的价值观、政治观。网络、手机短信等新媒体的虚拟性与开放性，使其承载的信息良莠不齐，是非观念、善恶标准、伦理道德等猛烈地相互碰击，挑战现有的政治权威。如从威廉二世正式提出“黄祸论”起，西方列强根据自己不同的在华利益提出各种版本的“黄祸论”，这样极端霸道的文化思想通过铺天盖地的网络信息和手机短信的方式不断灌输给中国青年群体，妄图促使青年认同西方的政治价值取向。

政治理性是现代政治的重要标志，也是对现代政治主体的起码要求。青年在表达诉求时，期待合法、理性、有序的表达渠道，但往往许多非理性因素驱使表达者误入歧途，甚至使用暴力手段来达到目的。一般而言，多数青年通过网络发帖、转帖、发送手机短信、资料下载等行为方式了解政治现象或政治问题，而情绪控制力较弱的青年更容易受虚拟空间不理性行为或其他组织成员的影响，导致“网络暴力”现象发生。英国是互联网发展较早的国家，网络暴行却随着社交网络发展而日益严重，互联网的匿名性、青年的随意性，让一些青年更容易变成“网络暴民”。2011 年 8 月伦敦爆发骚乱，事件发生后，“脸谱”、“推特”等社交网站上出现了大量讨论，情绪性发泄、谣言和煽动性言论充斥其中。在骚乱中，一些黑莓手机拥有者商讨攻击目标和通报警方动向，利用群发功能向组织成员或群好友大量散布鼓动骚乱的言论。“黑莓通信”比社交网站和短信更为隐蔽，通常只有群组内部人员才知道消息的来源，官方很难确定消息是谁发布的。

因此，针对目前存在的网民无序、非理性参与，应加强建立网络问政的长效机制，在网民中培养组织化的、规范化的网民问政组织形式，对已存在的网络青年自组织进行规范引导，培养网民良好的网络参与习惯，规范网民有序地参与，促使网络问政走上良性的发展轨道。

（三）网络谣言滋生蔓延

谣言是口头传播内容之一，在传播过程中最容易产生“失真”的现象，谣言也就在此时产生，信息传播者和接收者都能感受到谣言的存在甚至参与谣言的传播。中国社会的转型，使新谣言（以网络谣言为代表）相比传统谣言而言，其本质、传播媒介和社会影响都有了新的变化。新谣言往往与谣言主体之间并无直接利益关系，主要是网民参与制造传播、用以缓解焦虑、提示风险、挖掘真相、发泄情绪的“工具性”说法。[1] 谣言的内容基本上都是虚假的信息，但也折射出我们面对的真实社会问题和社会矛盾。

谣言最大的特点，就是它迅猛的传播速度，及其对社会造成的重大杀伤力。谣言，通常是人们感兴趣的一些话题，每个人在听到一个有趣、新奇的消息时都迫不及待地在朋友圈传播，一传十、十传百，在短时间内消息就散布于各个角落。现代社会的网络媒体，特别是 BBS、E－mail、OICQ、Blog 等网络工具，它们提供了一个匿名发表言论的空间。在这个空间里，人们可以不受他人的限制自由发表个人见解、与他人交流（“灌水”）。这为网络谣言的滋生、传播提供了“良好”土壤，使网络谣言可以轻易地在 BBS、E－mail、OICQ、Blog 等多个网络工具上流传。一些原本十分荒谬的网络社会谣言，一旦在不同的网络工具之间经多次转帖、加工后，就会变得“真实”、“可靠”和“生动”。

在博客、微博盛行的网络时代，每个人都可能成为谣言的制造者、传播者和受害者。青年加入自组织，可以说是在一个极大空间里最大可能地吸收某一思想或观点。自组织中的一些人或是为了一己私欲、或是哗众取宠、或是恶意中伤，都可能利用他人的情感冲动来传播谣言。社会心理学家认为，通过群体讨论，无论最初的意见是哪一种倾向，其观点都会被强化，产生群体极化效应。群体讨论点燃了对不公平行为的愤怒之火，有可能会促使群体成员走向统一极端化；而社会网络则是更加“极化”或是“放大”谣言[2]，易出现“群体化”现象。所以，青年自组织中一旦有人开始相信某一谣言，并在组织内部大肆宣扬，其他人也会不同程度地产生信任感。网络表达所具有的互动性与开放性，都能放大个体行为影响，在极短时间内产生极大的群体极化效应。一些成员没有求证事件的真实性就对某些事件进行虚假报道，其中一些带倾向性的言论会使

---

① 周裕琼：《“网络谣言”之学术考察》，《北京日报》2013 年 2 月 18 日。

② ［美］卡斯·R. 桑斯坦：《谣言》，张楠迪扬译，李连江校译，中信出版社 2010 年版，第 43 页。

不明真相的群众做出错误判断。这种不以事实为依据、过于情绪化的网络表达，经过自组织群体极化，会形成一股无形的力量，甚至可能引发社会骚乱。

互联网上制造谣言、传播谣言，是近年来一个不可忽视的严重问题。它不仅严重侵害公民的切身利益，扰乱网络公共秩序，更直接危害社会稳定、国家安全。面对网络谣言泛滥，全国公安机关集中打击网络有组织制造传播谣言等违法犯罪的专项行动，整治网络乱象，抓获秦志晖、杨秀宇等长期在网上造谣传谣的网络推手。实践证明，遏制网络谣言，要完善谣言阻断机制，增强青年的思想防御意识，不信谣不传谣，不让“民怨”、“民愤”导致群体性事件，为广大网民特别是青少年营造一个风清气正的网络空间。

（四）非直接利益的冲突

非直接利益冲突是指事件的大多数参与者并非因自己的直接利益而参与事件，事件的起因虽然有直接利益诉求，但冲突的大多数参与者只是借直接利益冲突的诉求来发泄自己的不满，事件在扩大和升级的过程中已经发生了质的变化，即由直接利益冲突变成了非直接利益冲突。[①] 休谟认为人们在生活中实际上扮演着两种角色：利害相关者和旁观者。利害相关者是在社会生活中，努力追求自己的私利和欲望得到实现，在与别人的关系中是以自己的利益和利害关系为出发点；而旁观者是站在第三人的位置看待各种利益关系，通过同情而感受和判断其他人的行为是非状况。

非直接利益冲突也影响地方社会稳定。从2010年“李刚事件”中发现，事件本身与许多民众没有直接的利益关系，却仍然引发了全国范围内民众的参与讨论和谴责。贵州省瓮安县事件是一起简单的学生溺水身亡事件，因死者家属对该县公安机关作出“自己跳河溺水身亡”的结论不满，被不法分子、黑恶势力所利用，最终导致

① 黄顺康：《非直接利益冲突何以成为影响社会稳定的重要因素》，《甘肃社会科学》2008年第5期。

严重的暴力事件，严重影响当地政府与群众关系，破坏了当地社会的正常秩序。

青年参与公共突发事件，虽然事件与自己本身并无直接利益冲突，从表面上看是参与了与自己的直接利益毫不相干的事件，但通过深入分析发现，事件的参与者虽然没有共同的利益基础作为出发点，却都存在着一种共同的社会情绪，即“群体性怨恨”。这种“群体性怨恨”是某种程度上“官民冲突”和“贫富冲突”的反映，是民众普遍对贪污腐败、不作为的官员、为富不仁的商人、社会不公平现象产生的强烈仇恨心理。在事件发生后，有“群体性怨恨”或其他“共同目标”的青年就能组成一个自组织，在网络上散布虚假信息，或是宣泄“怨恨”，直接或间接影响着事件的进展。

青年自组织参与非直接利益关系的群体性事件，虽然跟事件没有任何利益关系，但是一旦事件曝光，青年成员基本会参与网络舆论的激烈讨论。在网络上蔓延的不良社会情绪，不管是路见不平的“道义掺和”，还是借题发挥的“宣泄不满”，借助新媒介，通过青年的宣传，都对事件的发展起到了推波助澜的作用。自组织中的意见领袖、成员在群体内部进行情绪渲染，扩大了这种不良社会情绪的感染范围。通过众多网络群体性事件演变过程来看，在多数群体性事件中，多数“非直接利益相关者”在他人的鼓动下参与“起哄”，宣泄不满情绪；同时，将现实生活中不公平现象的仇恨心理带至青年自组织内部；或是将发生的问题而又无法解决的矛盾上升为热点事件，在网络上引起群体性事件，从而影响政府公信力建设，影响社会稳定。因此，要对舆情信息进行监督管理，及时掌握利益诉求和舆论走向；要完善网络舆论环境建设，正确引导网络舆论走向、规范网络虚拟行为；要时刻关注公众的社会心态，预测公众行为，引导青年自组织意见领袖及其成员的健康、积极向上的意识。

（五）意见领袖偏离正轨

意见领袖的研究源于“伊里调查”，由传播学者拉扎斯菲尔德在《人民的选择》（1948）一书中首次提出。意见领袖意指“提出指导性见解，具有广泛社会影响的人”，是结成社会精英的群体。他们不断发表有重大影响的意见，鼓动并引导公众认识社会问题。[①]意见领袖周围往往聚集着大量的粉丝，他们的意见代表了相当一部分网民的意见，常常会左右事件发展的方向。这些人是大众传播中的评论员转达者，是组织传播中的闸门、过滤网，是人际沟通中的小广播和大喇叭。[②]

网络的快速发展不仅改变了大众传播格局，也改变了人际传播形式，实现了个人对个人、个人对多人、多人对个人等传播形式，意见领袖也随着传播环境的改变而有了新的变化。自微博迅速崛起后，已逐渐在网络上开辟出一个独立的舆论场，在中国民主政治、社会生活、舆情管理等方面扮演着越来越重要的角色。在微博中具有影响力的人，如某一领域的专家[③]、媒体工作者、明星名人等都可能成为意见领袖，他们的言论对舆论的生成、演化，对事件的进展都具有重要的导向作用。如“温州动车事故”是一起由微博引发的重大突发公共事件，其中涌现出来的微博意见领袖，实名认证率高达73.4%，对现实产生了广泛的影响。

青年自组织中更有着意见领袖的存在，他们可能是自组织的成立者，也可能是某一议题、热点话题的发起者、引导者，还可能是舆论达成的促成者。因此，他们具有很大的号召力和感染力。在参与网络行为时，意见领袖凭借发言的质量和频率传播消息和表达观点，有意或无意地引导舆论方向。但因意见领袖本身可能存在身份不确定、认识判断力不稳定、与受影响者关系不稳定性等问题，在受网络谣言、境外势力的渗透等外部环境影响下，意见领袖极有可能传递虚假信息、进行非理性情绪渲染，甚至发出与社会主义核心价值观相违背的声音。在相对封闭的自组织内部，组织群体内的成

---

① 刘建明：《舆论传播》，清华大学出版社2001年版，第386页。

② 苗壮：《群体性事件的网络舆情导控》，《青年记者》2010年第5期。

③ 同上。

员几乎都产生一种维护本群体意见的排他性心理，群体意见达到高度的统一。在这个组织群体内部，意见领袖发表自己独特、超前、偏激的意见，大家视意见领袖为共同的偶像，网民就像剧场里的观众，不太关心他的思路是否清晰、推理是否严密，受影响的网民就都能跟随行动。即便意见领袖的言论违反国家法律和人之常理，仍有大量网民盲目追随，在网络上形成与政府对立的论调。

青年自组织里如果意见领袖的行为偏离正轨，就会对青年自组织发挥维稳功能造成阻碍。由此，要高度重视新媒体环境下青年自组织中的意见领袖，鼓励他们积极发声，引导和教育微博意见领袖真正发挥舆论正向引导的作用。

新媒体的运用，打开了民主政治的通道，扩大了公民利益表达、参政议政的渠道，加快了我国民主化进程。在一个网络不断扩大的国家，由于网络青年自组织的意见过于分散、无序竞争以及网络舆论监督管理机制的缺失，尚难对政府决策和社会民主产生满意的效果。同时，网上恶搞、网络暴力、人肉搜索等情绪化和非理性行为也容易导致网络民主走向反面，严重阻碍我国社会稳定、和谐发展。因此，在新媒体环境下，要充分有效利用新媒体，规避青年自组织在维稳中的风险，引导其在法律的范围内发挥维护社会稳定的积极作用和功能。

第五章　青年自组织与网络舆论（情）管理

随着互联网技术和移动通信技术的飞速发展，网络社会中新的舆情主体不断增多，其中以青年群体最具代表性。据中国互联网络信息中心报告显示，截至 2016 年 12 月，中国网民规模达 7.31 亿人，网民以 10—39 岁年龄段为主要群体，而 15—34 岁之间的人群则是其中最活跃的群体，他们已成为互联网的第一大绝对使用主体，可以说网络虚拟空间已成为青年日常社会生活的主要平台。

网络舆情作为社会现实民意的“晴雨表”，是政府应对网络突发公共事件和全面掌握社情民意的重要渠道，是和谐社会不可或缺的重要组成部分。随着越来越多青年群体对互联网技术的熟练掌握，网络虚拟世界逐渐成为青年群体表达情感和思想的新空间，也成为青年自组织现实舆论的重要场所。有着民间性、自治性、集聚性等特征的青年自组织在网络空间迅速崛起，其自身的网络舆情显示了青年群体的现实镜像。

在十八届三中全会上，党中央已明确指出，“要激发社会组织活力”，“加强对社会组织和在华境外非政府组织的管理，引导他们依法开展活动”[①]。特别是在网络舆论生态纵横交错的背景下，青年自组织对网络传播中的信息辨别能力有限、政治敏锐度不高，极易受到社会偏激情绪的影响，一旦被别有用心的人利用和操控，就会给社会带来严重的负面影响。在这种情况下，青年自组织的网络舆情呈现出纷繁复杂的状态，既有网络正能量的信息传递，也有负面

---

① 《中国共产党十八届三中全会公报》，2013 年 11 月 12 日。

消极力量的充斥。如何把青年自组织的舆情信息管理有序地纳入社会舆情管理体系，更好地发挥青年自组织的舆情信息的积极作用，规避其不利方面，是当前党和政府亟须正视和解决的重要课题。

第一节 网络环境下的舆论发展概况

一 网络舆论概述

（一）网络舆论及其相关概念

1. 舆论、舆情与民意

关于舆论，人们在古代就有所认识。古汉语中的“舆”是车的意思，“舆人”即为造车之人，引申为民众，“舆人之论”即为舆论，意思是民众的意见。学术界对舆论概念的研究由来已久，通常分为狭义和广义两个层次。狭义的舆论一般是指“公众舆论”，即通过群体讨论的就某一事务形成一致见解的公共意见。这其中有几种最具代表性的观点：刘建明教授认为舆论是显示社会整体知觉和集合意识、具有权威性的多数人的共同意见。[①] 李良荣认为舆论是特定的时间空间里人们对于特定问题所公开表达的基本一致的意见。[②] 陈力丹教授给舆论下的定义是：舆论是公众关于现实社会以及社会中的各种现象、问题所表达的信念、态度、意见和情绪表现的总和，具有相对的一致性、强烈程度和持续性，对社会发展及有关事态的进程产生影响。其中混杂着理智和非理智的成分。[③] 从上述观点可以看出，狭义舆论的含义必须具备的两个基本点是：一是“具有共同一致性”；二是“多数人的意见”。即有了这两点才会产生公众舆论，即狭义的舆论。而广义的舆论即为众人之论，是社会中的许多个体内在精神、内在倾向的反应，互相之间并没有发生碰

① 刘建明：《基础舆论学》，中国人民大学出版社 1988 年版，第 11 页。
② 李良荣：《宣传学导论》，福建人民出版社 1989 年版，第 41 页。
③ 陈力丹：《舆论学——舆论导向研究》，中国广播电视出版社 1999 年版，第 11 页。

撞、交锋，仅仅是单纯的意见表达，并不一定形成一致性的共同意见。简单地说就是众人对某一事件表达自己的态度、意见、看法等，舆论就是这些态度、意见、看法等的集合。广义的舆论强调它是一种集合现象，虽然是人们的态度、意见等的汇集，其间可能有意见的交集，但是并不一定形成共同认可的一致性意见，它的主体是大众。舆论的概念虽然有狭义和广义的区别，但在现实生活当中，人们很少去区分它们的不同，通常将其理解为许多人对某一具体事件的共同意见。

在一些现实生活的语境中，人们往往会忽略广义舆论与狭义舆论的区别，将其混淆使用，甚至在谈论到舆论的时候，还经常将民意、舆情等语义相近的词语拿来互相代替。舆情、民意是与舆论极其相似的概念，但为了更好地理解舆论的含义，我们有必要对它们的概念进行简要辨析。所谓民意就是民众的心声，是民众对社会事件、事务和问题发自内心的情感、意愿和意志的统称，只要是民众所想就是民意。它是社会心理层面的表现状态，是一种隐性的心理事实，一般通过社会调查而获知。而舆情是公众对社会生活中的事件、事务、问题，尤其是热点问题所公开表达的意见或情绪部分。由此可见，民意还处于社会心理层面，是一种不显著的情绪，而舆情则包含了公开的意见和不公开的情绪。总体上来说，舆情的含义更接近于民意。舆情、民意和舆论都有相似之处，但是也存在着差异性。舆情、舆论所关注的客体都是社会生活中的事件、事务和问题，一般也都基于民意而存在。只是舆情既包括公开的意见表达，也包括不公开的情绪态度等；而舆论则一定是公开的一致性的意见，代表民意并公开表达的这部分舆情有可能表现为舆论。另一方面，舆情是由民意决定的，侧重于民众对社会生活中的事件、事务和问题的意愿、情绪、意见倾向等，是民众心声的真实反映，而舆论则是不同集团和不同群体的舆论，其中既有民众的心声，也有利益集团的声音，还体现国家的意志等。因此，舆情忠于民意，真实体现了民意，而舆论有时会体现民意，有时也可能与民意相背。对上述概念进行辨析，有利于对现实问题进行深入考察，而在现实中由于各种不同的利益诉求，这三个概念并不必然完全等同，只有在理想的状态下，舆论和舆情、民意才能够表现出一致性，即舆情反映民意，民意必然上升为舆论表达。

2. 网络舆论与网络舆情

网络舆论就是人们通过互联网对某一共同关注的事件发表的意见和看法。关于网络舆论的定义，同舆论的定义一样，也是众说纷纭。一般来说，也可以从广义和狭义两个角度去考察。首先，从性质来看，网络舆论分为广义的网络舆论与狭义的网络舆论。网络舆论是许多网民个体在网络空间中就任意的事件随意发表的意见和看法，其形式表现为网络群体的意见集合，而这些网络群体不具备“公众”的特征，他们在网络上的意见表达不经过讨论，往往会倾向于情绪化表达，因此这种意见集合不体现公共性，他们在共同的交流中可能达成部分一致，也可能不能达成一致。简而言之，网络舆论就是网民在网络空间中随意发表的意见。而网络公众舆论强调公共性和一致性。当许多个体在网络空间里聚集，就某一公共性议题产生争论，并进行了公开的讨论，经讨论后部分达成一致性的意见，网络公众舆论就形成了。也就是说，当网络舆论的客体涉及社会公共事务或公共事件时，通过内部的讨论过程，形成多数人共同认可的意见，就转变为网络公众舆论。其次，从客体角度分析，广义的网络舆论包含了所有网络上的舆论形式，既有公众舆论也有媒体舆论；既包括各类网民的声音，也包含国家或者政府的声音。而狭义的网络舆论的主体主要指网民。从现有的研究文献来看，研究者对网络舆论的定义大都是从狭义上来表述。本书取其狭义定义，即以网民为主体的网络公众舆论。

网络舆情的定义也有狭义和广义之分。从狭义上看，网络舆情是指民众通过互联网对政府管理以及现实社会中各种现象、问题所表达的政治信念、态度、意见和情绪的总和。从广义上看，网络舆情是由个人和各种社会群体构成的公众，在一定的社会空间内，对自己关心或与自身利益密切相关的公共事务所特有的多种情绪、态度、意见交错的总和。网络舆情广狭义之分除了主体，主要是在客体上的差别，广义的概念扩展了客体的范围：网络舆情不仅包括“公共社会事务”，还应该是“所有的事件包括个人行为”。可见，网络舆情的本质是指网民的态度、意见、情绪等。通过以上比较分析可见，不管如何对网络舆情和网络舆论在主体、客体、广义、狭义等各方面界定，其本质指向却是一致的，即都是指意见、公众的意见。

从上面的对比分析我们可以发现，舆论是多数人经过各种形式公开表达的共同的、一致的意见。虽然舆情是各种态度、意见的总和，但是舆论反映的是其中大多数人的共同想法，因此，舆论必然是舆情的主体和核心。这样，我们也可以说网络舆情的传播本质上是网络舆论的传播，因为舆论在舆情中占据了主导地位。另外，由于网络舆情的可内隐特性，对舆情的研究也必须通过已经公开表达的舆论来进行，缘此，研究网络舆情在很大程度上是对于网络舆论的研究。因此，本书并不详细强调网络舆论、网络舆情二者的差异性。

（二）网络舆论形成的一般路径

从网络舆论的生态系统来看，其运行过程中存在着传统媒体、网络媒体、网民等多个节点。这些节点的构成显示，网络媒体不仅仅是一个节点那样简单，它是由门户网站、媒体网站、搜索引擎、论坛、博客、微博、SNS 等多种应用形态构成的日渐成熟的互联网系统。信息在这样复杂的系统中流动，多个节点频繁互动，生成意见流，信息流与意见流汇聚，在各节点之间循环传播。与传统媒体相比，网络加速了信息所产生的“蝴蝶效应”，任何一点信息都有可能借助媒体形成舆论热点，构成了“触发—扩散—耦合”为一体的循环式生成路径。其具体体现如下：

1. 网络舆论的触发机制——“导火索”对象的传播

在互联网络高度发达的今天，网民每时每刻都可以在网上发表言论，但网络舆论的形成，往往归因于“导火索”事件的发生。这些“导火索”是社会舆论形成的基础和前提。当一种社会矛盾出现并引发了与这一社会矛盾相关的社会事件的次级发生，这种事件往往因为其超越社会规范的特殊性而具有一定的吸引力，事件的解决过程或处理结果就会引起人们的高度关注。一般来说，专业媒体机构的报道有助于事件的广而告之。比如现实生活中，一旦有重大新闻事件尤其是一些突发性的事件发生，网络媒体都会关注动态，予以报道，吸引受众眼球。网络媒体的报道还常常借助传统媒体的影响而双管齐下，孙志刚案、宝马车撞人案等事件最早都是由报纸或杂志进行报道，而经过网络媒体传播后，事件得到了更大范围和更大程度的关注。少数情况下，虽然专业传媒没有报道，但是一些信息通过网络的人际传播，也可能引起舆论热潮。有些事件的关注是从网络中少数几个“点”开始，逐渐扩展到网络的其他空间；有些事件则是从网络中的多个“点”同时开始而形成强烈关注，又进一步从这些点向网络全面辐射。

2. 网络舆论的传导机制——网上讨论的扩散

对热点事件的关注，无论最初是源于网络中的少数几个“点”还是多个“点”，它们都不会在原地停止不前。因为热点问题总是能引起网民的广泛关注与热烈讨论，这种关注和讨论会通过网络中的人际传播、群体传播、组织传播、大众传播等各种传播途径以及网络新闻报道、新闻跟帖、论坛、即时通信工具、博客、SNS、微博、微信、电子邮件等多种方式传播，加之各个传播渠道间的连通性，网上讨论的扩散往往是从一个点辐射到多个点，再由这些点向更多的点辐射，形成了十分强大的传导力量。同时，网上讨论扩散的过程，也是事实与意见的共同传播过程。在网络中，进行事实传播的主要方式是信息的转发，无论通过何种渠道进行转发，网站或网民都可能出于自己的主观需要对信息进行处理，因此，事情的传播可能出现信息的保真、衰减或变形等不同结果。事情传播中的信息变化情况，对于舆论的形成有着直接影响。例如，如果出于主观需要有意在事情传播过程中扭曲事实，将某些信息放大、某些信息减少，就可能对舆论的走向形成误导。同样，网上意见的传播也并不是一个“照单全收”的过程，意见的传播与意见的交锋是交织在一起的，交锋的结果是优势意见得以继续广泛传播，而处于劣势的意见逐渐从主流传播渠道中退出。事情的传播与意见的传播也绝非泾渭分明，传播什么事情、如何传播事情本身就表明了一种意见，而很多时候，网民在传播事情时，也直接加入了自己的评价。可见，网上讨论的扩散速度、扩散面以及讨论的复杂程度都是传统舆论传播机制无法企及的。

3. 网络舆论的耦合机制——零散意见的汇总与整合

舆论最终形成的标志是消除个人意见差异、反映社会知觉和集合意识的多数人共同意见的产生。对于某些问题或事件，网民的意见并不一定一开始就达到一致。相对一致的舆论形成往往需要通过一定的机制。德国社会学家诺依曼认为，一致的舆论的形成是由于“沉默的螺旋”① 的作用。在网络空间，人们常常处于群体氛围中，群体的压力也是意见整合的一种影响因素，其中比较明显的是意见领袖的作用。意见领袖由于其在社会阅历、社会地位、信息来源、知识面、人际关系等方面处于优势地位，因此，他们不仅在日常交往中能对他人产生影响，在一些重大问题上也能起到一定的意见整合作用，从而左右他人的判断力。同样的，网站对于事实性信息或意见性信息的选择及编排手段的运用，也可以起到意见整合的作用，影响到舆论的走向。网站将某些网民的帖子置于网站或论坛的显著位置，使某些意见得以凸显，影响到不同人的观点。网站在进行调查时，预设的答案也起到了一种整合的作用，使网民的意见向某几个方向集中。以上几种因素的共同作用使原本参差多样的意见逐渐趋向一致，这几种力量相互影响、相互依赖，形成一种“耦合”，最终形成一致舆论。

① “沉默的螺旋”是大众传播理论中的一个常见现象：意见一方的沉默造成另一方意见的增势，如此循环往复，便形成一方的声音越来越强大，另一方越来越沉默下去的螺旋发展过程。

二　当前我国网络舆论发展概况

近年来，互联网技术的迅猛发展促使信息发布与传播出现新的变化，新媒体环境下，网络舆论已经成为我国网民自由表达意见、行使话语权的新手段，而且对政府的公共决策产生了一定的影响。因此，必须深刻认识当前网络舆论的复杂多样性，全面把握网民参与和表达的规律性特征，特别是深入了解基于微博、手机、微信等新媒介的新型舆论观。

（一）当前我国网络舆论特征

1. 舆论线上强参与和线下弱行动

随着移动互联网应用的不断更新，网民越来越喜欢用网络表达自己的意愿和呼声，对热点议题的关注热情和行为动力也大大增强，并以自己的实际行动促使虚拟环境和现实社会“无缝对接”，但实际上他们线上参与性和线下能动性并不总是能完全对等，以致在某些重要话题讨论中出现“网上一呼百应，网下无人到场”现象。

2. 舆论焦点的稳定和多变

就稳定性来说，网络舆论对突发事件的关注点多集中在事件过程、产生后果、应急处置、赔偿修复等方面，对社会热点的关注则主要集中在民生问题、贫富差距、医患关系等方面。可以说，网络舆论的讨论范畴和话题热度基本上是由事件自身性质所决定。同时我们也看到，在舆情演变的具体过程中，网民同样会对既有热点产生“审美疲劳”和“喜新厌旧”。

3. 网络谣言的酝酿与自净

网络的虚拟性、发帖的匿名性让未经证实的各路消息极易在网络上肆意传播，各类网络谣言不断冲击网民的理性思维，影响舆情演变路径。新媒介在承载虚实难辨的海量信息的同时，其实也在推动着具有自净功能的新事物的产生。例如2011年以来，新浪微博设置了辟谣专区，一些网民也自发建立“民间公益辟谣组织”，最后形成了辟谣“联盟”，很大程度上发挥了及时辟谣、净化舆论的作用。

4. 网络舆论表达的理性与非理性

网络舆论环境在近些年的不断发展中已经有了很大的改善，网民的整体素质和社会责任感不断提高。但不可避免地还存在着一些非理性行为，以群体极化、语言暴力和网络围攻等现象为代表的非理性表达也随着网络民意作用的凸显而表现出来。

5. 周期的预测与利用

一般来说，通过有效完善的应急管理体系、一定合理的议程设置以及引导投入能够预测突发舆情事件的基本走向和发展周期。但是，热点事件相较于普通突发舆情事件具有“不稳定性”的特征：即从网民群体自行揭露该事件到有关方面应对的方式方法，每一个细节都可能决定舆论的发展向度。即便网络舆论发展情况复杂，但我们能够通过有效完善的应急管理体系、合理的引导方式，更好地应对舆情发展态势，避免舆论风波恶化。

（二）网络舆论国内发展新趋势

1. 网络：民众舆论的“集散地”

互联网拓展和丰富了信息传播方式与手段，网络成为公民参政议政、诉求表达等不可或缺的平台。新媒体时代的网络信息传播更加顺畅，网络一方面成为民众诉求、意愿表达、参与公共事务管理、决策的快捷渠道，更好地保障了公民行使知情权、参与权、表达权与监督权，也成为促进社会主义民主政治发展的民意直通车。另一方面，也成为反映社会矛盾的“晴雨表”和化解社会不满情绪的“减压阀”。手机上网，使这一功能得到更为充分的体现。网民利用手机和互联网搜寻社会热点事件当中的相关信息，以满足自己的好奇或舒缓恐慌情绪，或借助于新媒体的开放性与交互性，释放心里的不满与表达愤怒情绪。在一定程度上正是由于这种“减压阀”的社会作用，缓解了社会思想多元、价值取向多样、利益构成多重所导致的社会压力。

2. 微博：网络议政的“T型台”

作为即时网络的微博，简化了信息传播的路径，缩短了信息传播的时间。微博的这种瞬时传播、高度互动的特性，使信息接收者在传播过程中的地位大大提升，借助微博网民可以在任何时间、任何地点发表自己的意见。从国际大事到国内民生，从政府改革到文化创新，从医患冲突到城市管理……网友就任何社会事件都可以表达看法。与此相关的一些信息通过微博进行乘数级规模的扩散，在短时间内就能得到他人的积极反馈。由此更激发了发言者的参与热情，也更多地增强了网民选择社会议题的自主权。丰富的信息内容与便捷的信息获取，在推动社会进步的同时也带来了更多人际的自由互动。甚至每一个人都可以成为一个传播者，微博使更多人有效地“参政议政”，为社会的发展和民主的进步提供了更广阔的平台。利用微博这个平台，人们既可以用发起话题的方式，对政治、经济、文化和社会生活中的重要问题以及人民群众普遍关心的问题进行讨论，也可以对政务微博中发布的消息进行评议，主动地向党政领导机关提出建议性的意见，献计献策，进一步实现官民即时、高效的互动与沟通。新媒体的出现与飞速发展，对社会舆论的生成、存在、传播方式产生了重大影响，也一直挑战着现有的社会管理模式。到现在，新媒体以其独有的匿名性与开放性，为新型的网络民主提供了更大的空间与更平等的行动机会，它已经成长为社会动员中一股不可忽视的力量。代表不同利益的群体都可以借助新媒体舆论为自己的声音找到社会基础。

3. 微信：舆论互动的“风洞口”

微信，“是支持以移动网络为渠道，快速发送文字、实时语音信息、图片、视频，并支持多人在线群聊等功能的手机通信软件”①。较之微博，它在社交性、群聚性方面有着强大优势。不同于

① 赵桐羽：《移动互联网时代微产物的传播学探析——以腾讯微信为例》，《东南传播》2013 年第 7 期。

微博，微信用户间的信息交流多是在熟人圈内展开的，用户间存在或朋友、或家人、或同学、或同乡等现实生活中认识交往的人，舆论主体间的联系密切程度远高于微博用户。在微信上，舆论主体可以通过朋友圈、微信群聊等进行沟通，这种熟人间的传播有时扩散速度更快，影响力更强。2013 年人民网舆情监测室秘书长、《网络舆情》执行主编祝华新在第二届传播与国家治理论坛上表示：一方面，政务微博等“国家队”崛起；另一方面，微信正取代微博，成为网络舆论最为集中的平台。微信的使用率逐年增长，当下，微信俨然已经成为中国社交媒体界的巨头。首先在规模上，根据全球调研巨头 Kandar 发布的《中国社交媒体影响报告》表明，2015 年中国微信使用率达到了 75.9%，位居中国社交软件第一；其次在特点上，微信以“圈”的形式存在，舆论主体间彼此关系密切，用户相互间的交互更多，加之微信即时通信的功能，使得主体间交互更为深入、便捷。而且一个舆论主体可能同时属于多个“圈子”，不同圈子之间以舆论主体为纽带有时会发生融汇交流，串联起来，这样，舆论主体所产生的舆论影响范围就大大扩张和延伸了。

4. 手机：社会舆论的“放大器”

当下，7.31 亿的中国网民中，手机网民达到 6.95 亿人，占总体网民比例的 95.1%。手机已成为超越台式电脑的第一大上网终端。无线通信技术以及手机的便携性使信息传播打破了时空障碍，许多时候，人们使用手机、平板电脑获取突发公共事件的第一手信息。人们通过手机这种媒介，拓展了人与人之间的交互沟通——这就是手机的人际传播模式的本质。手机的全开放的传播模式与人人都可以作为传播者的前提，决定了手机传播信息的海量性与主题的多样性两方面特性。因此，传播者在信息传播的过程中会加入自己的主观意念进行二次传播，信息也就不会按照可预测的逻辑或既定的规则发展，而是会以关键词为核心，另外发散出许多话题，使信息具有更强的针对性和指向性，更显著的传播效果。手机信息的传播过程即从一点出发，以关键词为节点，从中不断转移到另外的焦点。在整个传播过程中，手机媒体传播点对点的精准性与及时性，决定了信息在每一个传播节点，都可以被全面而准确地发送，并进行及时的交互与反馈，从而实现传播效果的最大化。手机媒体独特的传播模式，打破了传统传播模式中传播主体的权威性，实现了传收双方对于信息接收和传播的对等性。多个传播主体的出现，使信息节点中的每个人都能深度参与到信息传播的过程中。因此，手机媒体的传播是一种高度整合的社会性传播。

第二节　网络传播中的自组织现象及其功能分析

当前，网络传播已经成为传播的重要方式，并对人类社会的方方面面产生了不可估量的影响。现实生活中，我们可以很容易地感知到网络传播的巨大影响，越来越多的人利用网络工作、学习、研究和娱乐，网络传播已成为许多人生活的一部分。从前面的章节可知，自组织理论认为任何系统都处于或快或慢的变化之中。这种系统在不断进行着演化，随着时间的推移，其结构、状态、特性、行为、功能等也都不断发生着改变。因此，从自组织的机制角度思考，网络传播不但是现实社会传播的一个子系统，它本身也在缔造和建构新的社会形态和社会结构，是一个自组织系统。

从宏观上看，网络传播系统分为以物理载体方式实现并存在的Internet和由人（网络用户）组成的网络传播主体两个部分。因而，网络传播系统存在着“网络信息—网络信息”、“网络用户—网络用户”、“网络用户—网络信息”、“网络传播系统—社会传播系统”等四种互动关系。按照这些互动关系，可进一步将网络传播自组织分为信息自组织[①]、关系自组织[②]、关联自组织[③]、效用自组织[④]四种类型。在网络传播的大自组织系统中，这些自组织现象广泛存在于各个层次。为了更好地描述网络传播中自组织现象，我们将按网络传播现象发展的层次来阐述网络传播中的自组织现象。

一　网络传播中的自组织现象

（一）网络人际传播中的自组织现象

网络人际传播是网络用户通过网络平台进行的一种人际传播。一般来说，网络人际传播都是非体制化的信息传播，网络用户通过网络平台进行开放式的互动，形成各种有序结构，因而，在网络人际传播中时常伴有自组织现象。根据网络人际传播的具体形式，可以分为即时通信、网络社区、SNS 网站等多种形式。

1. 即时通信和电子邮件的自组织现象分析

即时通信主要指用户通过网络平台进行即时信息传递。如网络用户利用 QQ、MSN 等聊天工具或网络聊天室进行网络对话，利用飞信进行的即时对话或收发短信等。而电子邮件（E - mail）则是利用图文声像等多种媒体形式进行交流和信息表达的网络人际传播方式，其传播效果更为直观、生动、形象。这两者作为网络人际传播的重要形式，在其服务的过程中都伴随着网络用户间的复杂互动，都存在着或隐或现的自组织现象。具体而言，在信息自组织、关系自组织、关联自组织和效用自组织等各方面都有所体现，而以信息自组织和关系自组织最为常见。以信息自组织为例，即时通信和电子邮件都是网络人际传播的形式，其中存在着网络用户之间的

---

① 信息自组织是指通过网络信息资源之间的互动而运行的自组织，其主要表现是网络信息资源通过各种超链接形成各种信息结构的过程。

② 关系自组织是指通过网络用户之间的复杂互动而运行的自组织，其主要表现是网络用户通过 Internet 进行互动建立、维持或改变相互之间的关系。

③ 关联组织是指通过网络用户与网络信息资源之间的互动而运行的自组织，其主要表现为网络用户自发自主进行的信息获取与利用而形成的人—网络动态结构。

④ 效用自组织是指网络传播系统与社会系统的复杂互动而运行的自组织，其主要表现是网络传播系统与社会系统在信息传递、观念传播、舆论传播等方面的相互影响和作用。

信息交流与互动的过程。在没有通过即时通信或电子邮件进行信息交流的时候，网络用户对某一个具体的论题可能存在不同的看法，甚至彼此的观点、看法截然相反。但通过即时通信或电子邮件进行信息交流，网络用户间存在信息共享、彼此劝服和求同存异的现象，彼此尽可能通过协同形成较为一致的观点和看法，这正是一个信息自组织的过程。同时，网络用户通过即时通信和电子邮件可以实现关系自组织，形成人际关系的有序结构，推动网络用户间的关系自组织。如陌生人可以建立联系，并能够由弱链接发展到强链接，使人际关系不因时空分离而蜕化变质。这表明，即时通信和电子邮件不单单是信息传递的方式，也是建构和维持社会关系的网络传播形式。在信息自组织和关系自组织的基础上。即时通信和电子邮件都存在关联自组织和效用自组织，集中反映了网络传播系统的社会复杂性。

2. 网络社区中的自组织现象分析

在现实社会中，社区是指进行一定的社会活动、具有某种互动关系和共同文化维系力的人类群体及其活动区域。① 网络社区是指以 BBS 或论坛为主，包含多种表现形式的网上交流空间。② USENET、MUD 等是网络社区主要形式。诸多网络社区吸引了众多网络用户参与其中，成为网络群体传播的重要区域。在国内，网络社区以 BBS 为主要表现形式，同时也结合了其他同步异步信息交互技术。与即时通信和电子邮件一样，网络社区中也存在着信息自组织、关系自组织和关联自组织的现象。与现实社区不同，网络社区中网络用户的关系比较复杂多变，具有间接、松散、不稳定的特点。网络社区中的“居民”群体是自发形成的，彼此之间并不熟识，网络社区“居民”最主要的识别符号是注册 ID 号，传统的性别、职业、年龄、相貌等信息并不一定属实，且可以修改。网络社

① 虢毅、方平：《网络信息自组织透视》，《情报理论与实践》2001 年第 6 期。

② 孙旭、程学竹：《网络学习社区的自组织形态研究》，《中国电化教育》2006 年第 12 期。

区中人际关系一般是比较松散的弱链接体，社区“居民”流动频繁，在同一时段往往既有人退出又有人加入，网络社区中的用户可以按照兴趣形成较为稳定的关系，但这种关系变动很快。网络社区中的网络用户的角色也并不是绝对固定的，“往往在此议题讨论中他们是‘意见领袖’，但在另外的讨论区中他们只是普通的讨论者”①。由于网络社区“居民”之间的非线性互动关系，网络社区中也存在关联自组织，不同议题和热点不断变化，使网络社区中的议题呈现动态发展演变的特点。同时，在网络社区中也存在效用自组织现象。比如，网络社区过一段时间就会形成自己的社区规范。这些规范有的来自网络社区中网络用户之间的协同认可，有的来自社会生活规范，如现实社会的法律规范、道德规范等，这些都对网络规范产生刚性的制约。反之，网络社区的规范也会影响其中的网络用户，进而影响社会成员的行为规范。这些规范有些是明文列出的网络礼仪规则，有些是网络用户认可的不成文规范，但它们都保障了网络社区的健康有序发展。由此可见，网络社区中自组织主要是通过网络用户之间的互动与协同来发展完善的。

3. SNS 网站中的自组织现象分析

SNS（Social Network Service，SNS）即社交网络平台或网络社交平台，最通俗的解释就是帮助人们找朋友、交朋友的互联网软件服务，提供此类服务的网站就是 SNS 网站。比如近来颇具人气的 FACEBOOK、人人网、开心网等都是 SNS 网站。SNS 网站把人际交流和传播带入了社交网络化的时代。② SNS 以面向网络用户个人服务为基础，同时支持网络用户的群体写作，并能促进网络用户之间关系的形成、维护与发展。作为一种社会性软件，SNS 之所以风行一时，主要不是源于技术的创新，而是通过网络软件创造了一种新型

---

① 孙旭、程学竹：《网络学习社区的自组织形态研究》，《中国电化教育》2006 年第 12 期。

② 熊向群：《Web2.0 时代的网络传播——SNS：网络人际传播的现实化回归》，《河北大学学报（哲社版）》2006 年第 2 期。

的社会交往形式，构建了包含强链接和弱链接的新型社会关系网络，满足了人们建立和扩展人际关系和社会关系的愿望。[①] 在 SNS 网站上，关系自组织现象表现得极为突出。这是因为 SNS 不仅仅能够进行信息传递和交流，而且能够推动网络用户的协同互动（如网络用户可以一起工作、讨论、学习、分享和娱乐），推动网络用户间的关系自组织发展。这样，SNS 拆毁了现实社会与虚拟社会的隔离墙，使现实社会与虚拟社会融为一体。与网络社区中的网络用户的虚拟身份和虚拟关系不同，SNS 网站以拓展网络用户真实的交际圈为主要目的，因此 SNS 网站鼓励用户提供真实的信息，使 SNS 成为现实社会人际关系的网上投影。此外，SNS 网站为网络用户提供了各种交流的方式，除网络聊天外，SNS 提供的“偷菜”、“抢车位”、“好友买卖”等游戏，鼓励开放自己的照片、音视频收藏，都大大推动了网络用户的关系自组织和关联自组织。这种现象不但保持了网络用户对 SNS 网站的黏性，还有利于网络用户保持强链接状态，满足网络用户全天候联系的需要。SNS 提供的这些游戏及服务功能，逐渐被其他网站吸收利用，使网络用户的关系自组织有了更多的空间。如 QQ 原本主要是提供网络聊天服务，后来以即时通信平台 QQ 的关系链为基础提供 QQ 空间服务。QQ 空间虽然偏重于个人展示和交流，但同时包容 SNS 功能，使网络用户间的关系自组织有了新的推动力。可见，SNS 网站为网络用户提供了开放互动的新方式，使网络传播系统的自组织现象有了更复杂、更深刻的内涵。

（二）新媒体传播中的自组织现象

新媒体传播具有极强的交互性、即时性、个性化与社群化等特征，伴随着这些特性的相互影响，自组织现象也在其传播过程中逐渐凸显。

1. 博客传播中的自组织现象

博客是 weblog 的简称，一种由个人管理、不定期张贴新的文

---

① 刘毅：《社会性软件的知识管理视角探析》，《广西社会科学》2006 年第 10 期。

章、图片或影片的网页或联机日记，用来抒发情感或分享信息。它是个人表达的平台，它使网络用户可以非常方便地发布自己的体验、感想、灵感、见闻等信息，并能够实现与其他网络用户间的互动协同。[①] 如果我们单纯将博客看作一个网络用户自表达的网络空间，那么它在表面上看来不属于自组织的范畴。但是，如果将博客看作网络用户之间开放性互动的一种形式，博客则存在各种自组织现象，博客子系统也是一个自组织系统。首先，博客存在信息自组织。我们可以将博客看作一个异步的网络社区，网络用户就博客中的论题进行探讨、论辩，在博客页面中就会体现为回帖、转帖等形式。在这个过程中，不同的网络用户通过协同互动，会对某些讨论的问题产生较为一致的看法，进而或赞同或推荐，类似于讨论会或推介会这样的信息自组织现象就产生了。其次，博客也存在关系自组织。博客不但是一个信息发布的空间，也是一个信息交流的空间，因此网络用户可以通过博客空间建立、维持或改变他们之间的既有关系。一般来说，一个博客运行一段时间后就会形成或大或小的相对较为稳定的读者群体，他们往往同博客写作者建立了较为频繁的互动关系，也就是说他们之间形成强链接，而之前他们可能根本没有交往过，甚至彼此都还不认识。博客文章可以通过搜索引擎检索，增加了网络用户浏览博客的偶然性，使关系自组织表现出更强的复杂性。最后，博客也存在关联自组织和效用自组织。每一个网络用户经常阅读的博客数量很有限，他们往往依据兴趣收藏相关博客的超链接，并经常登录查看最新的文章。他们还可以使用 RSS 直接获取自己感兴趣的博客内容。这样，博客中经常会涌现出若干点击量很大的博客，他们数量有限，成为网络传播关联自组织的重要体现。同时，因为博客与社会系统也存在互动，彼此互动影响，所以存在着较为频繁和强烈的效用自组织。

---

① 惠智斌：《社会性软件——网络社会的纽带》，《社会观察》2006 年第 5 期。

2. 微博的自组织现象

与博客相比，微博是一种非正式的迷你型博客，网络用户每次最多只能发送 140 字符的信息，但可随时随地利用电脑 IM 软件（如 QQ/MSN）、移动通信工具（如手机）等发布信息，这使微博更适合普通网络用户的需要，更具有草根性，因而得到广大青年的青睐。微博是一个“活”的动态系统，是一个拥有复杂信息传播行为系统的社会网络。它依靠网络用户间的共同兴趣自发交流、互动，不断发展而形成了现今的群体关系结构。这使得微博具有自组织的特性。第一，微博具有开放性。微博用户之间的信息交换是通过用户间的相互交流与信息传递完成的。换言之，微博社会网络存在的意义，是为网络用户提供相应的服务。或者说，一旦微博社会网络无法从外界获得信息，就失去了自身赖以生存的物质技术基础，也就没有了存在的意义。第二，构成微博社会网络的内部各要素之间具有非线性的相互作用，产生协同效应，使得该社会网络系统能够自发地从无序变为有序。即便外部环境产生细小的变化，系统仍然可以迅速地在新状态下寻求稳定状态，形成耗散结构。第三，事实上，任何作用于该社会网络的因子都有正反两个方面的影响：新微博、新话题、不同的网络用户以及这些用户需求的改变，都会打破系统现有的平衡态又能构建新的稳定的平衡状态。具体而言，在微博网络社会中，用户针对感兴趣的内容，相互“评论、回复、转发”，协同作用，使这些内容周围出现规模不同的群聚现象，呈现出强弱不同的自组织局面。

3. 微信的自组织现象

微信实现了传统的通信手段与互联网技术的有机高效融合，构建了集短信、手机、邮件、微博、SNS 于一体的个性化的、立体化的通信服务平台，是介于手机 QQ 和微博之间的第三种社交关系。据腾讯发布，截至 2016 年 12 月 31 日腾讯微信月活跃账户已高达 8.89 亿，比上年同期增长 48%，是当下网络社交的新宠。与微博一样，微信也成为中国网民使用的重要互联网平台，在微信的使用过程中，也具有自组织现象和功能作用。2012 年 3 月成立的杭州微信车队由几个年轻司机自动发起，逐步形成了一微信车队。他们在运载旅客的运营服务中，通过自我组织、自我协调、自我分工使团队每个成员月收入至少提升了 20% 以上。高峰时期，该微信车队成员有 200 余人。发展过程中，有的成员离开，有的成员另立门户，有的成员加入其他人组建的微信群，诸如此类，都是民间组织的自我运营行为。经历过外部的充分市场竞争和组织内部的自我修复后，那些稳定下来的组织实现了组织的另一种平衡。对微信车队的成员们来讲，微信作为一个社会化工具，把这些为不同公司工作的司机们整合到一起，开始了一段别开生面的社会化协作的旅程。但这绝对不是终极形态，我们期待以微信作为前台，以云服务为后台的社会化服务的出现。理想状态下，这个平台满足不同群组的个性化需求，比如司机可以定制不同的车辆监控、调配以及快速响应服务，再比如，中小企业商家通过这个协作平台使自己的企业业务系统和微信等工具对接。这类平台还应该能够嫁接支付工具、信用评价体系。伴随着微工具的普及和扩大，今后会发展出更多的类似的小而美的组织，使得移动互联网中社会化协作去中心化，变得更加高效。

二　网络传播中自组织现象的功能分析

网络传播技术的飞速发展让网络交流成为大多数青年的生活方式之一。网上青年的自组织及其自组织现象作为网络社会的一种重要组织形式，对于现实社会的影响越来越大。现在，网上的青年自组织活动可以在虚拟的网络上制造网络舆论，通过舆论动员，对现实社会施加舆论压力；也可以通过网络空间信息资源的共享，优化选择社会资源，以更大地发挥其效用和价值。但是，伴随网络自组织规模扩张和凝聚力增强，数量众多的网上的青年自组织已经不仅仅满足于局限在虚拟空间，他们在积极寻求机会将网上青年自组织向现实转化，以期从线上走向线下、在线行为变为离线行动，对现实社会产生强有力的冲击，对青年的成长和发展产生更为直接的影响。因此，我们分析自组织施加于社会的影响，有助于我们更加重视网络传播中的自组织现象。

（一）网络自组织现象的积极作用

1. 导向功能

在网络传播空间中，网民的网络发言具有很大的随意性，容易使网络舆论中出现歪曲事实的现象。伴随着网络规范的健全、相关主体逐渐重视对网络舆论的引导以及网民对网络舆论的更全面的认识，大型网络论坛的网民在发言方面越来越成熟、越来越理性。网络舆论导向与社会主流价值取向基本一致，发挥了正面导向功能。一些学者、专家甚至领导人也开通微博或者博客，以引导网络舆论方向，尽可能地发挥网络舆论的正向导向功能。以 2013 年四川省雅安市发生的芦山地震为例，我们可以看到网络传播中的自组织现象在抗震救灾中起到了较强的正面导向的作用。在 2013 年 4 月 20 日地震之后，由于雅安地区的中国联通、移动及电信三大运营商的部分基站均被地震破坏，导致地震灾区通信受阻，短信、电话不通，语音通话业务的急剧增加导致语音通道受阻，灾区内外的电话通信受到影响，而通过微博微信等渠道联络能留出通信通道为救援队等需要语音通话的部门使用。所以很多人通过多媒体平台呼吁人们用微信或微博向亲友报平安，避免语音业务的拥塞。同时，腾讯为了发布实用救援信息、震区最新情况，收集平安资讯和网友寻人信息，推出了“芦山地震救助”的微信公众号。

2. 参与功能

网络舆论的功能及地位已经伴随着网络使用的普及被社会大众所认可。一个个关注社会难点、热点或焦点的网络群体构成了网络舆论的主体。而我国网民中的绝对主力是青年，网络青年自组织是数量众多的网络群体中的绝大部分。青年网民在网络上发布信息进行互动进而形成舆论，引发社会关注。网上的青年自组织通过网络参与和动员等方式，号召网民对网络舆论进行讨论，对社会舆论的形成产生重要的影响。青年网民利用网络自发地、自下而上地参与网络舆论讨论，这与共青团的“动员青年”的自上而下地传统方式有着根本的区别。从机制上来说，它结合了群体参与与舆论动员两方面的特征；从参与过程来说，它由青年网民自发组织参与，通过交流逐渐达到某种契合而实现有序，具有典型的自组织特征。

3. 监督功能

舆论的基本功能之一是监督，即舆论监督。就是媒体为了抑恶扬善，使个人、集体和社会之间处于和谐发展的状态，通过报道对某些社会组织或某些个人所做出的违法的、不合民意的、不符合公序良俗的现象进行批评、揭露和曝光。网络舆论的客体涉及现实社会生活中的每一个角落，从人们的日常生活到国际关系。网络舆论形成于网民的互动和点击之中，推动有关主体采取一定措施，希望能够作用于现实中的舆论客体，使其发生变化。这个过程体现了网络舆论对现实中的社会的“全景监督”。以智能手机为代表的个人电子产品价格越发低廉，有利于青年网民把现实生活当中的关于舆论客体的内容图文并茂地展示到网络，迅速引发共鸣，快速形成舆论。例如，一些官员的不雅视频、不雅照片被一些自组织群体挖掘和曝光后，网络舆论通常会敦促检察部门引起重视，从而起到自组织的监督作用。

（二）网络自组织现象的负面能量

在思潮多元化、价值取向多元化的环境下，网络自组织也容易因个别失真性、目的性、情绪性甚至庸俗性的网络舆论的干扰而做出错误的判断和决定，对社会产生一些消极影响。

1. 失真性网络舆论引发谣言传播

舆论价值的载体是真实的事实。在事实不真实的情况下，关于客体的舆论就可能是不理性的。但是，网民在网上发布信息时没有任何硬性约束，由于舆论客体与主体之间存在距离，容易产生信息不对称。这时，主体对客体反映的信息中就可能夹杂个人主观感受、臆断甚至故意捏造、歪曲事实等别有用心的想法，每一个传播者都能够对信息进行选择性的再加工，每一个跟帖者都能够对信息的某一方面进行主观解读，直接导致舆论客体的信息失实，进而对民众产生误导。

2. 主观情绪性网络舆论引发群体性事件

主观情绪性的网络舆论实际是网络舆论质量低下的一种表现。舆论表达的具体观念、价值观以及情绪理智的程度是舆论质量的体现。伴随互联网的发展，舆论变得相对开放相对自由，但也变得更加的粗俗化和情绪化。弗洛伊德的理论认为，人有三个层面："本我、自我、超我"。毫无疑问，在虚拟的网络中，本我得到了更多的展示。青年网民暴躁、亢奋、愤怒的情绪在"法不责众"的心理和没有束缚的本我的驱使下随意展现。情绪性舆论显示了公共意见倾向，但失实的、激愤的、丧失理性的社会情绪将产生群体盲从的非理性的社会心理。而导致社会不稳定的群体性事件多是因为引导非理性的情绪性舆论不力或出现失误而引发的。网上的青年自组织在发展过程中也会面临发生群体性事件的风险，一定要注意规避和防范。

3. 庸俗性网络舆论错误引导价值取向

各种类型的网站充斥于互联网，其中以商业网站居多。目前，越来越多的商业网站片面追求点击率，故意引发一些"敏感话题"，比如对低俗现象和焦点事件的"隐情"、"真相"与"内幕"大肆渲染，更有甚者，不顾职业道德地乱爆新闻，以夹杂着色情、暴力的奇闻逸事混淆视听、抓人眼球。从芙蓉姐姐、木子美到竹影青瞳、凤姐，反映出了部分青年网民的低级审美趣味与网络推手的别有用心。长此以往，这种舆论将误导社会大众的价值取向，特别是一些思想还未成熟的未成年人。前不久，英国为净网关闭了约 1900 家网站。值得一提的是网络水军，水军的存在对舆论的影响至关重要，但是，他们制造的所谓舆论，很多时候是歪曲了人们的真实言论。由于其目标导向是利益至上、金钱至上，所以他们会有意地忽视甚至于无视舆论的正面导向性，片面地追求舆论的轰动效应，以达到预期目标。对此，要重视教育和引导青少年了解网络舆论的形成机制和特征，正确地认识网络舆论，坚守道德和法律规范，不造谣不信谣不传谣，自觉坚持正确的舆论导向。

第三节　网络舆情的社会心理分析

美国著名作家赫尔曼·梅尔维尔曾指出："我们的生活由无数不可见的细线串联在一起。"网络舆论的形成也是如此，是由无数的心理细线组成。传播学先驱勒温认为，人的任何一种行动都是场的产物，可以用公式 B = f（PE）表示。其中 B 表示行为（behavior），P 表示个人（person），E 表示心理环境（environment）。这个公式表明个人的一切行为都随着个体和环境的变化而变化。不同的个体聚合在一起形成群体，群体特征、群体的心理、群体情境会对个体心理产生巨大的压力，形成场效应。因此，对社会网络舆论的分析，除了需要分析产生网络舆情的客观环境，同时主体本身的心理也不容忽视。

一　网络群体心理与网络民粹主义

（一）网络舆论中个体的心理失衡

美国社会心理学家费斯廷格认为：人们常常暗示，有时也明确指出，个体追求自身的内在一致性。对于一个人来说，发生了新情况或知道了新信息，他们同已有的知识、观点，或与行为有关的认知产生了至少暂时的失调。即使不出现新的、不可预见的事件或信息，日常生活中，失调的存在也是显而易见的。[①] 在出现心理失调之后，大多数人会通过调整相应的态度或行为来恢复心理平衡。角色理论学者与之持相似观点，认为，人的各种行为受各种因素影响，包括但不限于社会规范、社会环境、自身对角色的要求理解以

① ［美］利昂·费斯廷格：《认知失调理论》，郑全全译，浙江教育出版社 1999 年版，第 3 页。

及他人对自己角色期望等。当个人感到个人的身份受到威胁，或个人由于社会身份低微而难以彰显时，个人心理会显在地或潜在地失衡。为了恢复心理平衡，会采取措施以寻求自我身份认同从而获得心理安慰。网络舆论事件中，网民通过提出观点、发表评论，进而形成舆论力量的方式恢复心理平衡。值得注意的是，网络舆论的客体往往不和网民具有直接的联系，但一旦事件发生，网民依旧会心理失衡。这种失衡可以分为三种原因：一是网民认为自我的社会身份受到了威胁，产生了自我价值冲突和角色冲突而心理失衡。网民容易通过联想与移情把网络舆论事件与自己面临或受过的身份威胁关联起来，进而心理失衡，因此需要通过在网上发泄情绪、表达观点，通过获得舆论的支持来弥补心理的不和谐。二是由于网民需求难以得到满足而在网络上通过舆论行为获得满足感。三是由于网民在社会生活中存在认知偏差造成的，这种偏差通过言论观点的形式延伸至网络上一样也会产生舆论行为。

（二）网络舆论中群体心理的形成

1. 个人的群体追求

人是群居动物，人对某种群体的向往会孜孜不倦地追求。澳大利亚心理学家约翰·特纳通过观察认为，人们会经常将自己归类，以寻求安全与舒适感。个体通过群体归类在群体中寻找自豪感，并且通过与其他群体的比较，视结果而更加偏爱或疏离自己的群体。媒体与个体都有寻求群体的动机和冲动，然而在个体形成网络舆论群体的过程中，媒介主要扮演桥梁的作用，形成的主要时段则是交流与互动时期。网络舆论的一个重要特点是形成意见的合流，在网络虚拟时空中，只有语言与信息交流才能改变与形成不同的观点。在个体走向群体的过程中，交流方式不同，群体的发展与表现也不同。群体交流最初从广场开始，到16世纪，法国人与意大利的富人及中产阶级开始举办群体交流沙龙；到了现代，大众媒体诸如报纸、电视、广播成为社会舆论的源泉与发声器。网络产生后，舆论群体才真正出现，因为任何个体都可以通过网络成为真正意义上的

“意见广场”。如BBS版、博客圈、各种户外运动类网站组成的“驴友”社群自组织等。

2. 网民个性消失与网络舆论群体形成

勒庞认为，“自觉的个性的消失，以及感情和思想转向一个不同的方向，是就要变成组织化群体的人所表现出的首要特征……”[①]单独的个体融入群体之中，个体的差异与智力水平将被模糊。个体加入群体之后无论文化程度或地位如何悬殊，最后所达成的意见与态度都会趋于一致，可以归属于同一舆论群体。勒庞对大众心理学始终持有一个观点，即加入群体后的个体，理性水平与智力水平都明显低于个体独处时的平均水平。群体会做出许多独处的个体绝对不会做出的愚蠢的、非理性的行为，如在1967年的美国，200名俄克拉荷马大学学生聚集在一起围观一个声称要从塔顶跳下来的同学。下面的人起劲地同声呼喊着：“跳！跳！……”最后那个学生真的就跳了下来，当场身亡。[②] 也许那个学生并非真心想死，但围观群体最终成了死亡的帮凶。这个在单独个体在场时可能都不会发生的行为，但在群体中却经常失控。互联网作为一个虚拟世界，具有隐匿的特点，网络舆论群体在这个世界中更容易退掉个性色彩。同样的，由于网络的虚拟性给网民穿上了“匿名制服”，网民得以在网络世界毫无顾忌地说他们在现实中不敢讲的话、不敢说的事。每一个“匿名”的网民，从庞大的网络舆论群体中获得了法不责众的安全感。法国社会学家古斯塔夫·勒庞在其经典著作《乌合之众——大众心理研究》中认为，“聚集成群体的人，他们的感情和思想全都转到同一个方向，他们自觉的个性消失了，形成了一种集体的心理。”在全民参与、交互性强的自媒体时代，网民不是分散的个体，而是由有着共同利益诉求、相似话语体系的群体组成。对

① ［法］古斯塔夫·勒庞：《乌合之众——大众心理研究》，冯克利译，广西师范大学出版社2007年版，第46页。

② ［美］戴维·迈尔斯：《社会心理学》，张智勇、乐国安、侯玉波等译，人民邮电出版社2006年版，第217页。

众传播的作用还要大，因为他们并非行政强制的，而是通过影响别人的心理态度从而影响行为。严格意义上讲，网络意见领袖分为广义与狭义两种。狭义网络意见领袖是指没有官方背景、没有商业利益等目的，在网络舆论行为过程中自然形成，通过自己的意见与建议，对他人的观点与行为有巨大影响的人。广义的网络意见领袖，除定格在狭义的意见领袖外，还包括网络评论员（俗称“五毛党”）和网络舆论推手等。这三者在网络舆论行为目的上各不相同：狭义的网络意见领袖引领网络舆论的目的是表达民意；网络评论员的目的是表达政府主张、引导网络舆论与政府意见一致；网络推手的舆论行为则在更大程度上为了商业利益或一己私利。然而，三者的网络舆论引导的方法却基本相同，都是在充分利用网民个体心理与群体心理的基础上，运用各种言论打动网民，从而推动或是改变网民的舆论态度与行为，以期对社会产生重大影响。而网络中经常活跃于人际传播网络中、参与网络话题，通过提供建议、观点、信息对网民施加影响的人中，更易产生意见领袖。值得注意的是，被网友充分关注并且能对网友施加影响的活跃分子才可以被称为实际意义上的意见领袖，而非仅仅是活跃分子就可以被叫做意见领袖。

（二）意见领袖的心理引导方法

网络意见领袖在网络舆论行为中“呼风唤雨”，他们的权力之源究竟在哪里？这是源于他们对网民心理的深刻理解。网络意见领袖主要利用自己在某一方面的权威说服网民，进而对网民施加心理影响。网络意见领袖作为说服者，本身的权威性非常重要。对权威人士的崇拜心理是中国网民的普遍情结，他们相信社会上权威人士所作出的信息解读，并且准备毫不犹豫地接受它。这些在网络舆论事件中充当意见领袖的权威人士包括某领域的资深专家、明星、权威机构的发言人和政府高层人士等。这些权威人士因为自己的社会身份与地位，利用民众的崇拜心理，有意无意间会充当意见领袖的角色。例如在曾经的奥运冠军周洋被批风波中，央视名嘴白岩松与名导冯小刚也加入抨击行列，这让网民备感兴奋，更加觉得自己的立场是主张公平与正义。网络意见领袖在某一方面不权威的情况下，往往使用断言、重复、传染等方法对网民心理实施引导。“断言”就是用简洁明了的语言阐述自己的意见与态度，网络意见领袖之所以能够聚拢网众，就是因为他们能用充满幻想力的简单语言，回答和满足群体的幻想与疑问。如“很黄很暴力”、“俯卧撑”、“白富美”、“高富帅”等网络流行语经网络意见领袖“点拨”后，迅速在网上蹿红，并掀起网络舆论高潮。这些简单明了的语言一方面勾起了网民的好奇，另一方面激发了网民的想象与热情。网络意见领袖影响网民心理活动的第二个手法是“重复”。塔德对重复作用看得很清，他指出：“至于争论，最好的一个仍是最普通的一个：不断重复相同的观点、相同的诽谤和相同的幻想。”[①] 相比人际传播和传统媒体的大众传播，网络媒体在重复方面更具威力，因为网络媒体除了网络新闻、博客、BBS、QQ、微博、微信等众多传播渠道，还有网络连接、网络复制等不同传播方式，当众多内容相同的消息从不同渠道、不同人群蜂拥而至时，个体往往会被淹没在同一信息的海洋中。网络意见领袖的第三个手法是“传染”，即意见领袖的观念、情绪和信念会自然而然地引起他人的效仿。如果网络意见领袖做好了断言、重复等重要工作，“传染”便会在网络群体情境中自动生成。在断言与无休止的重复传播之后，网络意见领袖对网民心理起到的是一种唤醒作用。

三　网络谣言分析——以周克华事件为例

（一）事件回顾

2012年8月10日，上午9点34分，苏湘渝系列持枪抢劫杀人案制造者周克华在重庆沙坪坝区凤鸣山康居苑中国银行储蓄所门前实施枪击抢劫，当时造成一死两伤。后警方查证明确：案犯周克华，男，1970年2月6日出生，汉族，初中文化，重庆市沙坪坝区

---

① ［法］赛奇·莫斯科维奇：《群氓的时代》，许列民、薛丹云、李继红译，江苏人民出版社2003年版，第268页。

井口镇二塘村人，身高1.67米，曾因贩卖枪支服刑。2012年8月14日早上6时40分许，公安民警在重庆市沙坪坝童家桥击毙了公安部A级通缉犯、罪行累累的周克华。这个苏湘渝系列持枪抢劫杀人案的制造者在沉浮8年后被绳之以法，广大群众尤其是苏湘渝三地群众拍手称快。但让人费解的是，在之后的一段时间里，网络上却出现许多“周克华复活”的谣言。“死去的周克华其实是便衣警察”、“被击毙的周克华其实是便衣警察陈子河”。一时间，质疑重庆警方的网帖满天飞。当时，被击毙十余天的“悍匪”周克华不断在网络谣言中被无厘头地“复活”。

（二）谣言四起

1. 第一轮：击毙还是自杀？

第一轮谣言风波爆发于周克华是自杀还是被击毙的问题上。8月14日上午，微博上迅速传播“周克华被击毙”的消息，但周克华是“疑似自杀”的说法也是不绝于耳。这种说法在当天下午召开的新闻发布会上被重庆警方否认，警方坚持周克华被警方击毙这一事实。但是，重庆警方没有提供支持证据，没能完全消除公众疑虑。

2. 第二轮：悍匪还是警察？

很快，8月16日中午，互联网上迅速传播开一篇署名“陈子河”的网友的文章《死去的“周克华”其实是便衣警察》。文章汇总了一些支持周克华未死的“证据”——周克华的着装与警方便衣的着装相似，周克华的一代身份证存在作假的嫌疑等。因为重庆市公安局并没有公布击毙周克华时的现场录像以及被击毙者的DNA检测报告，所以，被击毙者到底是不是周克华确实被部分网民所怀疑，网络上也在频繁转载署名“陈子河”的文章。此事件不断发酵，在击毙周克华的五天后，重庆市公安局沙坪坝区分局的官方微博做出了进一步回应，“击毙的周克华DNA和指纹都已经比对准确无误”。除了上述质疑，公众还对“为何周克华在深山中躲避数日身上衣服如此干净”以及“是不是因为周克华仍躲藏于歌乐山中，歌乐山才因‘森林防火封山’”等问题提出了质疑。警方并未对这些问题进行及时回应。

（三）谣言传播分析

从第一轮针对“自杀还是击毙”的舆论攻防来看，警方并没有就击毙周克华的细节信息进行披露，公众对其发出质疑是合理且无可厚非的。重庆警方在当天召开的新闻发布会上，没有针对“自杀”质疑进行回应。反倒是一些网友，例如果壳网网友“我是法医”在谣言出现第二天就依据现场的照片，辅之以专业分析，用通俗易懂的语言与科学严谨的分析得出“周克华自杀应该是谣言”的结论，受到了网友的热捧。第二轮关于死者是不是周克华的攻防，警方反应速度过慢。在谣言出现的3天后才在微博上作出无物证支撑的文字回应。直到21日传言中被误杀的长沙便衣警察段某现身公众，接受了媒体采访，才基本证伪了“死者不是周克华”这一说法。传播学者克罗斯曾经提出了谣言传播公式“谣言 =（事件的）重要性 ×（事件的）模糊性 × 公众批判能力”，认为，信息越模糊不清，在公众心目中越重要，流言便传播得越快。这说明媒体的信息要更快更清晰，才能让真相跑在谣言前面。通过上述周克华死后“谣言攻防战”可以看出，在互联网时代，民众获取信息的手段越来越多，对于公共信息的需求也越来越大，若官方信息发布不及时、不全面、不能满足民众的需求，政府公信力必然下降。在周克华谣言案例中，虽然官方及时公布了一些关于案情的细节，但因为没有及时解答、回应公众的一些理性质疑且反应较慢，民众对质疑转化的谣言“听而信之”，这时政府再进行辟谣、回应，由于谣言的先入为主，传播效果会大打折扣。因此，政府明明为老百姓办了好事，却没能得到百姓的及时肯定。

（四）谣言澄清

在新媒体时代的社会化网络中，谣言的生成、传播与消失，远非“不攻自破”那么简单，也不是一句“止于智者”所能立马解决。引人深思的是，即便在事后看起来假到极致且破绽百出的谣言在网上依旧有着可观的转发量。为什么？“恐惧”可以一言蔽之。一个群体可能通过谣言来表达群体的共同焦虑。心理学研究已经证明，试图解码那些不确定的、令人恐惧的情形是某些人进行谣言传播的目的。信息交换可以舒解心中的不安，所以有些人知道谣言荒谬透顶却依旧会传播。

第四节　青年自组织的网络舆情管理

随着互联网技术的快速发展，中国的社会舆论进入“大众麦克风”时代，互联网已经成为社会舆论的放大器和思想文化信息的集散地。网民可以通过互联网曝光社会丑恶行为、表达利益诉求、对公权力进行监督。尤其是近年来国内网络民意愈发活跃，网络上“意见领袖”的数量增加，社会热点事件越来越容易因网络舆情而引起社会广泛关注。面对网络民意力量的日益壮大，我国中央政府已经不再是茫然地面对新生事物，而是敢于正视各方网络舆论，及时转变观念，提出新情况、新态势下的新管理理念，同时，要求各级地方政府不断认识网络舆情管理，着力创新、发展社会管理手段，畅通网络舆情作为贴近民众、了解民意的重要渠道。

客观地说，近年来政府对网络舆情的管理由最初的舆情管制到如今的舆情引导，政府驾驭网络舆论的能力有了显著的提高。网络应用的普及以及网络社会技术持续升级，青年自组织也逐渐把网络虚拟世界作为汇聚网络舆论的场所。一方面，网络的开放性、交互性等特点为青年自组织的产生提供了平台，许多兴趣相投、利益趋同的青年网民很容易聚集成群，进而发展成为兴趣爱好型、情感交流型、学术研究型、公益服务型、创业就业型等青年自组织；另一方面，由于社会青年自组织力量的不断壮大以及它们对社会发挥积极作用的不断凸显，它们的舆论力量对网络社会所产生的影响也越发强大。值得我们重点关注的是，这种影响存在双向导向，即青年自组织的网络舆情既有促进社会整体舆论的健康发展、维护社会稳定的正面导向作用，也有增加社会不稳定因素、破坏社会和谐的负面导向作用。因此，政府应该充分重视青年自组织的网络舆情管理，对其正确引导，充分发挥其正面导向作用，规避负面影响，引领青年自组织健康发展。

一　我国的网络舆情管理现状

（一）网络监管立法有待完善

基于规范管理以及网络发展的需要，各级政府机构及其相关职能部门，不论是在网络管理规章的确立上和网络法律法规的制定上，还是在网络文明准则和网络道德规范的引导方面，都付出了努力并且取得了一定成效。自 1994 年《中华人民共和国计算机信息系统安全保护条例》作为第一部信息网络安全行政法规颁布以来，我国陆续出台了涉及网络知识产权、网络安全、个人信息保护以及电子商务等领域的法律法规、政策规章管理，还包括各级地方政府的部门规章、条例等。这些法律法规以及司法解释、部门规章等形成了较为完善的具有中国特色的网络监管法律法规体系，使得网络监管有法可依。这些法律的颁布与实施，能够引导民众的网络行为、网络活动，对政府管理、监管互联网，引导、防范、控制网络舆论，具有积极作用。

（二）初创网络舆情监管体系

网络舆情监管体系的建立健全依靠物质保障（人力、物力、财力等方面）与技术保障（计算机软件系统、通信系统等方面）的完善。物质保障方面，国内成立了包括国家信息化工作领导小组计算机网络与信息安全管理工作办公室（1999 年），国务院新闻办网络新闻管理局（2000 年）等在内的专门的互联网管理机构。在此之后，各地方政府也先后成立了专门机构，负责网络舆情的分析，由专业人员组成若干小组，二十四小时不间断地对重点论坛、重点网站的舆情实施监控。技术保障方面，我国目前最常见的网络舆论控制技术手段是针对网络舆论的过滤与分级，使用信息过滤软件将带有明显煽动性、反动性、破坏性和恶意的有害信息、不良信息屏蔽，有层次、有选择、有针对性地审查、控制和监控网络信息。

（三）官、民、媒多元良性互动凸显

随着通信工具日益发达，全球化进程的加速，国内政府和媒体、政府和公众之间的互动也逐渐成长为良性的互动。单就政府与媒体之间的互动来说，政府从开始单纯的对媒体进行管控转向为与媒体合作进行治理，从对焦点事件讳莫如深转向敢于向公众媒体披露的公开透明。政府想要传播政府声音、实现舆论导向，就需要与媒体特别是新兴媒体合作；媒体则可以通过政府获得公开信息，借助其公信力和权威来保障信息传播工作。通过开设专家座谈会、报纸、电视以及网络等方式及时向公众发布消息，让公众能够跟踪和分析事件的过程，并有效地结合媒体影响力与政府行为。在官、民互动中，互动模式逐步趋近互动融合，减少对峙博弈，双方在互动融合中达成共识、解决问题，使公共传播更加高效便捷。格鲁尼格将官、民之间的这种互动模式称为“一种理想的传播模式”。就政府与公众进行的互动而言，相比于之前应对网络舆情的方式和效率，现在政府面对网络舆情的行为以及态度都有所转变，从《中华人民共和国政府信息公开条例》施行以来，到建立新闻发言人制度，政府不断地完善网络舆情监测体系。执行公共政策、处理社会突发事件、解决难点问题等实践也证明了政府正在形成与公众的积极良性互动。

综合来看，网络舆情管理监控方面，国内初步形成了从中央到地方的舆情监测引导系统。从中央部委到县级政府也均有专门发布权威信息的网站，初步形成了监测、引导网上舆情的专业队伍。从中央宣传部到各省宣传部的舆情信息局、舆情信息处，向下延伸，形成了一整套完善的网络监控系统。但值得注意的是，我国面临社会转型，存在诸多不可避免的矛盾，这些矛盾容易使某些人不明是非。所以，舆情管理也是任重而道远。

二 我国青年自组织舆情管理

（一）青年自组织网络舆情现状分析

当下，互联网传媒技术的不断升级，特别是微博、微信等新媒介的成熟推广，使网络已经成为青年自组织运行的主要平台和有效方式。许多青年自组织就是因互联网而产生，青年人利用网络 BBS、QQ 群等平台，自发地组织起来，开展社会活动。从某种程度上说，互联网的大战推动着青年自组织的发展。特别是微博的出现为广大自组织群体提供了更加方便、更加开放的空间，微博消息的广泛、高效传播也会使形形色色的青年自组织迅速扩大其自身影响力。目前，随着微博、微信等新媒体的普及应用，青年自组织在青年文化的引领、意见群体的发掘、新兴力量的培育、社会服务的提供、第三部门的发展等方面均产生相当积极的社会作用。以微博为例，已注册的青年自组织分类上逐渐细化的同时也在一段时间内保持数量上稳定、迅速的增长，各类组织将愈加广泛地参与社会活动，逐步完善组织结构，并且其社会功能和社会地位将不断提升，成为一种社会动员的全新途径。但与此同时，新媒体的发展使青年自组织的舆情信息功能逐步强大，也加大了社会管理的难度。可以说，青年自组织逐渐发展壮大也暴露了舆情信息工作过程中存在的许多问题。例如：舆情信息的质量、时效都有待提高；某些重要舆情存在迟报、漏报等现象；对于舆情综合性分析、对策性建议意见相对较少等。其中还有一些社会矛盾正通过网络不断冲击着高校的青年学生，加之高校大学生在大学期间，对居住条件、伙食质量、学习氛围、学业处分、教学水平等方面的某些不满情绪，会导致各类网络舆情危机发生，影响高校的正常教学秩序，甚至对社会稳定也造成影响。因此，面对青年自组织的网络舆情，我们需要正视、重视，并积极寻求各方合力，有效建立政府部门或相关部门与青年自组织之间的沟通渠道，努力探索青年组织网络舆情的引导机制，进而将其转换为社会和谐的新动力。

（二）青年自组织舆情管理机制探析

1. 青年自组织舆情的收集

汇集舆情是舆情信息管理体系的首要环节，需要相关舆情信息网络单位的有关人员深入基层，及时、准确、全面地了解、收集社情民意。一般而言，按照成立目的，可以把青年自组织划分为互益性与公益性两大类。互益性为主的青年自组织为组织成员提供各种服务，目的是满足组织成员内的各种兴趣爱好及共同需求。出于此目的，互益性的青年自组织会经常了解组织成员的需求，尽可能熟悉有关领域的动态，并竭尽全力地满足成员的愿望。公益性的青年自组织则主要为一个或某几个公益目标服务，如以环保为目的的自组织，各种扶贫济困、各种以帮扶弱势群体为目标的志愿团队等。这类自组织需要随时关注社会热点、公众需求或发现自然环境等方面的问题，向有关部门输送相关信息，以便引起相关部门或组织重视。不论是公益性还是互益性的青年自组织，它们都能在网上或网下通过调查、调研以及会议或其他方式了解不同方面不同领域的社会舆情信息，了解并反映不同群体、不同阶层的观点和意见。青年自组织相对于舆情网络单位，更加贴近青年、更加贴近民众，能够了解青年的实际情况和“心里话”。但我们也应当注意到，舆情汇集功能不是所有青年自组织都具备的。只有具有强“代表性”的青年自组织才有了解和反映真实舆情信息的能力。而某些青年自组织本身就存在“代表性”弱这一问题。比如，某地的同业青年商会，只有不到10%的企业加入，换言之，该行业未加入该商会的企业近90%。商会感到对会员企业的吸引力小，无法对该行业产生有效影响（帮助企业经营、管理行业秩序、促进行业发展），使得会内会外企业不认可同业商会的权威；也就使得该同业商会行业代表性较弱。可见，若将这样“代表性”较弱的青年自组织纳入舆情信息网络，并不能完全真实地反映大多数青年群体的真实想法。因此，在舆情信息机制中，选择网络单位时，应当认真考察该青年自组织于该领域的地位与话语权，应当选择会员多、成立时间长、影响力大的青年自组织。由此，各级政府、共青团应对某些具有发展潜力但“代表性”差的组织加大扶持力度，从而进一步全方位完善青年自组织舆情信息汇集功能。

2. 青年自组织的舆情分析

现在处于“信息大爆炸”的时代，信息无时不在、无处不在。这要求各舆情网络单位要及时高效地汇集海量的舆情信息，并且要对这些信息进行分析与研究。在这些方面，青年自组织天生具有优势。它们熟悉本领域的情况，能够充分调动组织成员的积极性，并且能够运用成员的技术资源和知识经验，群策群力，把多元的利益诉求整合为明确可行的政策要求。一些青年自组织渴望透过舆论力量来影响政府决策，因此它们有充足的动力进行舆情分析。从分析舆情目的的不同来分，可把青年自组织分为“智库型”与“维权型”两类。“智库型”的青年自组织，由相关领域的专家、学者组成，他们能够运用科学的手段、科学的方法收集、分析网络舆情，然后使用相对中立的立场为各级政府或共青团提供对策及建议。“智库型”的青年自组织在分析社情民意时善于运用各领域的专业知识以及科学的方法，从设计问卷、抽取样本开始，一直到实际调查、数据处理，都具有科学性和规范性，可信性较强，能够保证舆情分析结果的相对准确客观，因此他们又被称为“智囊团”“民间思想库”。“维权型”的青年自组织，主要目的是维护本组织宗旨，维护本组织成员的切身利益，期望通过对本领域中的社情民意进行研究与分析，达到影响各级政府或共青团决策的目的。“维权型”的青年自组织相当关心本领域的有关法律法规、政府决策的新动向：政策环境有利于组织成员时，他们就积极支持；政策环境不利于组织成员时，他们就想方设法游说各级决策部门改变政策。“维权型”的青年自组织身上隐约可见西方社会中所谓“利益集团”的身影。显而易见，这类青年自组织进行的舆情分析结果很大程度上是具有倾向性的。综合来看，无论是“智库型”还是“维权型”青年自组织，它们有条件、有能力、更有动力对相关舆情信息进行分析。

3. 青年自组织的舆情传导

舆情信息机制中，以舆情的汇集、分析为基础，以舆情传播为关键。如果没有了舆情传播环节，前面的舆情汇集、分析环节再准确也是无用功。青年自组织作为民间利益的代表，本身就可以作为舆情传播的工具，帮助成员主动向各级政府及共青团反映意见，青年自组织的中介地位更加强化了其本身的舆情传播功能。国内，公民想要向政府表达意见、反映情况的途径尤其是制度化途径有许多，但个人始终力量单薄，缺乏机会和能力为自己的诉求进行相关论证和辩论，利益表达就会存在很大的差异性与偶然性。相比较而言，在舆情传播上，青年自组织的优势更为明显。它们把分散的个人聚集起来，通过组织渠道来表述个人的诉求，使意见表达的效果更明显、效率更高。理论上讲，青年自组织有承担舆情传播的能力，功能发挥得好坏则取决于是否有有序畅通的信息传播渠道。目前，青年自组织向各级政府、共青团组织进行舆情信息传播的渠道包括以下几种：第一，参与“两会”或加入“青联”，直接向有关政府部门提出建议和意见。比如，某些青年自组织的负责人或意见领袖本身是各级人大代表或各级政协委员，虽然他们不以青年自组织代表的身份参加会议，但他们能够且愿意为青年自组织表达意愿和舆情，参与到国家大政方针的讨论中来。第二，与各级政府行政部门相接触。青年自组织会通过打电话、面谈、参加会议等各种止式、非正式方式，与有关政府部门交流沟通，反映问题。对绝大多数的青年自组织来说，他们与政府部门的接触还存在明显的障碍，没有明确的身份传播舆情。第三，借助各种媒体表达观点，使政府听到看到组织的声音。青年自组织可能通过打广告，创办网站、刊物以及通过微博、微信等新媒体传播方式对外宣传该组织的宗旨和章程，介绍该组织的活动状态，以达到扩大社会影响力的目的。比如“山西青年环境交流与发展网络绿色营”发起了晋陕蒙生态环境教育项目，受到社会的关注和政府的重视，环保部门对此给予了支持。可见，青年自组织作为社会组织中重要的组成部分，它们有动力、有能力发挥舆情汇集、舆情分析的作用，为社会发展做出积极贡献。

4. 青年自组织的舆情引导

网络技术的发展使网络舆论形成更加迅速，某个热点事件加之以某种情绪化意见，就能引爆一片舆论，对社会稳定产生不好的影响。研究发现，网络舆论热点上青年的出现是有规律可循的，也就是说，是能够预测和把握的。任何网络上出现的热点话题、敏感问题，首先由某一突发性事件引发，然后由媒体介入，最后，网络进行放大以及二次传播。青年自组织作为网络舆情的群体组织，有关政府部门应当下大力气，切实有效加强对青年自组织网络舆论的引导。目前，在青年舆论引导工作中，主要牵头的部门是共青团，其主要方式是发布团内公告、工作动态、基层简讯等内容，强化对青年思想的引领。但由于目前青年舆论的引导工作尚未建立相关体系，团委引导工作的社会认知度较低，加之当代青年价值取向的多样性、行为方式的多变性以及网络环境的复杂性、青年活动的隐匿性等多种新特征使得青年群体舆论变得难以掌控；同时，青年群体自身固有的逆反心理使他们对舆论引导具有本能的抵触心态，因此，目前对青年舆论的引导效果不显著。为此，政府应该建立联合共青团、宣传部门、保卫等相关部门的联动引导机制，发动各级管理部门关注青年对一些敏感性、倾向性问题的反映，体察青年情绪，倾听青年声音，了解青年需求，以在及时汇集、分析有关舆论信息后，为有关部门及时掌握民情、果断合理决策提供参考信息，强化对青年网络舆论、尤其是高校青年网络舆论的有效引导。同时，政府部门应加强与网站论坛的协作，合力形成对青年网络舆论的引导。网络传播的过程中，“意见领袖”发挥的作用也不能忽视，他们有着高于一般人的网络传媒忠诚度和网络传媒接触量。许多知名的网站、大型论坛都已经培养了为数众多的意见领袖，他们维持网站和论坛的开版宗旨，保持该版的主题与风格，及时高效地删除与该版宗旨相悖的内容或违反有关规定的言论，发表高质量的、与该版内容有关的文章、评论，及时回答网民提出的问题。相应的，网站将他们的言论标红或置于突出位置，表示是“权威的”、“具有代表性的”，以引起人们的注意，进而引导主流言论，实际上，他们已经是网络媒体进行舆论正向引导的不可磨灭的力量。因此，平时的工作中，舆论引导主体应当注意与网络意见领袖进行定期联络，调动他们的积极性，加大政策激励力度，强化信息发布和舆论引导工作中的沟通协调，确保信息畅通，使意见领袖成为进行网络舆论正向引导的有力补充。

三　突发性网络舆情引导新思维

在网络时代中网络舆情和突发性事件之间的关系愈发紧密：突发事件引发网络舆情，网络舆情反作用于突发性事件并推动其变化。如今我国处在社会转型的关键时期，形形色色的突发性的公共事件层出不穷，网络空间已然成为“公共领域”、“公共空间”，新媒体也逐渐成为舆论的主渠道。因此，和谐的网络空间需要政府、媒体、公众共同来维系，突发性应急事件的舆情引导也需要新思路、新策略、新举措，需要柔性治理与刚性治理相结合的治理模式。

（一）引导关键——舆论领袖

随着移动互联网时代的来临，在突发性公共事件的网络舆情传播过程中，网络意见领袖扮演了重要的角色。政府要想能够合理有效引导公共舆论，及时妥善处理各种突发性的公共事件，就不能忽略网络意见领袖在其中起到的巨大作用。政府应当充分了解并掌握网络意见领袖在突发性的公共事件中表现的特征和作用机制进而有效地进行利用，提高对突发性的公共事件进行舆情管理的水平。主要可以从四个方面入手：第一，在政府对突发性的公共事件应急管理体系中加入与网络意见领袖进行沟通这一环节。在发生突发性的公共事件之后，相关政府部门应当积极主动地与有关的网络意见领袖联系、沟通，确保政府决策层能够听到网络意见领袖的真实意见，使政府能有效引导突发性公共事件的网络舆情，有效防止突发性公共事件的扩大与嬗变。第二，政府要使用一定方式支持或培养一批网络意见领袖，通过他们了解社会信息。这些由政府支持和培养的网络意见领袖，包括但不限于人大代表、政协委员、政府官员等体制内人员和体制外的自组织内部的骨干成员，政府应加强与之沟通联系，取得他们的理解与信任，防止其被一些邪恶力量所用。第三，微博意见领袖的作用要格外重视。微博在移动互联网时代的蓬勃发展，更加突出了微博意见领袖的作用。可以这样判断，网络意见领袖将以微博意见领袖为主。第四，具有较大影响力与公信力的网络意见领袖应当实行实名制。在面对突发性的公共事件时，并不是每一个意见领袖都能够保持完全理性，自2013年以来，网络红人诸如“周禄宝”、“秦火火”，包括微博大V、“薛蛮子”等人均因自身涉及违法行为而受到法律的制裁。因此，具有较大影响力与公信力的网络意见领袖应当实行实名登记注册制。当然，对于对象范围的界定，有待进一步探讨。

（二）核心力量——主流媒体

随着中国媒体的发展，政府、民间两个舆论场定然会相互融合，这也是缓解社会矛盾、社会冲突的最优选择。狭窄的沟通渠道必定产生社会隔阂，因此需要一个平台融通两个舆论场，汇集各方声音。主流舆论场天生具有的高门槛，很难让民间舆论场进入，这就要求主流媒体主动与民间舆论沟通，理性地引导社会心态。主流媒体一向被看作是“政府的喉舌”，2013年“两会”期间，网络新闻内容仍然主要来源于主流媒体。现在，微博阵营中有越来越多的传统媒体，以报纸和杂志为代表的传统媒体在微博上表现突出，表明传统媒体在内容的生产上依旧具有公信力和权威性，对于舆论引领有着良好的效果和天然的优势。传统媒体与微博进行联姻，在澄清新闻真伪、辨别事件是非、把关社会舆论并引导其健康有序发展方面起到了不可替代的快速而权威的作用。政府有理由让传统媒体全面地参与到主题事件的报道中来，积极主动核实有关事件的关键信息，便于媒体及时、准确、充分地报道、发布相关消息。另外，应当积极建设官方与主流媒体之间、官方与民间“自组织”之间的交流协作体系，构成官民互动的局面，以官民两个舆论场域相互融通为基础，提升官方舆论的引导力。

（三）重要推手——政务微博

根据约翰·米尔顿提出的“意见的自由市场”的概念，在公共领域中，让真理和谬误进行较量，真理会愈辩愈明。但是，网络空间特有的虚拟性、匿名性会让“真理”经不起谬误的“较量”，加之微博传播本身具有的从众效应和“蝴蝶效应”，公众舆论导向极有可能被公众情绪所左右。相较于其他类型的微博账号，政务微博天生在信息传播过程中占有优势：其信息源足够客观、可靠，在一定程度上能够实现舆情监控和舆论引导的作用。首先，政府利用政务微博的声音，及时高效地为公众提供相应的权威信息，抢占舆论制高点，这样既可以满足公众对信息需求的欲望，又可以在一定程度上遏制对情绪型舆论和谣言的传播。其次，虚拟网络和现实部门在“政务微博”这一点发生结合，能够获得大量的网络舆情信息，经过分析、研判之后，政府可以借此认识到亟须解决的问题，将其纳入相关的政府部门的工作中，进行处理，切实做到“线上交心交流，线下耐心服务”，进一步加强政府的可信度和回应度，有益于微博网络舆情的良性发展。最后，政府应当进一步注意加强自身建设，从观念、人员、环境到配套制度等方面，推进全面建设，实现政务微博的系统化管理。与此同时，强化“微博营销”理念，塑造良好的政府微博的形象，以求能够更好地使政务微博发挥信息传递以及舆情收集的重要作用。

小结

虽然青年自组织自身舆情信息功能依然非常发达，能够实现信息分享、信息筛查、信息协同，但由于当前网络社会的不断发展、青年自组织的不断壮大，青年自组织舆情信息工作存在的问题逐渐暴露，政府和公众如何对青年自组织的发展进行监督，发挥信息网络中的自组织功能，不仅对探索和完善网络舆情治理具有重要意义，更是发挥青年自组织的舆情管理正向功能。与此同时，政府要增多与青年自组织直接接触的渠道，将其融入舆情信息收集机制之中，同时完善现有渠道，实施切实高效的对话协商机制；相应的，政府还要依法依规规范青年自组织，加强监督检查工作，从而有效规避青年自组织的不良动向和不法行为。

第六章　青年自组织与危机管理

学界对于危机的概念有多种阐释：史蒂文·芬克（Stewen Fink）认为危机是一件事情的转机和恶化的分水岭，危机是决定性的一刻和关键性的一刻，也就是生死存亡的关头，它是一段不稳定的时间和不稳定的状态，迫使人们作决定性的变革。① 而根据荷曼（Herlnann）之意，“危机”是指组织内、外环境因素所引起的一种对组织生存具有立即且严重威胁性的情境或事件，具有三项要素：危机乃是未曾意料而仓促爆发所造成的一种意外，威胁到组织或决策单位之存续价值或目的，在情况急速转变之前可供反应的时间有限。② 虽然学者对“危机”之义阐释各异，但仍存在一般性共识：危机是指组织内外因素所引起的对组织生存具有严重损害性的情境或事件，它是集体或个人无法用惯常的方法去克服的障碍，也无法通过惯常行动加以立即解决，从而形成的高度压力，造成人民生命、财产严重损失，迫使管理者在极短的时间内做出决策，采取行动降低损失，是对决策者、管理者和当事人能力和素质的全面考验。

“危机”一词包含“危险”（risk）和“机会”（opportunity）两层意思。危机自然伴随着危险，其显著特征就是会给人们的生命、财产造成威胁。但危机也是转机，若能处理得当，危机也会转危为

① ［美］史蒂文·芬克：《危机管理》，韩应宁译，经济与生活出版事业公司 1987 年版，第 3 页。

② Herman C. F.，“Some Issues in the Study of International Crisis”，in C. F. Herman，ed. *International Crisis：Insight from behavioral research*，NewYork：Free Press，1972，pp. 3 – 17.

安，带来生机。风险社会伴随着危机的发生，如何对危机进行管理，将危机阻断在爆发之前，或者尽可能地降低危机损害，这些都是危机管理的核心议题。危机管理是个系统工程，涉及多个主体的参与。在本章中，我们将视野锁定在青年自组织参与危机管理上。危机管理应以政府组织管理为主，社会组织管理为辅。青年自组织作为社会组织的重要组成部分，在社会危机管理中能起到重要辅助作用。

第一节 风险社会背景下青年自组织的危机应对

20世纪末，德国社会学家贝克和英国社会学家吉登斯提出了“风险社会理论”。在风险社会中，潜伏着各种各样的危机因素，如果能够发挥青年自组织在危机应对中的预防预警作用，必能在一定程度上减少风险社会所带来的威胁，把危机遏制在“摇篮”阶段。另外，青年自组织在危机发生过程中的参与及救援作用，在危机爆发后的补救作用，都是防止危机进一步扩散的重要力量。

一 风险社会的缘起及其现代性

在贝克看来，风险社会可以这样理解：“风险是安全和毁灭之间的一个特定的中间状态，是一种真实的虚拟。它表现为可能性，当这种可能性转化为现实性时就构成危机事件。风险社会的形成，归根结底在于风险从传统性向现代性的过渡。人口、资源环境、科学技术、组织制度和社会经济结构构成了现代风险社会的五个基本风险源，而全球化、城市化、贫富两极分化、社会治理能力弱化和大众风险感知强化实际上扮演了风险社会的催化剂的角色。”① 不可否认的是，无论是将其归因于日益复杂的社会而导致风险本身数量

---

① ［德］乌尔里希·贝克：《风险社会》，译林出版社2004年版，第19页。

的增加，还是社会公众对风险认知的提升，风险都是我们不得不面对和承认的事实。吉登斯分析了人类面对风险的4种适应性反应：实用主义地接受现实，持久的乐观主义，犬儒式的悲观主义，“激进的卷入”或“实践性搏击”。风险固然可怕，但更为可怕的是缺乏应对风险的社会机制。有学者指出，在危机情境下，突发紧急事件及其不确定前景造成了高度的社会紧张和压力，为使组织在危机中生存，并将危机所造成的损害降至最低限度，决策者必须在相当有限的时间约束下做出关键性决策和具体的危机应对措施。相对于政府的常规性决策环境而言，危机事件往往处于一种非常态的社会情境，是各种不利情况、严重威胁、不确定性的高度积聚①。

二　风险类别与风险管理

现代社会面临的风险按事故的性质大致可分为四类：（1）社会政治风险：社会动乱、恐怖袭击等；（2）经济风险：金融危机、财政危机等；（3）科技风险：核泄漏、生态灾难等；（4）自然风险：自然灾害、瘟疫等。每一种风险都可能会引发危机事件，这就要求我们应该有相应的危机处理机制，使我们顺利渡过危机，将危机造成的损失降低到最低程度。

另外一种分类标准是根据风险的两个属性做出的分类。风险存在两种属性：一是内在关联性，即所谓的“公共风险”，它是指风险的作用对个人来说是相互关联、相互影响的；二是不可分割性，即任何个体都无法游离于公共风险之外，社会风险往往会影响一定范围内特定群体。在这一范围内的人遭受损害的可能性也是基本相同的，因此公共风险需要政府和社会的共同关注与协同应对。根据风险的这一属性，人们一般把这一领域的风险分为自然风险和人为风险两类，或者如吉登斯所提出的外部风险和人造风险②。来源于

---

① 徐道稳：《风险社会中的危机处理机制》，《深圳大学学报》2003年第6期。

② ［英］安东尼·吉登斯：《现代性的后果》，译林出版社2000年版，第59页。

外部的、因为传统或自然的不变性所带来的风险是显而易见的，如地震、洪水、海啸等；而人造风险是由于人类行为尤其是不断发展的知识、技术和制度安排对世界的影响所产生的风险，如生态、化学、基因、核风险等。

上述第二种分类是一种基于实际操作所采用的分类方法，它与危机管理的分类相一致。根据目前中国社会危机管理状况，在本章中我们将采用这一分类方式进行分析，并以“汶川地震”这一外部风险和“PX 群体性事件”人为风险两个案例进行分析，探讨在风险社会的背景下，青年自组织的危机应对策略。

在现代风险社会，各种风险纵横交错，给社会发展带来极大的挑战，这些风险往往不是能靠某个人或某个组织、集体单独应对的，而是需要多个层次领域的协调互助，需要政府的统筹管理，也需要个人、集体以及自组织的协调配合。在风险管理中政府扮演着极为重要的角色，参与社会的风险管理也是政府不可推卸的职责和义务。在不同类型的风险中政府需要给予不同程度的管理。在社会政治风险中，政府就需要考虑风险可能会来源于什么，是社会利益的分配不均还是政策制度上的不合理。在行使公权力管理公共事务的时候，就应统筹兼顾，协调平衡各阶层利益，公平分配，及时发现、疏导公众心理上的不平衡，预防和避免矛盾的积聚和爆发。在经济风险中，政府作为宏观经济的统筹者，应当及时采取经济政策，预防和化解经济风险，维持经济的安全稳定发展。在科技风险中，政府应当积极应对科学技术发展带来的环境破坏、资源浪费等负面效应，并及时采取有效措施进行预防治理，实现可持续发展。在自然风险中，自然灾害事件发生前各级政府做好预防和处理自然灾害事故的制度准备，在灾害发生后能够第一时间且有条不紊地开展救灾工作，及时公布灾后信息，减少谣言的滋生和传播，适时进行心理危机干预，避免二次危机的发生。政府风险管理的目的就是把损失降到最低，风险管理的效果直接影响着公众对政府服务的满意度，也影响着政府的公信力。因此要不断完善风险管理机制，细化责任管理，落实问责制度，维护政府公信力。风险管理不只是政府的重要职责，个人、各组织机构以及自组织都有参与危机管理的社会责任，并在风险管理中发挥着不可替代的作用。

三 风险社会青年自组织的危机应对策略

长期以来，危机管理都是政府和社会普遍采用的一种抵抗风险的方式。面对不同类型的风险和危机，相对应的危机管理策略也应有所不同。在风险社会的时代背景下，传统的风险管理范围过小，危机应对效果不明显，显然已经很难满足现代社会发展的需要。除此之外，单靠政府管制也远远不足以全方位防治社会危机，危机管理已经超越了纯粹管理的概念和范畴，成为整个国家和社会的治理能力问题。如何建立一套能够有效应对风险和危机的制度安排，推动风险社会善治格局的形成，维护社会稳定，促进社会发展，已经成为政府、社会以及有志于参与风险社会治理的人们共同思考和面对的问题。

对于这种制度安排，我们应该考量与风险有关的所有因素，能够有效协调受到风险影响的各方关系，合理地分配现代社会的力量体系及其权责。一言以蔽之，通过这种改善了的制度安排，能够有机地整合所有相关的知识、技术、立场、力量和资源，也更好地应对风险社会带来的变革与挑战。在这一基础上，青年自组织由于其具有自发性、灵活性、虚拟性、独立性等特点和性质，使得它在风险社会中能发挥危机前、危机中及危机后的预防、应对、补救作用。

（一）构建青年自组织危机管理网络体系

中央和地方各级政府一直以来，不断强化自身危机应对的组织和管理能力。事实表明，民间组织在抗击“非典”的斗争中表现出了高度的社会责任感和行动的敏捷性，具体表现在两个方面：一是物质帮助，二是服务帮助。创建和规范以风险治理为目的的青年组织网络，可以使这两种民间帮助能够有一定的组织保障，使物资在募集、汇总、分配等环节上有监督，减少权力寻租，确保过程透明，同时还能保证这种帮助能够方便快捷地送达受助区域和受助人员。但是值得注意的是，依靠民间力量应对危机事件的过程中，物质帮助总是被放在最为重要甚至是唯一的地位，很多时候却忽视了服务帮助的重要作用。服务帮助是指个人和组织以多种形式满足因危机事件引起的各种善后服务需求。有些服务性的帮助还可能需要较长时间的投入，如危机事件发生后的心理补救等，而这类服务要长久坚持才能产生效果。所以我们需要构建青年自组织危机管理网络体系，如网上一对一远程心理帮扶，以便长期稳定地帮扶受助人群。以往，我们更多地会选择深入危机爆发地点进行救援，采用组织捐款等"现实形式"的来提供帮助，但这种帮扶容易受范围、地域、交通、状态、人员等的制约。随着信息时代的来临，构建一个完整规范的自组织危机管理网络系统，能够有效克服"现实形式"的不足，降低危机管理的资源消耗。

（二）提升社区青年自组织的危机治理能力

在2003年抗击"非典"事件中，许多社会组织积极参与危机应对，但这同时也暴露出一个显著的问题，即志愿者和社工的缺乏以及社区服务的缺位，这也正体现了政府并不是万能的，在社会生活中发生的事件，更多的还是应该依靠社会本身去完成。在许多国家，危机事件中志愿者和社工的作用就如同火灾中的消防队员，哪里有问题，哪里就有志愿者和社工。在2000年有约8390万美国志愿者平均每周义务工作4小时，累计达155亿小时。特别是"9·11"以后，美国人的志愿活动再次高涨，超过100万个正式注册的慈善组织活跃在全国各地。[①] 相比美国这种状况，中国社区义工数量就太少了。

所谓"社区"，是若干社会群体或社会组织聚集在某一个领域里所形成的一个生活上相互联系的大集体，我们可以将社区看做是一种大于家庭小于政府的组织形式。青年自组织来自社区，活跃于

---

① ［美］Leslie P. Norton：《志愿者：社会资本创造者》，《交流》2002年第2期。

社区，可以弥补在个体救援、家庭救援与政府救援之间的断层问题，解决一些个人无法解决，但又不至于耗费大量社会资源去处理的小规模危机事件。

（三）搭建青年自组织的信息交流平台

21 世纪被称为新媒体时代，科学技术飞速发展，这一方面增加了危机的复杂性和多变性，使危机的预防更加困难，危机爆发牵扯范围更广，危机事后救援人数众多，而且更有可能爆发“二次危机”；另一方面，信息时代也为危机治理提供了有力支持，尤其是计算机、互联网、卫星遥感、全球定位系统等技术的运用和信息管理系统、信息通信系统、决策支持系统的建立，极大地提高了危机治理的有效性、便捷性。青年自组织的主要成员是伴随着计算机网络发展而成长起来的一代，他们中不乏能熟练掌握和应用信息和网络技术的人才，如果政府能采取相关措施鼓励青年自组织中的成员发挥其技术，就能为危机治理提供更多的帮助。

另外，为青年自组织提供一个相对自由的信息交流平台也是一种防范谣言，防止二次危机，疏导民众不满、怨恨的有效手段。在这一平台中（可以是网络，也可以是各类座谈会），可以发表自己的意见和不满，可以邀请了解真相的群众或者负责危机处理的政府官员进行答疑解惑，这样就可以及时处置危机，也能避免由于危机事件的信息交流不畅而引起的次生危机。

（四）危机治理中青年自组织与政府合作

与政府公共部门相比，青年自组织具有灵活性、自主性、快捷性等特点。青年自组织的成员来自社会各个区域，来自社会不同职业群体，具有充分的能动性、伸展弹性和创新精神。其经费并不来自政府拨款，所以自组织会很好地衡量投入产出比例，追求以更少的社会资源获取更多的危机信息，动员更多的人参与危机治理。同时，我们要依靠政府部门，毕竟政府是危机管理的主力，它所拥有的庞大财力、人力、物力等社会资源，是其他组织所不可比拟的，其他组织对危机的应对都仅仅是补充。一种值得探究的危机管理路径是公私合作，将青年自组织的优势以及政府管理的先进经验、技术和方法结合起来，使青年自组织在风险预防、消减、转移、共担等环节发挥积极作用。

（五）发挥青年自组织的民间救援功能

青年自组织参与民间危机救援所呈现的行为特征既非一种为成员提供“庇护”的“小共同体”路径，亦非纯粹以“第三部门”弥补市场和政府的双重失灵，而是以其主动性、选择性、联合性和部分竞争性等行为特征彰显出基于“趣缘”和“事业”双重追求的群体性聚集方式变化之中。它是政府救援活动的补充，是民间基于基本的“爱”和“正义”所从事的活动①。

2008 年汶川地震之后，我国青年自组织参与民间救援活动开始呈现普遍性的增长趋势。这种趋势主要体现在三个方面：一是许多青年自组织开始形成、发展并不断壮大，且逐渐走出以趣缘性为主的模式，开始介入诸如环保、慈善、公共安全、抗震救灾等民间活动中；二是在民间救援过程中，青年自组织形成了一套独立的动员体系，能够充分发挥地缘和业缘两种优势；三是青年自组织的民间救援活动越来越多地获得了政府部门的支持，成为其发展的重要支撑。

第二节　高校青年自组织危机治理实证分析②

危机可能出现在社会生活的方方面面。相比发生在其他领域的危机事件，高校危机事件近年来显得尤为突出。校园安全与稳定是社会和谐的重要组成部分，然而校园危机事件发生频率不断提高，

---

① Lichtenstein R. et al. “School crisis response：Expecting the unexpected”，*Educational Leadership*，1994，Vol. 3，No. 52，pp. 79 – 83.

② 本节所示的表格中数据均来自笔者的问卷调查。

新的类型不断出现，对高校师生的生命安全和身心健康造成极大威胁，严重影响高校正常的教学科研秩序。目前，国内学者对校园危机应对措施的研究主要集中在校园危机管理机构与体制、危机处置流程、危机管理与监督、危机信息发布和上报、危机评估机制等方面，研究一般围绕“他组织”和现实行动（“离线行为”）进行，而将“自组织”及“在线行为”与校园危机的应对结合起来的研究相对较少。

我们试图通过问卷调查去分析高校青年自组织的现状以及校园危机的处理情况，研究青年自组织特别是其“在线行为”在校园危机事件中的影响，尝试打破高校独立应对校园危机的传统模式，探求应对校园危机的新思路和新方法，以达到构建和谐校园的目的。

一 调查基本情况

为了更好地研究校园危机中的青年自组织，我们对重庆市 7 所高校学生就青年自组织如何活动、具备哪些特征、存在什么优点和不足等方面进行了问卷调查，得到了丰富的一手资料。在调查中我们主要采用配额抽样的方法进行问卷调查，同时随机抽取个案作深度访谈。为使调查结果更具代表性，选择了重庆大学、西南大学、西南政法大学、重庆科技学院、四川外国语学院、四川美术学院、重庆师范学院的大学生进行调查。此次调查共发放问卷 750 份，有效问卷 681 份，有效率 90.8%。

调查对象中，男性 313 人，占样本总数的 46.0%，女性 368 人，占 54.0%；理工科类占 40.5%，社会人文类（不包含外语、艺术）占 29.4%，艺术类占 15.0%，外语类占 15.1%；汉族学生 637 人，占 93.5%，少数民族学生 44 人，占 6.5%（见表 6-1）。对于调查结果，主要采用了 Epidata 数据录入软件和 SPPS 中文 17.0 分析数据软件进行分析。

表 6－1　　样本构成表

		人数（人）	百分比（%）
性别	男	313	46.0
	女	368	54.0
专业类型	理工科类	276	40.5
	社会人文类（不包含外语、艺术）	200	29.4
	艺术类	102	15
	外语类	103	15.1
户口所在地	城市	423	62.1
	农村	258	37.9
政治面貌	中共党员	50	7.4
	团员	600	88.1
	群众	30	4.4
	其他	1	0.1
宗教信仰	有	68	10.0
	无	613	90.0
民族	汉族	637	93.5
	少数民族	44	6.5

二　高校青年自组织样态

在网络高度发达的背景下，高校青年自组织空前发展，网络与青年的密切程度与影响力已超越传统青年自组织，具有以下特点：

（一）组织类型多样化

调查发现，参加公益类和休闲娱乐类青年自组织的大学生均在50%以上（表6－2）。随着政治社会化的不断发展，政治类、自我维权类的青年自组织也在不断发展。除以上类别外，还有诸如社会实践类、就业创业类的青年自组织。

表6－2　　您是否参加过以下类型的青年自组织

类型	人数（人）	百分比（%）
公益类	386	56.8
政治类	35	5.1
休闲娱乐类	460	67.6
自我维权类	59	8.7
交友类	261	38.4
宗教类	24	3.5

（二）组织形态碎片化

本次调查显示青年自组织以中小型为主，人数在20—50人（包含50人）的占41.9%，20人以下（包含20人）的占34.3%，50—100人（包含100人）的占15.4%，100人以上的大规模青年自组织仅占8.4%（见表6－3）。

表6－3　　在您最常参加的青年自组织的人数

规模	人数（人）	百分比（%）
20人以下（包含20人）	234	34.3
20—50人（包含50人）	285	41.9
50—100人（包含100人）	105	15.4
100人以上	57	8.4
合计	681	100

（三）筹资途径多元化

主要有组织内部筹集、上街募集、政府或单位拨款、商业赞助、公益资助。以组织内部筹集为主，其比例高达61.0%，商业赞助为18.2%，公益资助为8.2%，政府或单位拨款为6.8%，上街募集为5.8%（见表6－4）。

表 6－4　　您所参加的自组织资金的主要来源

主要来源	人数（人）	百分比（%）
组织内部筹集	415	61.0
上街募集	40	5.8
政府或单位拨款	46	6.8
商业赞助	124	18.2
公益资助	56	8.2
合计	681	100

（四）交流方式网络化

本次调查显示，40.7%的自组织通过网络进行日常联系和交流（见表6－5），其中QQ群所占比重最大，达87.8%。具体而言，未参加过QQ群的大学生仅占3.4%，参与或创建1—5个QQ群的占30.1%，参与或创建6—10个QQ群的占35.8%，参与或创建11—15个QQ群的占10.4%。此外还会通过人人网、博客、飞信等平台交流。

表 6－5　　您所在的青年自组织主要交流途径

交流途径	人数（人）	百分比（%）
网络	277	40.7
成员定期聚餐	146	21.4
举办活动	196	28.8
其他	62	9.1
合计	681	100

三　高校危机管理情势

校园危机具有突发性、复杂性、不确定性、危害性等特点，所以，一旦发生校园危机或发现潜在危险，学校就需要采取措施来解决。就目前我国高校危机治理现状来看，主要有以下几个特点：

（一）高校危机概念多样

美国学者Lichtenstein将学校危机定义为：“突然、未曾预料的事件，学校总体上或重大部分可能受到严重的、消极的影响，通常包括严重伤害或死亡。”我国台湾地区学者唐玺惠认为，“凡是发生在校园内或与校园成员有关的事件或情境，而对其身心造成不安、压力、伤害；而以现有的人力与资源，难以立即解决者均可称之为校园危机。”综观各种观点，可以将校园危机的概念定义为突发于校园内、外的紧急事件，已对学校组织或个人产生严重威胁，并可能造成全体或部分学校成员心理或生理的伤害，急需高度关注并迅速应对的危机事件①。

（二）高校危机类别复杂

国内外的学者对于高校危机存在诸多分类，如以发生地点的不同可分为校园内危机事件和校园外危机事件；以引发危机事件的主体不同可分为学生群体危机事件、教师群体危机事件、学校管理危机事件等。但是结合实际情况，我们将中国目前的校园危机分为以下（见表6－6）几类：

表6－6　　　　我国目前校园危机的分类

序号	事件类型	事例
1	危害公共安全的自然灾害	水灾、地震、台风、电击等
2	校园自我伤害	自残、自闭、自杀等
3	学生意外事件	车祸、疾病身亡、运动伤害、中毒等
4	校园安全维护事件	学生物品失窃、校园施工安全、火灾等
5	学生暴力与偏差行为	群殴、偷窃、赌博、性骚扰等
6	管教冲突事件	师生冲突、学生集体抗争等
7	学生违规事件	逃学逃课、考试代考受罚、未婚怀孕等
8	外力介入	偷窃、凶杀、欺诈、恐怖事件、卫生疫情等
9	毒品侵蚀	滥用药物、非法持有药物或贩卖禁药等

① 简敏：《校园危机管理策略创新：当代高校稳定的现实选择》，中国检察出版社2007年版，第36页。

表6－6的分类方式比较详细，能够完全将发生在校园的危机事件进行分类和定位。

（三）高校危机管理现状不容乐观

通过对一些高校校园危机管理现状的分析，并结合调查问卷分析结果，我们可以总结出目前我国高校危机管理工作尚存在以下不足之处：

1. 危机意识淡漠

在美国、日本等发达国家，危机管理已成为学校管理的重要组成部分。但我国高校师生普遍缺乏危机管理意识，大部分高校并未给予危机教育和培训应有的课程。具体来说主要体现在三个方面：首先，危机意识淡漠体现在高校的管理层方面。有些高校认为危机管理课程对于学校建设、学生发展没有实际意义，不制作应急预案、不开设危机课程，如果有与危机相关的课程，也仅限于心理健康辅导的通识性课程。其次，危机意识淡漠体现在教师方面。高校教师不愿意教授危机课程，或者是上课敷衍了事，更不愿意上实操课。教师危机意识的缺乏可能会导致学生危机意识的缺乏。最后，危机意识淡漠还体现在学生方面。在有危机课程的学校，学生到课率普遍不高，部分学生甚至认为进行危机应对培训完全没有必要，就连对学校组织的心理普测也重视不够。

2. 危机预防体系不健全

在危机发生的三个环节中（危机发生前、发生中、发生后），最为重要的应该是预防阶段，将危机扼杀在摇篮中，将危机阻断在事发前，全面预防危机发生是所有危机管理者的共同愿望。因此危机预防体系就显得十分重要。但目前我们高校的危机预防体系还有待加强，主要表现在两个方面：一方面是没有完整的危机预警机制。危机预警机制应包括危机事件监测与预警机制；另一方面是没有完整的危机应对预案。即使有，也是粗线条的、简单的机构设置，缺乏可操作性的具体流程指导内容。

3. 危机管理体系不完善

危机管理是一种自上而下管理和自下而上的反馈过程，在进行问卷调查中，我们了解到这些学校的危机管理体系没有常设的危机管理机构。首先，危机发生时，要临时从各部门抽调人员与资金，容易错失解决危机的最佳时机。临时成立的工作小组在工作内容和人员上都不具有连续性，危机处理的经验和教训不能有效保留，部门与部门之间的人员缺乏协调性。其次，学校往往采用“垂直型”的组织框架。“垂直型”组织框架的实际体现就是在危机爆发时，由校长直接对学校的团委、学院等进行指令，是一种被动的、命令式的行动方式，缺乏即时相互主动性，非常影响效率。最后，危机管理的主体不够广泛，作为学校最主要组成部分的学生都未能纳入应对校园危机的主体范围。

4. 危机信息披露不及时

在危机发生前后，学校担心危机信息公布会引起学生恐慌，或被学生误传，危及学校声誉，往往选择封锁信息，而这样做多数时候又会引起学生极大的不满和社会的猜忌，形成舆论危机甚至引发新的校园危机。例如，2009 年北京某大学隐瞒校内“甲流”致人死亡的信息，新生在网上广发措辞激烈的帖子，一些出于好奇或者别有用心者进行了广泛的转载和跟帖，导致谣言四起，反而在一定程度上降低了学校的声誉。

5. 危机心理干预有待加强

南京中医药大学心理咨询中心经过长期研究后发现，大学生是自杀的高危人群，自杀率是其他同龄人的 2—4 倍，且有上升趋势。大学生自杀明显存在着“链式效应”，有自杀倾向的学生得知他人自杀后容易效仿。究其根源，大学生自杀很大一部分是在面临生活或者学习上的“危机事件”后，心理上产生了难以跨越的障碍，在长期的纠结和困顿以后，选择自杀这一极端方式寻求解脱。目前大学里普遍缺乏大学生心理干预方面专业人才，无法及时介入并进行全面心理干预，或者对少数“问题学生”不能给予足够关注，从而使高校难以进行全面持久的心理健康教育，导致高校学生自杀事件发生。如2013年西南某学校学生在寝室里服毒身亡，就是因其父亲的过世对她产生了巨大打击，持续一个月，无法摆脱而选择自杀。

（四）高校意识形态安全迫在眉睫

和平与发展是当今世界的主题，国与国之间不再仅仅是看得见的厮杀，而是综合实力的比拼，在文化思想的战场上，进行着激烈的软实力的较量。意识形态工作是党的一项极为重要的工作，党的十八大以来，以习近平总书记为核心的党中央高度重视意识形态工作，并做出了新形势下加强党的意识形态工作等一系列重大部署。2015年1月，党中央和国务院办公厅发布的《关于进一步加强和改进新形势下高校宣传思想工作的意见》指出："要牢牢掌握高校意识形态工作领导权、话语权，不断巩固马克思主义指导地位。"加强高校意识形态安全建设是保证国家意识形态安全的必然要求，是抵制西方思想文化渗透的有效手段，因此高校要加强对学生以及师资队伍的意识形态安全教育，为国家和社会输送德才兼备的人才，而不是人云亦云的傀儡。高校思想政治教育工作当警惕以"平等"、"自由"、"人权"为借口，来明里暗里抨击中国的社会制度、质疑中国的发展道路的不良企图。如果我们放松了高校意识形态的工作，让不良的西方意识形态大行其道，就很容易让高校学生及高校教师感到迷惑，失去基本判断能力，动摇对祖国、中华民族、中华文化和社会主义道路的认同感。因此学校应加强对学生的社会主义核心价值观的教育，抵制全盘西化，提升本民族意识的认同感和归属感。在学习先进外来文化的同时保持一定的分辨意识，进行理性选择与合理汲取。

第三节　高校危机应对中青年自组织的“在线行为”

高校青年自组织的“在线行为”是指高校青年在危机发生前、中、后三个阶段，通过网络平台开展网上活动，发挥自组织作用实施干预的行动方式。我们知道，校园危机的演变与发展可划分为潜伏期、爆发期、恢复重建期，各个时期的危机应对方法各有侧重：潜伏期侧重预防预警，爆发期侧重处理解决，恢复重建期侧重复原补救，高校青年自组织网络“在线行为”在校园危机发生的三个时期都会显示出不同的作用。

一　当前的高校危机应对与管理

（一）预防、预警、预控中的作用

在危机爆发前，人们如果能及时阻隔危机，或至少能预防危机的发生，这就能够在耗费最少人力物力的基础上，将消极影响控制在最小范围内。危机预警机制，即根据微小的征兆，敏锐地察觉危机信号、发出预警信号，以便各部门采取相应措施，从而有效防止危机发生。要想及时发现校园内这些微小的危机征兆，就需要有扎根于基层的组织收集、分析和传递信息，除高校传统学生组织（如学生会、学管委）外，青年自组织也已成为一股不可忽视的重要力量。

1. 收集网络舆情信息

网络舆情由网民持续不断的关注和意见表达构成，具有内容多元性、主体主导性、群体集群性、虚实互动性等特点，这种多元、隐匿、不确定的特点，很容易被个人或组织不良引导，导致集体事件的发生。只有及时把握网络舆情信息，才能对事件的发展方向做出准确的预测，做好预警工作或应对准备。

我们对重庆市 7 所高校的调查显示，几乎所有的大学生都参加了青年自组织，这些自组织多半以网络为主要运行平台，类型多样，其中又以休闲娱乐类最多，达67.6%。青年自组织成员在宽松、自由的环境下互动，顾虑少，交谈积极性高，交流内容丰富。高校青年自组织的成员以大学生为主，因而其交流的信息中，含有较大比重的校园信息，使其能够及时便捷地收集学生中的舆论信息，了解学生的聚焦点，甚至包括外校、外地、外国学生的网络信息。

以下几项数据分析，能够反映出青年自组织“在线行为”在收集有关校园危机信息中的作用：①大学生所在的青年自组织对危机事件的讨论频率（见表6-7）。

表6-7　校园危机发生后，您所在的青年自组织讨论该事件的频率

	频数（人）	百分比（%）
经常出现	61	9.0
比较多出现	213	31.3
一般	214	31.4
比较少出现	73	10.7
没有出现	28	4.1
不知道	92	13.5
合计	681	100

②大学生了解校园危机事件的主要途径比较。表6-7中，青年自组织“经常出现”和“比较多出现”讨论校园危机事件的比例之和在40.3%，可以看出他们对校园危机事件的关注度比较高。从调查结果中我们发现，青年自组织的“在线行为”已经成为大学生了解校园危机事件的最重要途径，34.6%的大学生通过自组织了解校园危机事件，远远高于“通过官方网站获知”的比例。所以，校方有必要将青年自组织作为重要的信息收集、传递、反馈渠道而加以重视。

2. 传递信息与舆情引导

“谣言滋生于新闻缺乏之时”。危机爆发前，学生对事件的了解大多是通过非官方途径，无法确认信息的真实性，而这些非官方信息的传播往往通过网络或者非网络形式在学生间不断地交流，形成所谓的定论。因为信息传播的便捷与难以控制性，一旦所谓的定论与事实相背，就会成为谣言，具有难分辨性和传播迅速性，又将影响更多人的观点和看法，巩固谣言在学生思想中的地位。

要消除谣言的影响，单靠校方的努力很难完成。首先，学校与学生的联系不够紧密，学校一般只关注作为群体的学生，对作为个体的学生关注较少，因而它无法全面准确地掌握学生的动态。其次，根据我们的调查，对比学校与青年自组织发布的有关校园危机的信息，仅有52.3%的学生表示更相信校方（见表6-8）。青年自组织作为学生群体自发组织，一方面是学校需要关注的对象，另一方面是学生积极参与的对象，是沟通学校管理部门与学生间的桥梁。如果青年自组织在收集舆论信息后能将其传递给校方，校方就能更全面地了解学生的动态，做出更能让学生满意的决策。而校方将真实的信息公开告知青年自组织，自组织中的学生将真实的信息传递给更多的同学，影响更广泛的人群，从而制止谣言的传播。

关于“在您参加的网络组织中，您有没有遇到过配合官方发表言论的人”的调查，19.4%的大学生表示“经常遇到”或“比较多遇到”，32.7%选择“一般”，29.5%选择“比较少遇到”，18.4%选择“从来没有遇到”（见表6-9），这表明青年自组织的成员较少遇到配合官方发表言论的人或意识到他们的存在。而对此类人的态度，82.3%的学生表示“非常欢迎”、“比较接受”或“无所谓”，仅有17.7%表示排斥，其中“非常排斥”又只有4.1%（见表6-10），这表明大多数大学生对配合官方发表言论的人持接受态度。所以，让青年自组织及时对舆论进行引导是切实可行的。

表6－8　关于校园危机事件的消息来源，您更相信

	频数（人）	百分比（%）
校方	356	52.3
青年自组织	325	47.7
合计	681	100

表6－9　您有没有遇到过配合官方发表言论的人

	频数（人）	百分比（%）
经常遇到	51	7.5
比较多遇到	81	11.9
一般	223	32.7
比较少遇到	201	29.5
从来没有遇到	125	18.4
合计	681	100

表6－10　您对这些人的态度

	频数（人）	百分比（%）
非常欢迎	39	5.7
比较接受	197	29.0
无所谓	324	47.6
比较排斥	93	13.6
非常排斥	28	4.1
合计	681	100

3. 培养自组织成员危机意识

中国高校普遍存在危机意识淡漠的现象，这与缺乏危机教育有很大关联。所以，一方面需要学校加强危机教育，将人身安全、财产安全等观念融入课堂教学中。另一方面，青年自组织也可以进行“在线教育”，如共享有关校园危机事件的视频，转载相关的图片、

帖子和文章等，形式多样，内容生动形象，较学校的课堂教育更易被学生接受。另外，校园危机的种类繁多、成因复杂，有自然因素引发的危机，也有人为因素引发的危机，还有人为因素和自然因素共同作用引起的危机。学生只有在正确判断危机类别的基础上才能采取正确的应对措施，才能正确分辨和研判不同的危机信息。青年自组织对危机的在线讨论能促使学生积极思考不同类型危机的成因、表现形式等，从而增强他们识别和应对危机的能力。

4. 开展模拟应急训练

危机应对中青年自组织的“在线行为”，还可帮助组织内外的人员开展模拟应急训练，这体现在两个方面：一是可以通过“在线行动”进行应急训练的宣传教育引导，提升高校学生危机预防意识、改善危机应对方式等。二是能够开展网络虚拟应急训练，通过互联网模拟危机发生的各个阶段，让学生理解在面对不同问题时，应该如何解决。

将危机应对计划与模拟训练结合起来，在模拟训练中发现计划的不足之处并加以完善，可以使危机应对计划收到更好效果。在美国，政府和学校很重视将两方面结合并积极开展校园危机模拟训练。美国的校园演习分两种：一是桌面演习（Tabletop exercise），二是实训（Drill）。桌面演习会模拟一个校园危机场景，预案涉及的所有人都围坐在桌子旁，依据预案的内容，通过语言的方式，“合练”预案规定的各个步骤和过程。模拟的校园危机场景一般由校园危机应对负责人提出，既可以是口头的，也可以是文字的或视频的。而实训又分为班级实训（Classroom - Based Drill）、全校性实训（School Drill）以及功能演习（Functional Exercise）、全面演习（Full - Scale Exercise）等，目的是帮助师生熟悉危机应对的内容和过程，了解危机发生时的撤离路线以及检验学校所在社区的危机应对能力等。

在中国，由于高校本身危机教育意识淡薄，加之演习成本较大，很少有这样系统的模拟训练活动。而青年自组织相较于学校，不仅在开展危机模拟训练时需要投入的人力物力少，而且开展起来更加方便、有效。它们主要是利用网络平台进行工作，通过共享视频如CPR（心肺复苏）的全过程，让成员直观地了解到某些危机的应急处理方法；也可以制作一些模拟危机训练的游戏，让成员在游戏中反复记忆危机的应对方式，最终达到娴熟运用；还可以利用其在线的号召力，号召成员参与到离线的演习中。

（二）危机处置中的作用

当无法有效防范校园危机时，校园危机便可能进入下一阶段——全面爆发阶段。这一阶段是破坏力最大、影响范围最广的一个阶段。由于此阶段需要迅速筹集人力物力，对组织协调能力要求较高，所以学校应该成为此阶段的主力，青年自组织本身处在从属位置，可以以其“在线行为”协助校方处理校园危机。

通过调查发现仅有11%的大学生倾向于由学校全权处理危机（见表6－11），89%的大学生认为学生在危机事件解决中也可以起到一定作用。学校长期忽略学生参与危机解决的意愿和能力，让绝大部分学生感到不满。

表6－11　校园危机事件发生后，您更倾向于用哪种方式解决

	频数（人）	百分比（%）
学校全权处理	75	11
学校主导，学生参与	472	69.3
学生主导，学校为辅	110	16.2
学生自由组织、处理，学校不干涉	24	3.5
合计	681	100

对学校危机处理结果表示非常满意的大学生占17.1%，表示比较满意的占37.6%，两者共为54.7%，仅略过半数。因此单靠校方处理危机并不是最理想的办法。而对“校园危机事件的处理需要青年自组织的参与”的调查发现，54.7%的大学生认为需要，仅有10.2%的人不同意该观点。因此校园危机处理中高校青年自组织的辅助作用也应该得到体现，并且不可否认的是目前已经有越来越多

的青年自组织主动地参与到危机的解决中。

以下是对高校青年自组织在危机爆发阶段所起作用的样本分析：

1. 校方与学生沟通

学生与学校之间往往存在信息不对称，在校园危机发生时，如果不能实现信息的对接，将加剧危机处理的难度。高校青年自组织作为介于学校和学生间的有生组织力量，不仅扎根于学生，而且更能引起学校的关注，可以很好地发挥沟通校方与学生的作用。调查结果也印证了这一观点（见表6－12）。

表6－12　　校园危机发生过程中，您所在青年自组织是否会传递校方正式信息，反馈学生态度

	频数（人）	百分比（%）
是	314	46.1
否	143	21.0
不清楚	224	32.9
合计	681	100

44.7%的大学生表示其所在的高校青年自组织会积极促成校方与学生的信息对接。青年自组织的“在线行为”一方面可以向学生说明校方的态度、对策，使学生不至于盲目发泄自己的不满；另一方面，也可以把学生的意见和利益要求反映给校方，使校方可以制定出更能保护学生利益、满足学生要求的解决方案，避免危机进一步扩大。另外，青年自组织也会通过各种途径了解真相，并将真相公布（见表6－13），36.4%的青年自组织会主动了解事件真相并将之公布。这一比重不高，说明我国高校在重视危机教育方面还有待加强，如果进一步提高学生危机意识，这一百分比将会有较大的改善。

2. 危机心理干预

有些校园危机事件发生比较突然，如自然灾害、卫生疫情等（23.4%的大学生表示所在高校发生过此类危机事件），对危机的爆发，学生没有足够的心理准备，极易产生恐慌心理。此时，可能又因为某些客观条件的限制（如被隔离），无法直接与他人交流，进而使恐慌心理不断增强。青年自组织的“在线行为”受时空限制小，成员可以通过网络等新媒体随时随地交流，加之组织成员对于组织本身的信任度很高，所以能减轻学生在危机中因孤独带来的心理压力。如现在学生群体中比较受欢迎的微信点赞、微博关注等方式，都可以很好地减少个体的心理孤独感。

表 6－13　校园危机发生过程中，您所在青年自组织是否会主动去了解事件真相并公布

	频数（人）	百分比（%）
是	248	36.4
否	177	26.0
不清楚	256	37.6
合计	681	100

还有一些校园危机事件持续时间较长或发生频率较高，如自闭、自杀、偷窃等（34.4%的学生表示其所在大学有此类危机事件），会使学生长期处于紧张状态，不利于身心健康，有时甚至会因为过度紧张压抑导致其采取一些极端行为。只有及时对学生进行心理辅助，积极开导，稳定他们的情绪，才能防止此类校园危机事件的扩大。表 6－14 反映出高校青年自组织确有通过“在线行为”对学生进行心理干预。

表 6－14　您所在的青年自组织在校园危机事件发生时，是否有以下行为

	是（%）	否（%）	不清楚（%）
讨论该校园危机事件并鼓励大家积极关注和参与	49.9	22.8	24.4
关注到某些组织成员的异常状况，会进行合理引导	49.7	16.3	31.3
合计	99.6	39.1	55.7

调查发现，在校园危机事件发生时，有 49.9%的高校青年自组

织会鼓励成员在线讨论事件。若在讨论或活动中发现成员有异常，49.7%的青年自组织会对异常成员进行合理的引导。这说明青年自组织已经在主动地对危机中的学生进行心理干预，这不仅能大大减少学校的工作量，而且直接的干预效果更佳。

3. 志愿救援活动

校园危机事件的发生，难免会损害或威胁到人身安全和财产安全，需要对已经受到侵害或有可能受到侵害的人或物迅速展开救援活动。调查发现：①56.8%的大学生表示他们参与过公益类的青年自组织（见表6－2）；②在校园危机发生前或者发生过程中，43.9%的青年自组织参与过校园危机的处理（见表6－15）；③大学生对所在的青年自组织发起解决校园危机的活动，每次都会参与和尽量参与的，就达49.9%；④46.6%的学生在参与由“在线行为”发展到“离线行为”的活动时会着重考虑活动的公益性。由此可见校园危机发生时，青年自组织组织危机救援志愿活动比较常见，而且成员参与度高。这类活动主要包括：①在线号召后展开离线的募集或志愿活动；②直接在线募集用于救援的资金。如“西政公社网站”的成员广发募捐帖，为远在江西理工大学患重症白血病的学生筹集医疗费用。

表6－15　校园危机发生过程中，您所在青年自组织是否会组织成员参与校园危机的处理

	频数（人）	百分比（%）
是	299	43.9
否	143	21.0
不清楚	239	35.1
合计	681	100

（三）复原补救中的作用

校园危机事件的解决，并不表示危机所产生的消极影响完全消除，事件发生后所带来的负面情绪需要校方高度关注。所以危机解决后，学校会进入全面的危机复原补救期。由于这一时期一般较长，校方更多地需要依靠高校青年自组织的“在线行为”长时间发挥作用。主要体现在以下几个方面：

1. 心理辅导

经历校园危机事件后，学生或多或少会留下心理阴影，如果置之不理很可能会引发连锁反应，成为新一轮危机的潜在威胁。现阶段我国高校一方面心理健康教育人才匮乏，心理危机干预机制不够完善；另一方面，大学生的逆反心理较强，心理隐私不会轻易告诉老师同学，因而使校方难以在事后对学生进行长期而有针对性的心理辅导。但高校青年自组织却可以长时间“在线”对在危机中受到伤害的成员进行心理抚慰、劝导，而且与学校官方出面的心理干预行为相比有以下几个优点：①非面对面的交流方式可以大大降低被干预者的心理压力；②对成员心理状态的关注渠道比较多，通过网络掌握的信息比较全面，有助于心理辅导技巧的选择；③在线交流的成本比较低；④是一种“渐进式”的心理干预，即一种潜移默化的影响，不易受到被干预者排斥。

2. 诉求表达

危机事件过后，需要人力物力资源修复损伤。这一阶段高校青年自组织“在线行为”一方面可以收集受损人员的相关损失量，另一方面自组织也可以向学校提出合理的利益诉求，督促校方持续关注受损成员，积极采取措施，切实保障他们的利益。

在调查中，6.5%的大学生倾向于通过激烈的集体行为（静坐、游行等）表达利益诉求（见表6－16），但这种方式可能会被社会上别有用心的人员所利用，造成不必要的社会骚动，因而此种利益诉求途径并不可取。若通过官方途径，作为个人的大学生力量毕竟单薄，其利益诉求往往会被忽视，不能得到满足。这时他们必须寻求一种两全途径——既不违反相关政策，又能使自我利益诉求得到满足，恰好，青年自组织成为了青年群体的代言者。通过青年自组织合理表达利益诉求能够达到较好效果。

表 6－16　　　您比较倾向于以何种形式表达利益诉求

	频数（人）	百分比（%）
正规途径	456	66.9
温和的集体行动	170	25.0
激烈的集体行动	44	6.5
忍气吞声	11	1.6
合计	681	100

3. 危机公关

高校的特殊地位使其备受政府、公众和媒体的关注，这种“公共性”使高校危机容易引发社会热议，因而高校的对外公关就成为危机应对中的重要环节。不仅要关注危机爆发阶段的对外公关，而且危机过后也应引起高度重视，若公关得当，往往能够使危机得到正面解决；反之，极易引发新的危机。

公关主体的选择对于公关的成败至关重要，青年自组织在公关方面有独特优势。对内，自组织是学生组织，其发表的言论更易引起共鸣；对外，公关中青年自组织代表“民间”、“草根”的意见和情况，其报道更易让社会公众、媒体等各方面接受甚至信服，能为学校做正面宣传，减少不必要的猜疑。在“河北大学飙车事件”中，外界质疑另一被撞女生及其室友被河北大学保研，对此传言，河北大学的学生出面否定显然最具说服力。

二　青年自组织的问题与局限

（一）发布、扩散不实的危机信息

青年自组织是以网络平台为交流媒介，其所表现出的问题也不容忽视。调查显示 43.7% 的大学生同意“青年自组织有时是危机的制造者或扩散者”，其中非常同意的占 16.4%（见表 6－17）。具体表现在，青年自组织的一些成员没有求证事件的真实性就对其进行传播，其中一些带倾向性的言论会使不明真相的学生做出错误判断，从而使危机扩大。最危险的是，有些成员恶意编造虚假信息，在青年自组织中传播，引发校园危机。还有21.7%的大学生相信自组织中的消息，且会通过转载校园危机事件的帖子、文章散播信息，甚至有23.7%的大学生会就此与境外友人交流（见表6－18）。

表6－17　同意青年自组织有时也是危机的制造者或扩散者

	频数（人）	百分比（%）
非常同意	112	16.4
比较同意	186	27.3
一般	235	34.6
比较不同意	103	15.1
非常不同意	45	6.6
合计	681	100

表6－18　校园危机发生过程中，您会存在下列行为

	频数（人）	百分比（%）
您发表或者转载过关于校园危机事件消息的帖子	328	22.7
您相信组织中发表或者转载的关于校园危机的信息	313	21.7
当不相信组织中关于校园危机的时间时，您会自己去查证	222	15.4
当知道真相时，会主动在组织中公布	238	16.5
会向境外人士交流传播相关信息	342	23.7

（二）资金短缺掣肘持续发展

调查显示，46.6%的大学生认为资金是青年自组织发展的重要因素，61.0%的青年自组织资金来源于组织内部。资金不充足、资金来源途径单一严重制约青年自组织发展。随着组织规模的扩张和组织影响力的扩大，依靠组织内部筹集资金已难以满足青年自组织开展活动的需要，严重影响了其活动的质量。因此，青年自组织要更好地开展活动，就必须扩大资金来源，满足人力和物力的需求。

国际社会组织的实践表明，社会组织要想生存并持续发展，必须有组织外的资金来源。青年自组织资金的短缺会造成如下两种局面：

（1）青年自组织为保证其发展的独立性，在开展活动时只能选择低成本甚至零成本的项目，这会直接降低青年自组织活动的影响力，限制青年自组织规模的扩张。

（2）青年自组织为使其规模扩张、影响扩大，不得不依靠组织外的赞助，如商业赞助或境外资助等。这会使青年自组织的行为受到约束，不能完全按照自我意愿开展活动，影响其决策的独立性，或者一旦被有不良目的的资助者所利用、控制，那将会带来严重的后果。

第四节　高校青年自组织“在线行为”与“离线行为”

高校青年自组织的行动可以划分为网络中的行为和现实中的行为，即“在线行为”和“离线行为”。“在线行为”是以网络为媒介，在网络的社会化功能和结构联系功能催生下的集体行为，具有便捷性、低成本、低风险、匿名性、跨地域性等特点。“在线行为”和“离线行为”都包括个体和集体两种主体，个体只有在意见一致并聚集的情况下，才有可能发生集体行动。

一　“在线行为”的方式

青年自组织可以通过在线行为应对危机事件，青年自组织的组织特性与网络特性的结合，能充分发挥方便、快捷、高效的优势。

青年自组织在线行动的方式多种多样，主要有：

①网络舆论。所谓“网络舆论”，即网民在线对某一事件进行广泛的讨论，在一定范围内消除意见差异，形成集体意识的行为。比较典型的例子如杭州街头因车速过快撞死行人事件，它引起了大批网民发表留言，愤怒声讨“飙车族”无视行人安全，在市区道路飙车的行为。

②网上签名。这主要是指在 BBS 或其他网页里为响应某一号召而留名的行为。例如，2014 年 3 月 26 日至 4 月 10 日郑州市政府举办的“网上祭英烈”签名寄语活动，市民可登录相关网页的“网上祭英烈”活动页面，分别参与“鞠躬”、“献花”、“留言缅怀”等活动。

③网上祭奠。指网上发起的对热点事件中逝者的悼念活动。如在之前发生的药某某事件中，网友们就自动发起了对受害人的网上祭奠活动。

除此之外，“在线行为”还会以“网络黑客”、“网络举报”、“人肉搜索”、“网上募捐”、“网络水军”、“网上围观”等形式出现。目前受到学生普遍欢迎的网上“点赞”行为，也可以看做是“在线行为”方式之一。

二　“在线行为”向“离线行为”转化

“在线行为”极易导致群体极化，即青年网民认知态度一开始就有偏向，通过网上交流后，这种偏向便易走向极端。为了扩大这种观点的影响，网民有时会将“在线行为”转化成“离线行为”，即现实中的行为。

调查显示，大学生对于青年自组织发起的活动参与度比较高，11.0%的大学生表示“非常重视，每次都会参加”，38.9%表示“比较重视，尽量参与”，35.8%表示“一般，视情况而定”，只有4.7%和9.6%的大学生表示“偶尔会参加”和“不会参加”（见表6－19）。如果青年自组织“在线行为”导致群体极化，并引发不确定的“离线行为”，积极参与反而会影响校园和谐和社会安定。

表 6 - 19　如果您所在的青年自组织发起解决校园危机的活动，您的态度是

	频数（人）	百分比（%）
非常重视，每次都会参加	75	11.0
比较重视，尽量参与	265	38.9
一般，视情况而定	244	35.8
偶尔会参加	32	4.7
不会参加	65	9.6
合计	681	100

通过对大学生参与“离线行为”的影响因素进行分析（见表6 - 20），其中“人身安全”所占比重最大，达 83.7%，“个人名誉”、“学校名誉”、“违法违规”等因素也是学生考虑的重点（都在 50% 左右）。因此，可以通过强调行为的风险性、明确行为的违规违纪性和加强爱校教育等方法来预防危害校园秩序的“离线行为”的发生。

表 6 - 20　您参加现实集体行动会考虑

	频数（人）	百分比（%）
人身安全	569	83.7
个人名誉	372	54.7
学校名誉	334	49.1
违法违规	390	57.4
学校处分	219	32.2
活动影响力	257	37.8
发起人的权威	99	14.6
社会公益	317	46.6

第五节　高校青年自组织应成为和谐校园的捍卫者

高校青年自组织在校园危机应对中发挥了积极作用，但是我们应当看到，自组织也有其不足之处，如组织松散、经费缺乏、易受误导。但我们不能因噎废食，我们要做的是努力克服自组织不足，发挥其优势，使它成为和谐校园的捍卫者。

一　提升青年自组织的责任意识和危机应对能力

青年自组织要有危机意识，更要有危机责任意识。网络虚拟空间里青年自组织的极大言论自由，可能导致自组织成员散布一些不真实的信息。提高危机责任意识，一方面是青年自组织须求证危机信息的真实性，不盲目传播。另一方面是青年自组织应提高成员参与校园危机事件解决的积极性，倡导、激励和动员成员承担责任，协助学校解决危机。此外，青年自组织要提升危机应对能力，需通过积极与卫生机构、消防机构、心理健康教育机构、法律部门建立联系（如设置网络链接，与专业机构进行交流），制作有关危机事件的共享视频，编写和发放安全知识小手册等方式，促使成员了解危机应对的措施和详细步骤。另外，将危机应对演习作为组织生活的一部分，定期或不定期地进行危机应对训练，切实提高青年自组织成员应对危机的实际能力。

二　畅通青年自组织利益表达渠道

高校青年自组织成员的权利意识强，具有公益精神，同时年轻气盛，易情绪化，当其利益诉求不能通过制度化表达途径得到满足时，就可能采取体制外的非正式、非理性方式。团体利益表达较个人利益表达更能发挥作用，若自组织采取制度外团体利益表达方式，很可能演变为群体性事件。因此，畅通在校大学生利益表达机制，就需要政府和学校在做出涉及大学生利益的决策时，广泛征求其意见；在对大学生进行处分时，启动听证程序，还应当开通投诉、批评建议的现实平台和网络平台。

三　加大青年自组织的扶持力度

党和政府明确规定，对于青年自组织的发展，我们必须持支持态度。首先要修改有关青年自组织的现行政策法规。民政、公安、教育行政主管等部门应尽快展开相关的有针对性的调研，通过研究修改登记管理办法以适应社会发展的需要，并出台关于青年自组织的法律法规和管理措施，使青年自组织管理法制化。其次，提供资金、场地等支持。经费缺乏，没有合适的活动场地一直是青年自组织发展的瓶颈，对此政府可以通过成立自组织发展基金，向自组织开放部分公共资源，促使其健康发展。再次，网络监管部门和教育行政主管部门应加强对青年自组织参与校园危机管理和维稳工作的引导，将在全市有较大影响的自组织负责人吸纳进各级政协、青联中。

四　将共青团维稳工作范围覆盖至青年自组织

作为管理、引导青年的官方机构，共青团应该自觉将青年自组织纳入工作视野，正确对待自组织的发展，适当加强对自组织的监督和引导。对此首先要进行摸底调查，即对自组织的产生、类型、影响区域、经费来源、组织需求、利益表达途径等进行统计分析，并不断更新与完善，以此充分调动和发挥他们的优势、作用。其次，分类引导、治理自组织，对能够促进社会稳定、满足青年正当需求的自组织予以业务辅导与支持；对于扰乱社会秩序、故意传播谎言、混淆视听的自组织要坚决打击，甚至取缔。最后，利用团组织的优势，为自组织的发展提供政策咨询、场地支持、资金扶持，围绕校园危机管理与青年维稳工作，定期推出负责人培训、专家讲座、公益和文化项目、自组织领袖沙龙等，真正引导和鼓励青年自组织参与和谐校园建设。

五　合理引导大学青年自组织发展

在之前我们提到，自组织成员存在被错误引导的可能性，这是十分危险的。我国政府不断强调加强社团管理的目的，就是为了合理引导青年自组织，使其不被不法分子所利用。首先，学校应当重视青年自组织的作用，加强对青年自组织的研究，深入了解其产生、发展中的规律。其次，建立自组织与他组织相结合的组织体系。鼓励传统高校青年组织与青年自组织合作，通过传统高校青年组织了解自组织的现状、动态，引导自组织的行为。再次，鼓励青年教师与学生交流甚至参与到学生的自组织中。青年教师与学生之间的隔阂不深，不易引起学生的排斥和戒备，在师生交流后，可以更理性地看待存在的问题和矛盾冲突。最后，设立谣言诊所。对青年自组织的负责人进行培训，由心理老师带领组成谣言诊所。对自组织中出现的简单的谣言由负责人进行揭发和批判；对偶尔出现的复杂、危险的谣言则由心理老师做专业解释，使之不攻自破。

第六节　典型例证

一　环境维权中的青年自组织：PX 系列事件分析

（一）案情简介

2007 年至 2014 年，我国各地发生了多起市民反对 PX 项目建设的群体性事件，青年自组织在这一系列事件中的作用也日益凸显。下面，以厦门、宁波、昆明、茂名四地发生的 PX 事件为例，作简要分析。

2007 年，厦门市民上街“散步”反对在厦门海沧建设总投资额 108 亿元人民币的 PX 化工项目，他们高举“还我青山绿水”、“拒绝 PX”等横幅，在一些积极参与者的带领下游行，其中参与人员和“领头人”中都不乏高校青年。年底，福建省政府对此召开专项会议，决定迁建 PX 项目，最终落地福建漳州。而 2013 年初，这个项目因为环境违法被国家环境保护部责令停止建设，罚款 20 万元。

宁波市镇海炼化早在 2003 年就完成了首期的炼化一体化项目，

其中就包括52万吨的PX装置。从2012年10月初开始，就陆续有村民就项目落户后的相关环保及村庄搬迁问题提出质疑，同年年底，有数百名宁波市民来到天一广场，拉起了反对PX的横幅。宁波一些高校学生也积极参与到反对PX项目的队伍中。宁波市政府表示，经与项目投资方研究决定，坚决不上PX项目。

2013年5月4日，因为听说昆明要建PX（对二甲苯）项目，3000名市民聚集到昆明市南屏广场上抗议。两天后，昆明市相关负责人回应，中石油位于安宁的炼化基地项目已经审批，相关环保标准全部符合国家要求，PX项目是炼化基地的下游配套项目，目前尚在规划研究当中，并未确定建设。10日，昆明市政府、中石油和云天化三方召开新闻发布会，其中中石油云南石化有限公司表示，安宁炼化项目属于燃料型炼厂，生产国五标准的汽油、柴油、航空煤油，项目不含PX装置，也不生产PX产品。13日，昆明市政府召开恳谈会，邀请了40名市民、网民和专家互动，听取不同的意见。

2014年3月30日，茂名PX项目引发风波，事件发生当天凌晨，有网友利用百度百科"人人可编辑"的机会，将PX毒性由"低毒"改为"剧毒"。清华化工系学生发现后，联手捍卫词条的科学性，多次修正PX的毒性描述。6天内该词条被反复修改达36次，最终，清华化工学生赢得此役。如今，百度百科上PX（对二甲苯）词条描述为"低毒化合物"。

（二）案例分析

从上述一系列案件中，我们可以看到青年自组织在PX系列事件中以多种方式发挥作用，它们或以村为单位，或以自组织为基础，以群聚方式表达其意愿。学界对这一新型行为模式称为"邻避抗争"。青年自组织在邻避运动或是环境维权危机中呈现的特征如下：

1. 青年自组织具有高度社会责任感

与以往社会自组织相比，青年自组织体现出高度的社会责任感，他们关心社会公共事务，他们的集结方式也从趣缘型向社会事件集结型转变。具体来说，不论组织成员的利益是否受到侵犯，只要是有损社会公德、环境保护、弱势群体利益等问题，他们都愿意表达自己的呼声。这种行为的动力，更多的可能是一种责任感，一种对“正义感”的追求。

2. “在线行为”与“离线行为”互相转化

在微博平台中活跃的意见领袖有时能明显引导网民的态度倾向。在昆明 PX 事件中，意见领袖的表现更为突出，新浪微博、腾讯微博中普通网民以及媒体微博占据了主要部分，网民中形成了具有影响力、令媒体关注并介入报道的话题。

网民最初通过自媒体呼吁昆明市民为抵制 PX 项目散步游行，并最终由网络行为转变为现实活动。在豆瓣等社区论坛，网民呼吁“别把我们的家园变成炼狱”、“昆明不再沉默”等；在腾讯微博、新浪微博、百度贴吧等平台网友的呼吁得到当地网民的积极响应；在手机短信、电话、微信等交互性平台相关信息也在第一时间散发。由此可见，在 PX 事件中如微博、微信等网络力量起到了一定的推动作用。究其原因，是因为其作用不局限于微博、论坛、贴吧等平台的讨论，更能直接由网络蔓延到现实社会中，使“在线行为”与“离线行为”互相转化。

3. 青年自组织的社会功能有待加强

尽管青年自组织表现日益活跃，但是其社会功能仍有待加强。这主要体现在他们仅仅将行动方式表现在“散步”、“抗议”等具有冲突性的活动中，而且其中大部分人存在对事件了解不清、信息不对称、以讹传讹的现象，一旦事情过去了，大家也就淡忘了，对事件后续处理也没有很高的持续关注。另一方面，青年们关注的事情还停留在兴趣上，总体缺乏分析问题和控制事态发展的能力，在一定程度上影响了其社会形象和社会公信力。这一功能缺位的现象表明我国民间组织仍处于缓慢的发展期，既无法制约政府组织的活动，又无法完全取得公众的信任与支持，因此在 PX 等社会群体性事件面前无法发挥更大的实际作用。

二 灾害救助中的青年自组织：以汶川、雅安地震为例

2008年5月12日，四川汶川、北川发生里氏8.0级地震，地震造成69227人遇难，374643人受伤，17923人失踪。此次地震为新中国成立以来国内破坏性最强、波及范围最广、总伤亡人数最多的地震之一。后在2013年4月20日8时2分，四川省雅安市芦山县发生7.0级地震，地震造成196人死亡，21人失踪，12211人受伤，受灾人口152万，受灾面积达12500平方公里。

在灾害发生后，以青年自组织为主的各类社会团体迅速集结起来，它们通过实地进入灾区救援、组织捐款捐物、发起网络祭奠等方式参与危机应对行动。在汶川地震发生之日至2008年9月25日，全国接收社会各界捐赠款物总计594.68亿元，实际到账款物总计594.08亿元，向灾区拨付捐赠款物合计268.80亿元。

值得一提的是，在汶川地震和雅安地震后，青年自组织还广泛参与了灾害发生后的心理救援活动，缓解群众不知所措、恐慌和焦虑的心理。经过调查，发现青年自组织在处理危机中公众的应急反应、满足公众对于危机信息的充分性和及时性要求方面有着重要的作用。

但是，在汶川地震、雅安地震中，我们也看到了一些青年自组织存在的不足，如在汶川地震中有些组织成员仅仅凭一腔热血，在未做好充足的准备时就来到汶川，结果是非但没发挥救援作用，反倒成了被救援对象，拖缓了救灾进度；如在汶川地震中，过多的组织前往汶川，结果导致通往汶川的几条生命线拥堵严重，货物和伤员无法快速进出。再如在雅安地震救援中也出现了类似状况，但已有明显改善，自组织开始实施“联合救灾”策略，统一协调支配，这大大提高了效率，缓解了拥堵现象。但自组织各自的利益诉求仍然存在冲突，无法做到完全的统一协调，混乱现象时有发生。在救灾过程中自组织起到了一定的积极作用，弥补了政府的不足，但也暴露出了自身存在的缺乏协调性、领导性不足、盲目性、专业性不够等问题。面对这些问题政府既不应过度警惕，也不能放任自流，

应适当地放松政策，给予扶持指导，并给予合理适度的领导，提升自组织的救援机能，以实现国家力量与社会力量间的平衡。

（一）危机消息收集与传播

地震发生后，青年自组织一方面积极了解其成员所掌握的各类消息，另一方面又以各种方式在组织内部共享信息。它们借助各种渠道获取地震的相关信息，除报纸、广播、电视、互联网等大众传播媒体之外，电话、手机短信、群组谈论等也是社会组织获取地震相关信息的重要途径。汶川地震的发生，使公众在信息需求的丰富性和主动性上均有所增强，甚至自组织获得的信息往往比官方信息传递还更快、更准确、范围更广，这使政府不得不高度重视社会组织在信息收集传播中的重要作用。

（二）弥补政府危机管理不足

青年自组织在危机应对中可以和政府合作，以弥补政府救灾工作不足，这体现在危机发生的各个阶段，以灾后重建为例：政府对灾区的关注是灾后重建的重要力量，但是灾区人民的心理干预则更多要依靠自组织来进行。青年自组织的心理干预可以是针对大范围的群体。在网络上主要通过群体性的活动，比如组织做游戏，组织成员与灾民一对一聊天，进行心理辅导等方式，让大家面对灾难、面对丧失亲人时，在相互慰藉中建立基层群体之间的社会支持系统，特别是亲朋的支持系统。

（三）澄清危机谣言，维护社会稳定

地震后有关救援、募捐的信息往往易滋生谣言，这也是社会关注度极高的话题。当这些热点话题与慈善组织遭遇的信任危机纠缠在一起时，主观臆测就有了用武之地，大量谣言随之而来。谣言可以引发社会恐慌、不满，甚至是社会群体性事件。微博上，网络谣言的转发量远远多于辟谣的转发量，出现谣言压倒真相的现象。正是这一情况的发生，我们必须发挥青年自组织在灾后辟谣的作用：首先，青年自组织成员特别是深入到灾区救援的成员，他们十分关注灾区动态，了解灾区真实情况，拥有准确消息。其次，青年自组织所掌握的信息网络资源是辟谣的重要手段，青年自组织成员都是青年，他们掌握着成熟的网络信息技术，能够很快传播信息来辟谣。最后，相对社会成员的个体行为，青年自组织有较好的组织基础，能够高效及时地打破网络谣言，维护社会稳定。

（四）有效组织，有效服务

地震后的灾区本身就十分混乱，因此，如果青年自组织在危机中组织不够完善，不仅不能起到缓解危机的作用，还会加重危机。在汶川地震中就发现了这个问题：在汶川地震后，由于微博等自媒体的普及，许多志愿者几乎在灾难发生的同一时间就赶到了灾区。但因为很多志愿者未带食品和装备，反而在灾区受到当地民众的诸多照顾。规范青年自组织的行为，目的就是区分“热心人士”和“志愿者”这两个概念。如果自组织的行为仅仅出于爱心和关注，但是对于开展什么志愿服务，如何开展志愿服务，以及志愿服务工作的效果预期没有具体认识和规划，这些人更多地属于“热心人士”。青年自组织应该是有规范的组织形式，统一指挥的组织。只有这样，才能充分发挥青年自组织的服务功能，有效实现其价值。

第七章　青年自组织与社区服务

在我国社会转型的关键期，国家大力倡导创新社会管理方式和社会服务方式，充分发挥社会组织及群众参与社会管理和服务的作用。十八大报告指出，加强和创新社会管理要“改进政府提供公共服务的方式，加强基层社会管理和服务体系建设，增强城乡社区服务功能，强化企事业单位、人民团体在社会管理和服务中的职责，引导社会组织健康有序发展，充分发挥群众参与社会管理的基础作用”。而青年自组织作为社会新生力量，在公共服务领域的作用不容小觑。尤其是近几年来，青年自组织在社区服务领域不断进行实践探索，在社区工作、社区文化和社区安全方面起到了积极的作用。本章从社会发展、理论变革、政府职能转变及青年自组织和社区自身发展的需要等方面阐释了青年自组织参与社区服务的必然性，通过研究大量的青年自组织参与社区服务的实践案例，证明了社会共同体中的青年自组织在参与社区服务的过程中，对社区资源整合能力、社区文化维系能力、社区居民自组织参与能力的建设都发挥了不可替代的作用，它们在共同区域内为了共同的目标而运行，在服务社区的过程中推动社区的可持续发展。

第一节　社区服务与社区共同体的青年自组织

一　社区服务的概念与分类

（一）社区服务的概念

社区服务最早起源于19世纪80年代的英国，作为一种社会福利形式，其产生的目的是解决工业革命带来的社会失业和贫困问题。由此，西方国家所说的社区服务是指公益性的、福利性的服务，它们经常用“社会福利服务”（Social Welfare Service）、“社区照顾服务”（Community Care Service）等概念来表示“社区服务”（Community Service）。在我国，1987年民政部提出开展“社区服务”的要求，这是我国第一次提出“社区服务”的概念。随后，我国根据国内实际情况并结合国外社区服务的基本理念，不断进行社区服务的实践探索。直到90年代，我国的社区服务开始初具规模，步入发展轨道。

随之而来，我国学术界也开始了对社区服务理论的研究与探讨。学术界对社区服务概念的界定主要存在两种不同的观点：一种是狭义的理解，认为社区服务指的是社区福利性、公益性的服务，而不包括商业性的服务；另一种是广义的理解，认为社区服务不仅仅包括社区福利性、公益性服务，而且应该包括商业性或准商业性的便民利民的生活服务。

狭义的社区服务从理论上说，是以国外社区服务理念作为理论支撑，他们认为社区服务就是为社区成员提供物质和精神方面的公共服务，其本质就在于它的福利性和公益性。社区服务福利性和公益性的本质也对社区服务的主体提出了公共性要求。在政府、社会组织和市场三大主体中，政府作为我国公共服务的主要供给者，其提供的服务均具有非营利性；社会组织本身具有公益性、非营利性等特征，其从事的活动均为公益性活动，因此，政府和社会组织便成为社区服务的供给主体。市场主体是以营利为目的，其营利性与社区服务的福利性和公益性是背道而驰的，因此市场主体不愿且不能提供公益性服务，所以社区服务不应该包括商业性或准商业性的服务。他们认为“既视社区服务为公益性、福利性的社会服务事业，又视社区服务为一种便民利民的第三产业，这种对社区服务的‘一仆二主’或‘一身二用’式的定位，在理论上存在着很大缺陷，在实践中也埋下了令人担忧的隐患”①。

广义的社区服务内涵，主要是从中国社区服务的实践出发，认为我国开展社区服务的目的是为社区居民提供优质的服务，提高居民的生活水平。因此，社区服务不仅包含社区福利性服务和公益性服务，还应该包括一定程度的商业性或准商业性的服务，只有将这两种性质的服务结合起来，才能持续推进社区服务，社区服务也才能得到社会的普遍认可。

狭义的社区服务概念和广义的社区服务概念争论的焦点主要是社区服务是否包含商业性服务，二者的理论依据均具有一定的合理性。但是，这两种概念在服务主体、服务方式等方面都须在社会发展中不断完善。

笔者认为，社区服务是指在政府组织和参与下，以政府、市场和社会为服务主体，充分利用政府机制、社会机制和市场机制，开发各种资源，为社区提供各种服务，最大限度地满足居民日益增长的物质文化生活需要，为提高居民生活水平和生活质量所进行的一系列服务行为。

（二）社区服务的分类

大社会小政府的管理形态，促使我国社区服务所包含的内容和种类日益丰富，我们可以大体依据社区服务的性质和社区服务的对象对社区服务种类进行划分。

---

① 徐永祥：《社区发展理论》，华东理工大学出版社2000年版，第170页。

从社区服务的性质来划分，可分为无偿服务、低偿服务和商业服务。无偿服务主要是政府相关部门或非营利组织为社区提供免费的服务，不收取任何费用；低偿服务是政府支持的、与居民日常生活息息相关的小型服务项目，收取较低的费用；有偿服务是各类服务企业提供的社会化服务，主要是面向社区内所有居民家庭和各类社会组织，但是服务企业要收取费用作为报酬。

从服务对象上划分，可分为福利服务、便民服务和社区与企业之间的服务。福利服务主要是针对老年人、残疾人、儿童等弱势群体的服务，如老年人活动中心、老年公寓、残疾人工作站；为儿童服务的托儿所，为优抚对象提供生活照料和医疗康复等服务；为贫困人员提供的服务和为失业下岗人员提供的服务，如就业培训机构等；为居民提供的便民服务主要包括家务劳动服务、居民生活服务、文化体育服务等；社区和企业之间的服务主要表现在社区和企业之间的互动、互助性的社区服务。

二　社区共同体的青年自组织

（一）社区共同体

社会学意义上的社区概念，最早起源于菲迪南·滕尼斯对社会及共同体所做的区分。他将有着共同价值取向、信仰及风俗习惯的组织定义为自然意志的共同体，这种共同体深受文化、血缘等因素影响；而将与劳动分工和法理性的契约相联系的组织称为理性意志的社会，因为符合主观利益形成的社会关系。[①] 涂尔干认为共同体具有紧密的社会约束力、相同的道德信仰和道德秩序等特性。而罗伯特·M. 麦基弗也认为社区是一个“精神的联合体”。总之，在社会学领域，共同体是以互惠性社会网络为基础，具有一定的社会组织方式、联系纽带和结合原则，包含意志、情感和规范等要素。

我国对社区共同体问题也一直在进行研究。费孝通先生对社区

---

① ［英］雷蒙·威廉斯：《关键词：文化与社会的词汇》，生活·读书·新知三联书店2005年版，第81页。

的解释中包含着“共同的”因素，认为社区就是由一群有着共同关心的事情、共同感受和共同命运的人组成的。[①] 陆学艺主张，社区是“聚集在一定地域范围内的社会群体和社会组织根据一套规范和制度结合而成的社会实体，是一个地域性社会生活共同体”[②]。杨贵华则提出，“社区既是地域性社会生活共同体，同时也是利益和文化心理共同体”[③]。从以地域为前提的个人社区、以社会关系为基础的社会网络，发展演变到社区互动论，社区作为一个共同体的事实得到了肯定。我国学者对社会共同体的解释中，都强调了社区作为共同体的特征：（1）地域性；（2）规范和制度规约；（3）认同感和归属感；（4）一个生命有机体。综上所述，可以看出社区共同体是指聚集在一定地域范围内、有着相同认同感和归属感的社会群体，是根据一套规范和制度结合成的社会生活共同体。

（二）社区共同体的青年自组织

自组织理论是20世纪60年代末期开始兴起的一种系统理论。自组织理论的研究对象主要是复杂自组织系统（生命系统、社会系统）的形成和发展机制问题，即在一定条件下，系统是如何自动地由无序走向有序，由低级有序走向高级有序的。[④] 当自组织理论更多地被引入社会学研究范畴后，“自组织”意指其是一种组织，这种组织与他组织相对，是指无须外界特定指令、自发成立、自主发展、自我运作的，从无序走向有序并形成结构性系统的组织。

就社区而言，它是一个相对独立的地域性生活共同体，同时也是利益和文化心理共同体，其自身具有特定的维系纽带，如共同的归属感和认同感等。正是这些共同特征和维系纽带，使社区具有了自组织机制。社区内的群体为了自身生活质量的提高，自发组织起

---

① 费孝通：《居民自治：中国城市社区建设的新目标》，《江海学刊》2002年第3期。

② 陆学艺：《社会学》，知识出版社1996年版，第20页。

③ 杨贵华：《自组织与社区共同体的自组织机制》，《东南学术》2007年第5期。

④ 钱宁、田金娜：《农村社区建设中的自组织与社会工作的介入》，《山东社会科学》2011年第10期。

来自我管理、自我服务、自我约束，推动社区公共生活的有序进行。

社区共同体的青年自组织是社区内青年群体基于某种共同的因素，无须外界力量干预，自发成立、自主发展、自我运作的，从无序走向有序并形成结构性系统的青年组织。社区共同体的青年自组织具有共同的地域特征，相同的生活环境、文化氛围，因此这些青年群体极易就某一问题或现象产生共鸣，由此自发组织起来，管理社区、服务社区，创建美好的生活环境，营造良好有序的社区生活氛围。

第二节　青年自组织参与社区服务的动力要素

青年自组织作为新生的社会力量，其所参与的活动内容和范围也呈现出渐进性，即由最初的趣味性、娱乐性活动到社会公共事务，特别是逐渐进入社区服务领域并且在该领域发挥着不可替代的作用。青年自组织参与社区服务并不是随意的、偶然的，而是顺应社会发展趋势，在理论变革、政府职能转变及社区自身发展需要的推动下实现的。

一　理论依据

（一）非正式组织理论

作为“正式组织”的对应概念，非正式组织最早是由美国管理学家梅奥通过“霍桑实验”所提出。简单来说就是，人们在共同工作中自然形成的以感情、喜好等情绪作为基础且无正式规定的群体，被称为非正式组织。同质化是这类组织产生的重要原因，更是其存在和发展的基础。在完成正式组织安排的共同工作过程中，年龄、背景、价值观和文化层次等相似的群体在相互接触中自然聚集，由此形成的若干群体不受正式组织的行政部门和管理层次等的限制，也没有明确规定的正式结构。但不容忽视的是，其内部自然产生的领袖往往具有较强的权威性和感召力，故而可以实际构建起特定的关系结构，并保留着些许不成文的行为准则和规范。

（二）非政府组织理论

非政府组织（NGO），最早出现在1945年的《联合国宪章》中，严格来说，其现代意义指的是除政府之外的其他社会公共组织。这样的定义就将企业等营利性社会组织、家庭等亲缘性社会组织以及政党、教会等政治性、宗教性的社会组织排除在外。非政府组织是现代社会结构分化的产物，是一个社会政治制度与其他非政治制度不断趋向分离过程中所衍生的社会自组织系统的重要组成部分，因此往往更具有公共性、民主性、开放性和社会价值导向。

非政府组织的特征主要表现为组织性、民间性、非营利性、自治性、非政治性、非宗教性和公益性。在我国，非政府组织主要分为事业单位、社区管理型组织、社会团体以及民办非企业单位四类，其主要活动和作用体现在环境保护和扶贫开发等重要领域。在对外开放的影响下，2015年7月27日我国首次支持境外非政府组织依法来华发展，使其在国内日益活跃。数据显示，目前中国已经有7000多家境外非政府组织，且主要集中于环境、科技、教育、文化等领域。为了加强对这类组织的管理，2016年4月28日，第十二届全国人大会议通过了我国的《境外非政府组织境内活动管理法》。

（三）公共治理理论

“治理”一词（governance）源于拉丁文和古希腊语，本意是控制、引导和操纵，长期以来它与统治（government）一词交叉使用，并且主要用于国家的公共事务管理活动和政治活动中。但是，自从90年代以来，西方政治学家和经济学家赋予governance新的含义，不再局限于政治学领域，被广泛应用于社会和经济领域。

罗西瑙（J. N. Rosenau）是公共治理理论的创始人，在其代表作《没有政府的治理》中，他认为治理不同于统治，治理是一系列活动领域里的管理机制，是一种由共同目标支持的管理活动，这些管理活动的主体不一定是政府，也无须依靠国家的力量来实现。[①] 罗茨（R. Rhodes）认为，治理是发生变化的统治，是用新的方法来统治社会。库伊曼和范·弗里埃特指出治理所要创造的概念和秩序不能由外部强加，它要依靠社区内各主体间的互动来发挥作用。现代社会的国家正在把原先由它独自承担的责任部分地转移给社会、私人部门和公民自愿性团体，而且后者正在承担越来越多的原先由国家承担的责任；在公共事务的管理中，还存在其他参与主体、管理方法和技术，政府有责任使用这些新的方法和技术来更好地对公共事务进行控制和引导。

公共治理则是指，由开放的公共管理与广泛的公众参与二者整合而成的公域之治模式，其典型特征就在于以下三点：首先，治理主体是指国家同其他公权力主体如行业协会、自治团体等，在公共领域的治理中应各展其长、各得其所。其次，治理依据多样化，包括国家立法、社会共同体形成的规则以及不同主体之间的协议等。最后，治理方式多样化，即依照实际需要，针对综合性成本收益的分析，优先选择非强制性、双方协商、自治等方式进行治理，按照先市场后社会、再政府的标准，体现治理方式的多元化、民主化和市场化。综合上述，公共治理是一种多元、民主、合作、去意识形态的公共行政，即“治理”式的行政。

（四）多中心治理理论

多中心治理以自主治理为基础，强调自发秩序和自主治理的基础性和重要性。多中心治理以自发秩序为基础，强调治理的自主性，自发性的属性可以看作是多中心的额外的定义性特质。反对政府治理权力的垄断、扩张。自发秩序或多中心秩序中许多因素的行为相互独立，但能够作相互调适，应该在一般的规则体系中归置其

① 罗西瑙：《没有政府的治理》，张胜军等译，江西人民出版社 2001 年版，第 5 页。

相互关系。多中心治理理论在发展有序关系方面是自发的，自我组织倾向在不同行为层次上就必然发生。决策、监督以及制度形成都必须从社群自治出发，而外在权威作为外部条件需要适应这些自治体制，以发挥其应有的作用。

从统治理论到治理理论，再到多中心治理理论，政府的权力以及在管理国家和社会事务方面的职能和责任权限都在不断发生变化。随着这种理论的变革，政府在管理国家和社会事务中所扮演的角色也在发生变化，政府不再是唯一的公共管理主体，私人部门、公民自愿性团体等也逐渐参与到社会事务的管理和服务之中，政府、私人部门、公民自愿性团体之间逐渐建立起相互信任的社会协调网络。近几年来，青年自组织作为重要的社会主体之一，在社会公共服务领域中的作用和影响力也越来越大。尤其是随着治理理论的变革，青年自组织参与社会公共服务、社区服务的实践活动有了坚实的理论支撑，同时也为青年自组织持续参与社区服务提供了强大的动力。

二　社会发展与政府职能转变

目前，我国居民对社区服务的需求大体上包括公共需求、具有支付能力的私人需求和无支付能力的私人需求。就是说，社区居民服务需求中除了一些居民共有的、普遍的需求外，还有具有支付能力的“经济人”的各种高层次私人需求和弱势群体的私人需求。社区服务需求的内容极其宽广而且持续存在、快速增长。发展社区服务就是要保障其供给从数量、质量、结构、实现方式等方面满足这种需求。然而，我国现阶段的社区服务发展却表现出需求连续性与供给不可持续性的矛盾①，供需状况严重失衡由此导致的矛盾日益尖锐。这使我们必须着手分析现实需求结构并据此设计社区服务的供给模式和补偿机制。

---

① 代明、袁沙沙、刘俊杰：《社区服务的需求结构、供给模式与补偿机制》，《暨南学报》2011 年第 4 期。

我国社区服务较西方国家起步较晚，供给模式一直是依据政府在社区服务中的角色而确定，大体分为公益化供给模式、产业化供给模式和复合型供给模式。[①] 在社区服务发展的过程中，政府一直占据着主导地位，承担全部责任。即使是复合型供给模式，也是在政府占据绝对的主导地位，与市场主体、社会主体等协同实现的。

要逐步完善社区服务的供给模式，就要丰富供给主体和供给方式，建立在政府组织、引导、支持和参与下，基于市场化资源配置机制的、以商业化和非商业化民间业者（企业和社会组织）为主要供给方的复合型社区服务供给模式。而青年自组织作为社区服务供给主体之一，我们应该逐渐重视其在社区服务中的作用，尤其是在满足公共需求和无支付能力的弱势群体的社区服务需求方面发挥的巨大作用。

我国的社会经济发展已经由原来的计划经济逐渐过渡到市场经济，经济体制的转变也对政府的职能提出了要求，要求从全能型政府向有限型政府转变、从管制型政府向服务型政府转变。政府职能转移是指政府将其所承担的部分职能转移到其他主体上。一方面，此举能分散政府的部分权力，加强对政府权力的约束和监督。另一方面，政府将本应由社会承担的事务交给社会进行管理和承担，不再进行全面干预，发挥“大社会”的作用。此外，这也必然带来政府机构和人员的精简，将政府规模控制在适度范围内，一改原来无所不能、无所不管、无所不包的大政府模式，从而建立职能、权力、规模有限且高效的责任政府。

在我国，政府是社区服务的主导者，政府设立社区党团组织、

---

① 公益化供给模式是指由政府主导并提供的福利性、无偿性和公益性社区服务的模式；产业化供给模式是指由市场主体提供的，除福利性服务之外的产业性和商业性社区服务的供给模式；复合型供给模式也称为社会化供给模式，这种供给模式的供给主体包括政府、企业和社会力量，尤其是强调非政府组织，其服务的对象和内容，不仅包含弱势群体，还包含全体居民，以满足社区居民多样化需求。

街道办事处、政府职能部门的派出机构，通过这些机构建设社区、服务社区，使其从无序走向有序。但是社区本身不是政府的延伸，而是源于草根社会的区域性共同体，是社会的一部分。因此，社区需要建立一种自我管理、自我服务、自我教育和自我约束的机制，从而建立可持续性的社区服务机制。同时，随着政府转型的深化，转变其在社区服务中的职能与扮演的角色也成为政府职能转变的必然要求。政府应该通过组织、引导，支持企业和社会组织参与社区服务，用各种方式还权于社会，转变长期以来在社区服务中的主导地位。由此，活跃于社区的青年自组织就成为承接政府转移职能的骨干力量之一。

三　青年自组织的发展

近几年来，青年自组织作为一种新兴的社会力量逐渐兴起，到现在已经成为一支不可忽视的社会力量。长期从事青年人工作的河北省团委工作人员介绍，据初步统计，截至2013年9月，河北就有青年自组织1万多家，覆盖青年约15万人。但河北却是青年自组织发展相对缓慢的省份，这个数字仅仅是2004年年底上海青年自组织数量的一半。2008年，上海青年自组织研究报告中，对上海青年进行了问卷调查。调查发现，上海青年群体中有高达81%的人加入过自组织，同时，青年群体对参与自组织活动的态度也较为积极，10%的人表示非常重视，每次都参加；53%的人在不影响工作的前提下都会尽量参加；视情况而定、持无所谓态度想去就去的青年分别为18%和6%；偶尔参加、从未参加的分别为9%和4%。（如图7－1）截至2009年年底，上海青年家园服务中心网聚的青年自组织就超过300家，仅户外运动这一项，自发成立的俱乐部就有近300家，街舞组织超过50个，车友会108家，公益社团超过200个，涵盖青年超过10万。这些数据表明，青年自组织正以一种积极主动的姿态，集聚大量的青年参与到社会发展的方方面面，成长为一支独特的社会参与力量。

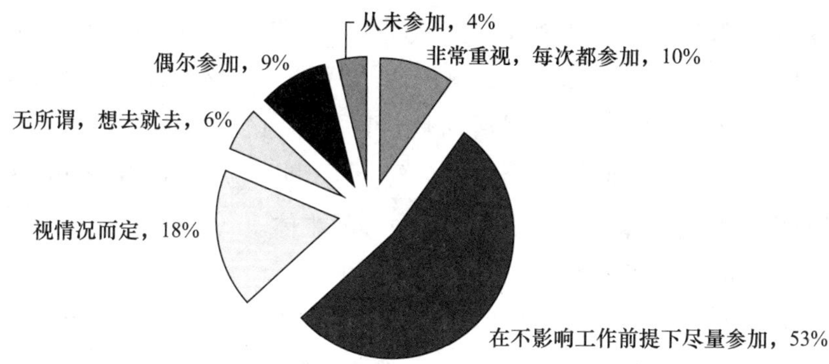

图7－1　青年对参与自组织活动的态度

青年自组织作为一支重要的社会力量，从最初形成到发展成为一个完全意义上的青年自组织至少要经历三个基本的阶段：自发无序、低级有序、高级有序。青年自组织成立之初，是依靠相同的兴趣爱好而聚集起来，随着青年自组织的进一步发展，他们需要得到政府和社会公众的认同和支持，继而不再满足于休闲娱乐活动，而是逐渐努力转向社会事务型活动，将注意力转移到组织合法性和公众形象性的高度，与政府和其他社会组织互动并积极为他人服务。

目前，我国的青年自组织还处在向社会事务转型的过渡时期，有些也还处在发展的前期阶段，不同区域的青年自组织发展不均衡。有些青年自组织主要参与一些娱乐性活动，即一些青年人以兴趣爱好为出发点，开展小范围、小规模的休闲娱乐活动；有些为了满足青年自组织自身发展的需要，已不再满足于自娱自乐，而开始积极参与社会公共领域，拓展公共活动空间，这就是一种渐进的发展进程。在这种进程中，有些青年自组织也可能会解散，但总的发展趋势是呈增长态势，这也促使了青年自组织逐渐向社区服务领域扩张。

其中，公益类青年自组织的发展值得关注，这类组织的产生和发展得益于青年群体公民意识和社会责任感的增强，常见的有各类志愿者团体等。通过复杂自适应理论（CAS）的分析，初创的公益类青年自组织往往借助地震、疫情等灾害事件组织群体活动，并首先借助自身现有的资源，如成员的义务劳动、创始人的教育背景及其个人关系网络等，来开展活动①。可见，社区中从事服务的行动者不再局限于政府和居委会等，只要为居民谋福利，致力于社区发展的公益性组织都有可能成为社区服务的主体。

四　社区发展的需要

社区是一个相对独立的地域性社会生活共同体，它依托共同的地域、利益和文化心理而存在。社区不是政府的延伸，也不属于市场领域，而是一种民间社会，因此，社区自身就需要构建一种自我管理、自我教育、自我服务和自我约束的机制，即自组织机制。而社区共同体的青年自组织正是源自社区内部的青年群体，其因某种共同的因素而自发形成，它们之间最重要的纽带就是服务社区，创建美好的社区生活。青年自组织参与社区服务，是社区自身发展的持续动力，是社区自身发展的必然需求，也是青年自组织发展壮大的源泉。

我国社区服务和社区建设的初期，甚至更长的一段时间内，都是政府强力推动的，是在政府主导下进行的。这种社区服务供给模式在短时间内取得了显著成效，但是也存在着问题，即社区自身发展缺乏可持续的内在动力、社区自身参与不足。同时，我国社区带有明显的行政组织色彩，社区自组织能力不足。② 社区作为一种民间社会，其自身的发展不应该仅仅依靠外部力量，而应以自组织为基础，增强自我服务的能力。世界范围内社区发展运动和社区重建的经验充分证明了自组织机制的强大作用。我国在计划经济时代之所以没有真正意义上的社区而充其量只能称作“亚社区”，就在于高度集中的社会管理体制导致了对社会功能的忽视。社区建设开展以来所取得的多方面成就，根本原因也在于社区生活共同体的自组

① 姚远、吴欣桐：《基于 CAS 理论的青年自组织运行机制研究》，《中国青年研究》2015 年第 8 期。

② 杨贵华：《自组织与社区共同体的自组织机制》，《东南学术》2007 年第 5 期。

织机制的发育和发展。逻辑和历史的分析使我们深切地体会到：社区发展与社区自组织机制密不可分。而社区共同体的青年自组织作为社区的一部分，越来越多地参与到社区服务当中来，不仅丰富了社区服务的供给主体和方式，同时也增强了社区的自组织能力，推动社区自身的可持续发展，为社区的和谐稳定发挥了积极的作用。

第三节 青年自组织参与社区服务的实践探索

随着青年自组织的发展壮大，其参与和活动的领域也逐渐扩大，青年自组织也逐渐深入社区服务领域，服务涉及社区生活的方方面面，如社区养老、留守儿童、社区文化、社区安全、灾后心理辅导等，在社区服务中发挥越来越重要的作用，青年自组织以其实际行为得到社会的广泛认可，塑造了良好的社会形象。

一 社会工作

（一）弱势群体和边缘群体

实践探索一：江苏省中远社区青年志愿队

2013 年 5 月 2 日，由江苏省南通市崇川区团委主办的全区青年自组织青春服务进社区活动暨“崇川区青年自组织风尚节”开幕式在南通博物苑举行。南通大学莫文隋青年志愿者协会、火柴头公益团体、江苏交广网爱心车队等 65 家青年自组织出现在服务进社区项目洽谈会上，与全区 10 个街道 109 个社区的负责人展开互动对接。其中，中远社区青年志愿队展示了自 2010 年成立以来，社区青年义工们在平时公益活动中的图片和文字，吸引了不少社区前来接洽，初步达成了社区与青年自组织未来合作的交流意向。

就江苏省南通市崇川区中远社区青年志愿队而言，该青年自组织由南通的一些高校青年学生组成，主要为社区弱势群体服务，包括为残疾人、老年人、贫困人群等提供义务保健、文化辅导、应急服务、心理疏导等服务。崇川区任港街道中远社区的九旬老人季乔英家，还有两个残疾的子女，一家三口的生活都靠季乔英老人的退休工资和残疾人低保金维持，母子三人的生活十分拮据。中远社区青年志愿队成立之初便将季乔英老人一家作为重点帮扶对象，每周四下午，南通职业建筑中专的学生都会定期上门，照顾老人，打扫卫生，帮忙料理家务。

实践探索二：上海临终关怀社团

上海某医院的癌症晚期病房，寂静得令人发颤。这里住的是身患重疾且痊愈希望渺茫的病人，他们很少说话，护士进来换吊瓶，也不说话，干完活就匆匆走了。后来，这里经常出现几个年轻人的身影，有人开始说话了，有人笑了，有人唱歌了，有人坐着年轻人推的轮椅到楼下花园呼吸新鲜空气了。考虑到临终关怀服务的特殊性，这些年轻人很可能是全国仅有的、长期坚持的、具备一些心理学知识的临终关怀义工。

上海临终关怀社团是由 48 名大学生通过互联网上的 MSN 共享空间自发组成的青年自组织，目前已经吸纳了上海交通大学、同济大学、华东师范大学等高校的诸多在校学生。临终关怀社团主要是进入上海某医院，照顾医院里的癌症病人。各医院医患较多，医护人员相对较少，不能全方位地照顾病人。临终关怀社团的进入，不仅减轻了医院医护人员的压力，而且给医院的病人尤其是病危的人送去关怀，让他们的生活充满希望；同时，也给这些病人的家属减轻了一些照顾压力，能把更多的时间投入他们的工作中。

（二）市民学校

实践探索一：就业——创业之家交流群

由 400 多位网友组成的创业之家交流群，是宁波市鄞州区一个较大规模的青年就业创业自组织平台，网友们在网上互相交流，传授经验，及时接洽好的创业项目，为不少满怀创业梦想的青年开启了创业大门。该青年自组织依托互联网，以居住社区、虚拟社区为覆盖对象，为社区内的青年就业创业提供更好的平台。该组织与共青团鄞州区委合作，通过将其与 SYB 自主创业培训挂钩，第一时间将青年在网上的要求想法，转换成现实创业内容，如政策、税务、财务、培训等，免费向青年提供见习基地、创业贷款等。这为更多青年提供了就业机会，为社区的建设与和谐稳定做出了巨大贡献。

实践探索二：“YANG 光部落”之“阳光辅导”活动

“YANG 光部落”青年志愿者俱乐部于 2006 年 3 月由 2 名志愿者发起成立，宗旨是以开展青年志愿者活动为主，同时为青年搭建展示与交流的平台。目前已招募包括大学生、职业青年（含“两新”组织青年）等在内的青年志愿者 500 余人。其服务的区域主要是社区、校区和园区，俱乐部下设“阳光之家”、“阳光携手”、“阳光辅导”以及“阳光活动”四个工作站，四个工作站分别针对智障人士、社区青少年、学习有困难的贫困中小学生以及市、区大型活动开展志愿服务。

俱乐部正在推进“阳光辅导”和“阳光活动”志愿者服务项目。“阳光辅导”工作站的成员主要以大学生和教育系统的青年志愿者为主，他们通过面对面、电话、电子邮件等形式对一些家庭有经济困难的中小学生进行免费学业辅导。

（三）涉外社区自组织

据斯蒂芬妮·霍调查：2007 年，商务部宣布中国已经超过法国成为非洲第一大贸易伙伴。特别是我国沿海地区，由于国际化程度高，外籍人口众多。以广州为例，据估计目前居住在当地的非洲人有 2 万左右（不包括非常规移民），并且数目在持续增长之中，因此广州不少青年自组织都具有涉外性，为青年自组织的发展带来新鲜力量。

二 社区文化

当今世界，文化与经济、政治相互交融，作为当代六大建设之一的文化建设，在综合国力竞争中的地位和作用越来越突出，而社区是承载城镇文化的重要基础，社区文化是基层文化的体现，它是一个宽泛的概念，不仅包含传统文化、信仰、价值观、风俗习惯、群体心理和意识等一系列精神现象，而且也渗透于物质生活中，如社区居民的生活方式和行为方式等。所以，青年自组织在培育和建设社区文化的过程中，有很大的发挥空间，主要涉及社区居民的精神生活和物质生活两个方面。

实践探索一：舟山创意青年聚会

“舟山创意青年聚会”由40余位舟山青年“创意爱好者”自发组建而成。自成立以来，先后开展创意青年分享会、甜点读书会、海岛沙龙、沪舟城际青年交流等活动。在他们的影响下，舟山的原创文化氛围变得越来越浓厚，还涌现出了《舟山顶好!》《壮游定海》《定海哈林谣》《小舟山大米道》等原创微电影。“舟山创意青年聚会”这一青年自组织充分发挥自身的优势，开展各种文化活动，活跃了舟山的文化氛围，丰富了舟山居民的精神文化生活。

实践探索二：育德社区青年自组织

育德社区义工服务站成立于2006年12月，目前已组建了爱心服务队、家电维修队、义务家教队、政策法规宣传队、环境美化队、医疗服务队等义工服务队，这些服务队的骨干力量多是社区的青年人。近年来，育德社区的义工队伍不断壮大，义工人数也从初期的50人增加到250人。而在这个队伍中有一群特别活跃的青年，因为义工服务，他们走到了一起，并逐渐形成了一个拥有178名青少年义工、名为“青菁华章”的社区青年自组织。该组织成员经常在网上网下积极出谋划策，讨论组织活动。据统计，从2013年初到2013年10月份，他们参与各类义工活动40多次，而自发组织的活动就有20多次，他们关爱老人、美化环境、帮助弱势群体，年轻的义工们用自己的行动书写无悔的青春，传递着爱心，传播着文明。

现在，育德社区做义工的氛围日渐浓厚，而社区青年自组织的形成，使更多青少年加入义工的行列。12岁的杨某和15岁的江某都是热心的小义工，每次有活动，他们都积极参与，做些力所能及的事情。这些年轻人用自己的行动感染着育德社区的每一个人，让更多的人懂得了奉献、爱心和责任。

三 社区安全

安全社区是世界卫生组织近年来在国际上推广的社区建设项目。历史上，曾经承办奥运会的30多个国家的117个社区都被认证为“安全社区”，一些典型城市也被认证为“安全社区”，如希腊的雅典、韩国的首尔等。自此之后，我国也紧跟国际发展趋势，致力于安全社区建设。国际安全社区的评价指标主要包括交通安全、居家安全、休闲安全、儿童安全、老年人安全、工作场所安全、暴力预防、自杀预防、防灾与救灾、公共场所安全、医院安全、运动安全、水域安全、学校安全等方面。目前，我国青年自组织在建设安全社区方面的贡献主要包括进行交通安全知识的宣传和普及、防灾救灾工作及对外来人口的管理等方面。

（一）交通安全

实践探索一：海淀区西北旺镇亮甲店社区青年汇

2013年7月12日上午，北京市海淀区西北旺镇亮甲店社区的青年汇为了加强社区内青少年的安全，在社区文化广场组织了青少年法制安全教育活动，以增强青少年的交通安全意识和自我防范意识，引导青少年健康成长。

此次讲座通过引入日常生活中的交通法规及安全常识等小知识，结合现实生活中的真实案例，详细讲述了交通安全法律常识，使青少年懂得应该自觉遵守交通法规，提醒青少年在暑期出行要注意交通安全，并告诉他们在面对意外伤害时如何自我保护，如何正确报警，以及针对火灾、溺水等应采取的一系列安全防范措施。讲座穿插现场抢答，调动居民参与其中，使广大居民听后受益匪浅。社区青年汇的讲座增强了大家的交通安全和遵守法纪的意识，给社区青少年普及了法律知识，增强了他们的安全意识和自我保护能力，为社区青少年的健康成长撑起了一把“安全伞”。从此以后，这类讲座就成了社区服务经常开展的活动。

实践探索二：朔州百名“红黄绿马甲”进社区宣传交通安全

自2012年“12·2交通安全宣传日”，朔州成立首个大学生交通志愿者联盟以来，已有上百名“红黄绿马甲”走上街头、深入社区开展交通安全宣传。该市区68个社区、村庄，都留下了大学生交通志愿者的身影。

交通安全志愿者们都是自发组织的，成员大都来自朔州市的大学校园。他们自愿进入社区，宣讲交通安全，推动安全社区建设。交通安全志愿者们劝导那些不遵守交通信号的非机动车和行人，请他们自觉遵守交通法规，同时向过往的市民群众发放《致市民的一封信》、《致全市中小学生的一封信》、《关爱生命、文明出行》等宣传资料，宣传交通法规，积极倡导文明交通理念。他们还来到振华街花园小区，走进市民家里，发放交通安全宣传资料、讲解交通安全知识。

“大学生开展‘上门式’宣传教育活动，帮助排除交通安全隐患，受到群众欢迎。”马邑社区居委会负责人说，尤其是社区的老人，很愿意和这些大学生聊天，不经意间，就接受了交通安全教育。

在活动过程中，大学生交通安全志愿者结合社区实际，为群众讲解了典型道路交通事故案例，以惨痛的教训为群众敲响了交通安全警钟。与此同时，大学生交通安全志愿者积极与群众进行“面对面”互动，发放了《交通安全知识》等宣传资料，传授如何发现身边的交通安全隐患、“开车系好安全带”、“十次事故九次快，请您减速慢行”等交通安全知识和技能，达到预防道路交通事故的目的。

据了解，交通安全志愿者进社区活动的开展，进一步增强了居民的交通安全意识，提高了社区预防道路交通事故的能力，推动了整个社会关注交通、重视交通的良好态势的形成，起到“教育一人，影响一家”的作用，为社区交通安全工作打下了良好的基础，推动了安全社区、和谐社区建设。

（二）防灾救灾

实践探索一：宁波户外应急救援队

“宁波户外应急救援队”由30多名户外运动爱好者通过网络聚集在一起，自发成立，致力于民间公益救援，成为宁波市数百个青年自组织的一员。其成员包括专职医生、市登山协会成员、市无线电协会成员等。半专业化的队伍，通过微博、QQ群等平台及时传播信息。自发联系的车辆及携带的专业设备，让这个看似“草根”的自组织成为应急救援的有力辅助力量。

实践探索二：上海青年自组织开展抗震救灾联合行动

汶川地震突如其来，上海的青年迅速组织起来。上海青年家园民间组织服务中心联合上海众多公益、车友、交友、户外等领域的青年自组织，共同开展“心系家园”为主题的上海青年自组织抗震救灾联合行动。

“微笑图书室”派驻义工进入四川汶川县的抗灾一线，深入了解当时孩子的生活状况、心理状况，并将情况反馈回上海。《豫约》杂志社组织儿童心理学专家和心理干预专家组成团队，对前线义工传回的孩子们的情况，进行仔细分析，指导义工工作，帮助孩子走出心理阴影。“多背一公斤”建立了专题网站，提供了汶川、都江堰、德阳、梁平、北川、彭州、绵竹等重灾区两千多所学校的基本信息，号召可以联络到这些学校的网友，提供灾后学校具体消息，为后续救助提供准确信息。

各个青年自组织竭尽所能为受灾地区提供帮助，让灾区尽量减少损失，为灾后重建贡献自己的力量。

（三）为外来人员服务

实践探索：新豫青少年综合服务中心

珠海市新豫青少年综合服务中心由河南外来工张以山发起，专门服务于在珠海打工的河南人。前山镇是珠海市的传统工业区，目前又新建一个工业园区，聚集了大量的外来务工人员，其中仅河南人就有5万名，他们大多数来自河南省信阳市光山县。

外来工与本地人的融合面临着很大的困境——外来工所从事的职业涉及各行各业，因此不可避免地与本地人发生各种矛盾和冲突；由于法律知识和维权意识的欠缺，外来工也常常被拖欠工资而无法讨还，产生经济纠纷。此前，这些问题往往导致聚众闹事或上访，给当地的社会治安带来了极大的不稳定因素。

服务中心成立以来，成为外来工与当地社区、当地居民沟通的桥梁，发挥着中间人的“调和剂”作用，该中心已经承接了多项政府采购的青少年服务事务，包括为豫籍青年办理身份证和居住证、免费找工作和提供创业指导、提供法律援助等，还承接了河南省新型农村合作医疗的窗口职能，推进河南各地在珠海实行定点医院，为数万名河南人解决了看病报销难的问题。新豫青少年综合服务中心解决了外来务工人员最关心的问题，维护了他们的切身利益，减少了矛盾与冲突，从而维护了社会安全与稳定。

第四节　青年自组织参与社区服务的能力建设

社区是现代人生活的主要场所，也将是未来很长一段时间的主要生活方式。社区服务的质量将深刻地影响人们生活的质量和社区未来的发展。青年自组织作为新兴的草根组织来自基层社区，同时又服务于社区。青年自组织在服务社区的过程中不仅提高了自身的服务能力，也促进了社区的建设，使居民在生活方式、生活环境、文化环境等方面产生了共鸣，加强了居民的集体认同感，使居民从内心自愿参与到社区建设中，认识到作为社区主人应该为社区的发展贡献自己的力量，从而推动了社区资源整合、文化维系和居民自组织参与等方面能力的建设。社区未来的发展需要社区党组织、居民委员会以及社区内各组织和个体的共同努力，通力合作。青年自组织作为众多力量中的一支，其在社区共同体能力建设方面发挥着重要作用。

一　社区共同体的资源整合能力建设

任何一个社区都包含着物质、人力、文化和组织等资源，而社区未来的发展也必须依靠这些资源，这些资源整合和配置的优化程度将直接影响社区的发展，是社区建设和社区可持续发展的基础和关键。社区共同体的青年自组织在参与社区服务的过程中，需要调动和配置各方资源，但与此同时也优化与整合了社区内的物质、人力、文化等资源，使这些资源在社区服务和社区建设过程中，通过配合发挥更大的积极作用。

（一）社区的资源整合能力

“凡是能为人类直接或间接利用的、作为生产和生活资料的自然物和人造物都可以成为资源”①，它可以是现实的，也可以是潜在的。同样，社区资源包括现实的和潜在的资源，有狭义和广义之分：狭义的社区资源是指一个社区能够掌握、支配和动员的现实资源。广义的社区资源是指社区赖以生存和发展的一切资源。人类对社区资源的开发和利用是一个开放的、不断发展的过程，因此我们必须认识到社区资源的多样性，正如孙京江所说：“社区资源既包括街区自有资源，也包括社区单位资源；既包括服务设施资源，也包括人力、科技和信息资源；既包括现有资源，也包括潜在资源；既包括非经营性资源，也包括经营性资源。只有认识到社区资源的全面性、多样性，才能够充分发掘和最大限度地使用社区资源。”②

然而社区资源种类的划分在广义和狭义两种不同理解之下是不一样的，社区资源依据不同的标准可以划分为不同的种类。就我们所研究的内容而言，从资源整合的角度划分社区资源，主要包括物质、人力、组织、文化和社会资本等。

1. 物质资源

在各类社区资源中，物质资源是基础，它主要包括资金和设施

---

① 于显洋：《社区概论》，中国人民大学出版社 2001 年版，第 159 页。

② 孙京江：《探索社区资源共享的实现途径》，《中国社会报》2003 年 11 月 5 日。

两类。资金是社区的财力资源，设施是社区的物力资源，社区设施包括社区居民日常生活所需的住房及其配套设施，如菜市场、交通设施等；也包括教育、医疗卫生、文化娱乐活动等的基本设施，如学校、医院、广场等；还包括社区组织机构工作场所，如办公场所。此外，在有物质生产活动的社区，还包括社区成员从事生产经营活动所需要的物质设施，如厂房、机器设备、仓库等。

2. 人力资源

人力资源是指在一定范围内的人口总体所具有的劳动能力的总和，或者说是指能够推动整个经济和社会发展的具有智力劳动和体力劳动能力的人们的总和。社区是人类生活的地域性共同体，是人的集合，因此也是人力资源的聚集地。在社区中有着不同种类的人力资源划分，如知识分子、专业化人才、体力劳动者及从事各行各业的人才等。

3. 组织资源

随着社会进步与发展，社区中居住的人口异质性越来越高，居民的生活方式也日益多样化，人们在社区生活的有序性需要组织管理机构去维持，因此，这些内在需求为组织的产生提供了契机。目前，我国社区有学校、医院、党政机关、居民委员会及民间组织等多种组织资源，这些社区组织资源从不同方面、不同程度上促进着社区的建设与发展。

4. 文化资源

社区文化是存在于社区中的特定文化，包括共同的行为规范、生活方式、风俗习惯、社交礼仪和价值理念等等。随着经济社会的发展与进步，人们越来越重视精神文化生活，同时，共同的文化价值理念也越来越成为维系人们归属感的重要纽带和社区建设的精神支撑。

5. 社会资本

20 世纪 70 年代以来，经济学、社会学、行为组织理论以及政治学等多个学科都开始关注社会资本（social capital）概念。帕特南将社会资本从个人层面上升到集体层面，认为由于一个地区具有共同的历史渊源和独特的文化环境，人们容易相互熟知并成为一个关系密切的社区，组成紧密的公民参与网络。这一网络通过各种方式对破坏人们信任关系的人或行为进行惩罚而得到加强。这种精神及公民参与所体现的就是社会资本。因此，根据这些学者对社会资本的理解，将社区社会资本理解为社区内的社会资本，也就是社区内居民及其正式或非正式组织在互动中形成的信任、互惠、合作关系及其网络。

资源整合就是要优化资源配置，获得整体的最优。社区资源整合是指对社区内的物质、人力、文化和组织等资源进行识别与选择、汲取与配置、激活和有机融合，使其形成一个相互联系的系统，以充分发挥最优价值。而社区资源整合能力就是社区对各种资源进行调剂、配置、吸收、选择、整合的能力。需要以社区党组织、居民委员会为主体的居民自治组织、社区民间组织等各类组织和个人共同努力、通力合作，才能进行资源整合的最优搭配。

（二）青年自组织参与社区资源整合能力建设

青年自组织是一种迅速发展的组织，社区里存在着多种青年自组织，主要涉及养老、就业、文化、社区安全等领域。社区共同体的青年自组织，扎根于社区，活动于社区，能充分调动和整合社区内的物质资源、人力资源、组织资源、文化资源和社会资本，成为社区资源整合的一支新生力量。

第一是物质资源方面。社区物质资源包括资金和设施两大类，青年自组织在为社区提供服务的过程中，主要是充分利用社区内的设施，为社区内居民提供更加优质高效的服务。如前所述，2013 年 7 月 12 日，北京市海淀区西北旺镇亮甲店社区的青年汇为增强青少年的交通安全意识和自我防范意识组织的青少年法制安全教育活动，便充分利用了社区内的文化广场。可以说，社区物质资源为此次活动提供了物质保障。

第二是人力资源方面。青年自组织参与社区服务的过程，也是发挥和调动人的积极性的过程。参与社区服务的青年自组织属于非营利志愿组织，成员大多是大学生、青年工作者，同时也包括社区内的青年群体，他们因为某些共同愿望自己组织起来，为社区提供公益服务。这些青年群体都是社区建设中宝贵的人力资源。实际上，青年自组织在为社区提供服务、组织活动的过程中也需要与社区中其他的人力资源进行沟通与合作，在充分调动其他的人力资源的同时，也整合和利用了能够促进社区发展的人力资源。

第三是组织资源方面。上文中已提到社区的组织资源包括党政机关、社区委员会、社区民间组织以及学校、医院等组织。青年自组织在服务社区的同时，要做一些服务性事务，不可避免地要与其他组织进行合作。例如青年自组织参与社区养老、弱势群体服务等，需要与社区委员会、医院等组织进行有效的沟通，以便充分了解社区内弱势群体的基本情况，并需要医院等组织作为后续保障。所以，青年自组织必须得到其他相关组织的支持，以保证活动的优质高效，为社区发展提供更加满意的服务。

第四是文化资源方面。社区文化资源包括共同的生活方式、行为规范、风俗习惯、价值理念等。青年自组织大多数本来只是因为共同的兴趣爱好而自发组织起来的，他们有着共同的兴趣爱好、共同的价值理念和共同的行为方式。一方面，社区共同体的青年自组织因为这些共同文化而自发组织起来为社区服务；另一方面，青年自组织也充分利用社区的文化资源来为社区服务。如青年自组织进入社区宣讲安全知识、环境保护知识、组织文化活动等，都是建立在社区居民对社区安全、环境保护、丰富的精神生活的认同的基础之上，所以，社区文化资源也是青年自组织服务社区的前提。

第五是社会资本方面。目前，我国社区是由熟人、半熟人甚至陌生人组成的生活共同体，社区中有本地人、外地人，社区人口异质性突出，生活方式、价值理念日益多样化。青年自组织进入社区开展活动，促进了社区内居民之间的互动与沟通，增强了社区居民之间的信任，建立了一定的社群网络。同时，青年自组织还利用社区居民之间的网络和信任为社区建设服务，充分调动社区居民的积极性来共同维护社区的公共利益，使社区居民相互合作，形成从扶危济困到日常生活中的守望相助，甚至相互关心和理解的社区支持网络，使社区这一地域性社会生活共同体拥有更多的温馨、温暖。“从这个意义上说，社会资本的创造，也就是社区发育的真正内涵。”①

青年自组织参与社区服务的过程，不仅是充分整合和利用了社区内的物质、人力、组织、文化和社会资本等资源的过程，而且是开发和建设社区资源的过程。青年自组织在社区服务的过程中，不仅将社区内的社区委员会、民间各类组织和居民充分地联系起来，而且将社区内的各种资源进行优化配置，以实现资源的最优利用，最终促进社区资源整合能力建设，推动社区建设和社区可持续发展。

二 社区共同体的文化维系能力建设

社区文化与社区共同体的发展密不可分，社区文化不仅满足了社区内居民多样化的需求，强化了社区内居民对社区共同体的认同，从而实现社区共同体的整合，而且，社区文化也是促进社区文明存续和发展的前提条件。但是，随着经济社会的发展与进步，不同社区之间的同质性程度越来越高，社区各自原有的文化特点逐渐淡化，社区共同体的文化维系力弱化，所以，加强社区文化维系能力建设就显得尤为重要。提升社区文化维系能力，需要多方力量合作。青年接受新鲜事物的能力较强，他们进入社区、服务社区，以其独有的活动方式，影响着社区的文化建设，凝结传统文化的精髓，并对现代社区文化维系能力建设将产生深刻的影响。

（一）社区的文化

社区文化是人类文化的一种特殊形态，人们对社区文化的理解和人们对文化的理解一样，有广义和狭义之分。我国社会学家吴文藻先生就认为：“文化的简单定义，可以说是某一社区内的居民所

① 张广利：《社会资本与和谐社区建设》，《华东理工大学学报》2005 年第 2 期。

形成的生活方式……也可以说是一个民族应付环境——物质的、象征的、社会的和精神的环境——的总成绩。”① 我们可以看出广义的社区文化是指社区共同体在长期的生活和生产实践中所创造的、所使用的或者所表现的一切事物的总和。狭义的社区文化则是指社区共同体在长期生产和生活实践中逐渐形成和发展起来的传统、信仰、价值观、风俗习惯、群体心理和意识等一系列精神现象的总和。人们对社区文化的两种理解都具有合理性，只是广义的社区文化更具有包容性。在现实生活中，社区文化作为社区居民生活的综合反映，不应该只是一系列的精神现象，它应该体现在社区居民生活的各个方面，既渗透于精神生活中，也渗透于物质生活中。《中国大百科全书·社会学卷》就将社区文化定义为：“通行于社区范围之内的特定的文化现象。包括社区内的人们的信仰、价值观、行为规范、历史传统、风俗习惯、生活方式、地方语言和特定象征等。”② 这一定义将社区文化贯串于社区居民物质生活和精神生活之中，使人们对社区文化的理解更全面、更具包容性和全面性。同时，该定义强调社区文化是“通行于社区范围之内的特定的文化现象”，注重不同社区之间在文化上的区分。

社区文化是一个多层次的综合体。就广义的社区文化而言，社区文化大体由环境设施文化、生活或行为文化、组织制度文化、精神文化构成。在这一多层次的社区文化体系之中，环境设施是其物质外表，行为或生活是其动态显现，组织制度是其依托和保证，精神文化则是其灵魂。社区文化的这些层面是一个有机联系的系统，社区的文化维系力影响着社区居民凝聚力以及居民对社区的认同感，因此，必须从环境设施文化、生活或行为文化、组织制度文化、精神文化等层面入手，完善社区文化体系，提升社区文化维系能力，推动社区建设和可持续发展。

---

① 吴文藻：《人类学社会学研究文集》，民族出版社 1990 年版，第 145 页。

② 《中国大百科全书》编委会：《中国大百科全书·社会学卷》，中国大百科全书出版社 1991 年版，第 367 页。

（二）青年自组织参与社区文化维系的能力建设

社区文化是维系社区居民凝聚力的核心，它可以让居民发自内心认同社区共同体，对社区共同体产生归属感和认同感，从而使社区居民自觉自愿地参与社区建设，大大提升社区自组织建设能力。社区文化可以传承获得，但更有赖于人们的创造和建设。随着青年自组织在社区服务所涉及范围和领域的扩展，社区文化的方方面面与青年自组织的联系也日益密切，青年自组织在社区文化建设方面的努力，提高了社区文化维系能力和社区自组织能力。

第一是环境设施文化方面。社区的环境设施文化主要是指社区文化建设的硬件所折射出的社区的文化品位和特色。青年自组织自身的经济特点决定了青年自组织在环境设施文化建设方面资金匮乏，往往显得力不从心。社区环境设施文化主要是指社区的物质生活设施、文化场所和设施中的具有特色的社区环境设施文化。但这并不意味着青年自组织在建设社区环境设施方面无能为力，它们可以通过亲自动手做一些精巧美观且富有特色的指示牌、路标等，如安全出行、禁止践踏草坪等提示牌，让社区环境设施文化体现在社区的各个地方，大到社区建筑，小到社区里的路标、指示牌，让社区文化渗透到社区的每一个细微之处。

第二是生活或行为文化方面。生活方式或者行为模式是社区文化的重要层面，它体现在社区居民交往和生活的各种行为中。行为文化需要在长期的实践生活和活动过程中形成，而并非一朝一夕之功。现阶段，社区建设倡导要从基础做起，自觉遵守社区文明公约，倡导邻里互助和社区志愿活动，培养居民的社会责任感，形成文明的生活方式和行为方式。青年自组织走进社区、服务社区，正是以自身志愿行动来传递志愿精神、互助精神和社会责任感。育德社区里，一个名为“青菁华章”的青年自组织，在一年的时间里参与社区义工服务活动40多次，涉及养老、扶贫、环境美化等各个方面，他们正是在用自己的行动建设着文明的社区行为文化。

第三是组织制度文化方面。社区组织制度，是社区内的居民在生活、学习、交往、娱乐等活动过程中形成的规章制度和组织机构等。良好的组织制度文化是建设现代和谐社区、实现社区有序公共生活的前提条件和重要保障。我们不断强调要加强社区自组织能力建设，自组织并不是混乱无序的，也需要一定的规章制度来管理自组织，推动自组织的持续发展。青年自组织进入社区，服务社区，在这一过程中，会吸引社区内的青年群体加入其中，这必须是建立在他们认同青年自组织的组织制度基础之上的。同时，青年自组织在服务社区的过程中会与社区居民有更多、更加深入的沟通与交流，青年自组织这种自组织的组织结构和制度规范正潜移默化地影响着居民对组织制度的认识，这也就为社区居民自我管理、自我教育、自我服务、自我约束提供了宝贵的经验。

第四是精神文化方面。社区精神文化包含心理和价值观念两个层面。心理层面的社区文化是社区共同体的集体意识，需要日积月累的心理和情感积淀，如社区居民对社区共同体的认同感和归属感。而价值观念层面的社区精神文化是理性层面，是可以通过建设而得到深化的。社区共同体的青年自组织，不仅仅是拥有共同兴趣爱好的青年群体，他们也具有相同价值观念、生活理念。他们不仅在青年自组织内部宣传他们积极向上的价值观念，而且会通过各种方式感染其他人，甚至在社区内组织活动进行宣传和弘扬。比如，现在很多大学生自发组织到社区内宣讲“爱国精神”、“改革创新精神”、“雷锋精神”等民族精神和时代精神，以弘扬社会主义核心价值观。

青年自组织除了在完善社区文化体系方面做出努力，还在培育现代社区精神方面发挥了很大作用。建设社区文化，不仅要继承优良的传统社区文化，还要积极培育符合时代发展的现代社区精神，这也会满足当今社区文化建设的需要，并且不断提升社区自组织能力。青年自组织成员是当下时代的主力军，他们身上体现着时代特色，他们主张平等合作、民主法治、救困济贫、张扬个性，这些理念都将为社区文化注入新的内容，丰富社区文化。

三 社区居民自组织的参与能力建设

社区从本质上说应该属于社会领域，它可以实现自我管理、自我服务、自我教育和自我约束，进而实现社区公共生活的有序化。然而，我国社区管理模式尚没有真正实现社区共同体的自治，有些地区党政机关、政府派出机构仍是社区管理的主要主体，社区共同体的自主性和积极性并没有完全激发出来，社区居民没有真正全方位参与到社区公共事务和公共生活之中。社区共同体本质上是社会领域的自治组织，其要想实现自身的发展，必须充分调动社区共同体主要成员——居民去参与社区公共事务和公共生活的积极性和主动性，提高社区共同体的自治能力，形成社区的自我管理模式，促进社区共同体的可持续发展。青年自组织的出现，不仅为居民自组织参与社区公共事务和公共生活提供有效载体，而且拓展了社区居民自组织参与社区事务的范围和层次，探索了一条居民自组织参与社区公共事务的新途径。

（一）社区居民的自组织参与

研究社区居民自组织参与的前提是必须弄清居民参与的含义，而与居民参与相关联的还有社区参与，这两个概念之间既有区别又有联系。为了避免将两个概念混淆，我们必须厘清二者之间的关系。居民参与是从参与主体角度对参与进行界定的，而社区参与是从参与对象角度对参与进行界定的。社区参与的主体有很多，包括社区居民、各类组织，甚至包括党政机关，但是社区居民是社区参与的最主要的主体。按照通行的理解，居民参与既可以是对社区公共事务和公共生活的参与，也可以是对国家或地区政治、经济、文化生活的参与。而本书所研究的居民参与主要是指居民的社区参与，即社区成员尤其是居民以不同方式参与社区公共事务和公共生活的行为和过程。

而社区居民的自组织参与是从居民社区参与的自主性维度来划分的，根据居民参与社区公共事务和公共生活是否具有自主性，将社区居民参与划分为自组织参与和他组织参与。社区居民的自组织参与强调居民主体角色自主地参与社区公共事务和公共生活，开展自我管理、自我教育、自我服务、自我约束的过程及其活动。社区居民的自组织参与一方面体现在居民参与社区公共事务和公共生活的自觉自愿性，另一方面还体现在居民对参与内容的自主选择、参与形式的自主创新、参与渠道的自主设计上。社区居民的他组织参与强调的是社区居民被动参与、被动员和被动性执行的基本特征。应该指出，在实际的居民参与中，自组织参与和他组织参与都不是以单一纯粹的形式存在的，二者相互渗透，社区居民的自组织参与并不排除他组织的作用，只是自组织参与占主导地位。

（二）青年自组织参与社区居民自组织参与能力建设

青年自组织是自发成立、自主发展、自行运作和自我治理的民间组织。这种自发性和自主性恰好与社区居民的自组织参与相契合，二者都强调组织成员自主参与组织的公共事务和公共生活。青年自组织参与到社区服务中，不仅可以吸纳社区青年群体参与到社区服务中来，还可以感染社区居民自觉自愿地参与那些与他们切身利益相关的社区公共事务和公共生活。同时，随着青年自组织的发展，随之而来的是其涉及社区服务的领域和范围也在扩展，这也拓展了社区居民自组织参与社区事务的范围。除此之外，青年自组织还具有网聚性的特点，这也为社区居民自组织参与社公共事务提供了新途径，提高了社区居民参与的自主性和便捷性，使社区居民参与更具有时代特征。

首先，青年自组织为居民自组织参与社区公共事务和公共生活提供了有效载体。社区居民参与社区公共事务和公共生活的载体很多，包括家庭、社区委员会及其他组织，但是真正实现居民自组织参与的载体并不是很多。青年自组织是一种自发组成的民间组织，它是建立在组织成员自愿参与的基础之上，青年自组织参与社区服务更是以无偿、自愿服务社区为宗旨的。一方面，社区居民可通过参与青年自组织进而参与到社区公共事务中；另一方面，社区居民还可能深受青年自组织自主性影响，根据参与内容、参与形式、参与渠道自主自愿地参与社区公共事务和公共生活。总之，青年自组织以自身参与社区服务的实践经验，不断培养和提高社区居民自组织参与意识。

其次，青年自组织在参与社区服务的过程中，拓展社区居民自组织参与社区事务的范围。青年自组织产生发展的过程是在一定的条件下自动地从无序走向有序，由低级有序走向高级有序的过程，呈现出渐进性特征。相应的，青年自组织参与活动的程度也呈现出渐进性。青年自组织最初以趣味性和娱乐性活动为主，逐渐转向社会性事务，最后扩展到政治领域。社区居民的自组织参与也是一个渐进的过程，要想实现居民社区参与由他组织向自组织的转换，必须不断拓展社区居民自组织参与的公共空间。青年自组织自身发展规律和青年自组织参与社区服务的活动，恰好为居民自组织参与社区公共事务提供了重要载体。目前，青年自组织参与社区服务的内容不仅包括趣味性和娱乐性活动，还涉及养老、就业、维权等领域，这些激发了居民对社区公共事务关注和参与的积极性，大大提升了社区居民自组织参与能力。

最后，青年自组织的网聚性为探索居民自组织参与社区公共事务的新途径提供了借鉴。如今，人类社会已经步入新媒体时代，网络已经成为现代人生活中不可或缺的一部分。网络参与具有便捷、迅速和自主自愿的特点，可以弥补直接参与的不足。网聚性是青年自组织的一大特点，其形成、组织活动、动员等大多是通过网络实现的，这为社区居民的自组织参与提供了新的途径和方式。居民不仅可以通过网络平台进行互动和沟通、开展趣味性活动，还可以就社区公共事务与居民、社区组织开展互动和沟通，充分表达自己的意见和建议，形成具有网络时代特征的民意表达机制。

网络参与作为一种新的居民参与方式，顺应了网络时代社区居民自组织参与的要求，比传统面对面参与方式更便捷。在西方国家，很多政治参与活动或社会运动全过程都是通过互联网发起和组织的。通过这些经常性的网上联络以及实质性的情感支持、社会支持和社会活动，经常使用互联网的个人也能逐步培养出一种比较泛义的与实质社群相联系的社区意识。[①] 因此，我们必须正视网络时代对传统社区参与方式的挑战，顺应时代潮流，积极探索社区居民自组织参与社区公共事务的新途径，实现网上参与和面对面参与的互补。

① 黎熙元、何肇发：《现代社区概论》，中山大学出版社 2007 年版，第 108 页。

第八章　高校青年自组织的集体行动

青年自组织是由拥有共同兴趣、目标或价值取向的青年基于一定的原则、宗旨和规范，自发成立、自主运行、自我管理的非营利性社会组织。从根本上讲，我们可以将青年自组织看作是一种由青年组成的社会性群体。高校是青年高度集中的场域。聚集程度高、社会影响力大，已经成为连接政府与社会的重要纽带。高校中由在校大学生组建的自组织成为青年自组织中强有力的一支队伍。合理引导高校青年自组织的活动，充分发挥高校学生思维活跃、社会责任感高、政治和社会参与积极等特点，是维护校园安定、社会稳定的重要内容。

不仅如此，相比于以往自组织的活动，目前高校青年自组织行动呈现出了新特征。新媒体带来了便捷、高效、低成本的信息传递技术，这使高校青年的活动更加自由、迅速，他们往往能够一呼百应地集结，容易引发规模较大的集体行动。这种集体行动可以产生重要作用，如地震发生时的快速救援、同学病重时的募捐等。但同时也存在难以控制的反作用，比如少数青年自组织成员不理性的行为，甚至有些青年被蒙蔽后的冲动行为，这些不仅没有实现组织的合理诉求，还给其他组织和公民的合法财产带来了损失。

因此，如何加强对高校青年自组织的合理引导，是国家进行社会管理的重要课题。要充分发挥高校青年自组织在集体行动中的重要作用，既是维护社会稳定的重要因素，也是开展高校工作的重要内容。高校工作者应本着立德树人的宗旨，将大学生思想教育工作融入到校园文化建设、学生素质培养的工作中，从思想上对高校青年进行合理引导，实施“全程育人、全方位育人”的培养模式。进入21世纪以后，我国集体行动数量剧增，其中不乏高校学生的身影。研究高校集体行动，离不开高校青年自组织这一重要主体，而高校青年自发集合形成组织，如若缺乏正确引导，就很有可能会导致集体行动。在本章中，我们将详细探讨高校青年自组织集体行动的特性、逻辑和应对策略。

第一节　高校青年自组织基本情况

在前几章，我们已了解了青年自组织的相关理论知识。同青年自组织一样，高校青年自组织也是一种非正式组织，依然存在自主性、独立性、组成人员和活动的非正式性等性质。高校青年自组织是由在校学生自发组成的，依靠高校平台，充分发挥了高校青年思维活跃、新媒体技术娴熟、社会参与热情高等优势，辅以集结方式多样化、活动内容兴趣化，吸引了大批学生的参与。尤其是依托网络和手机短信等新媒体作为交流平台后，利用新媒体的便利性、快捷性和虚拟性等特点，使高校青年自组织的影响力越来越大。

一　高校青年自组织的缘起

随着市场经济高速发展，社会民主化程度也在不断提高，社会日益宽容、多元。这为各类新型的青年自组织的产生和发展提供了土壤。青年群体里出现了拥有不同利益诉求，要求自主行动，不愿受规范性组织章程限制的团体。这类团体因为内容趣味性、行动方式灵活、成员流动性大等特点而吸引着高校学生。心理学家莱昂·费斯廷格教授指出，集团成员身份的吸引力并不在于一种归属感，而在于能够通过这一成员身份获得什么。而在高校，单纯课堂学习或者是书本学习已经远远不能满足他们的生活意趣，参与青年自组织活动逐渐成为他们大学生活的重要组成部分。QQ群、人人网、老乡会、各类论坛等高校青年自组织以各种不同形式出现，大学生课余凭借自主意识和自己的兴趣参与其中，挖掘自己的兴趣爱好，选择适合自己和自己喜爱的组织。组织成员相互交流、资源互享、自由讨论、平等合作，并在组织活动中共同进退。平等、宽松的组织环境也可以满足高校大学生不同层次的需求。

除此之外，电脑、手机等新媒体所具有的自由、开放、虚拟、便捷等特征，恰好为当代高校青年自组织实现目标提供了平台，这些模式不断地影响着大学生的人际交往方式、知识结构水平、思维行动模式。互联网的普及及信息技术的发展为高校青年自组织的发展注入了新的力量，使其成长为高校管理者维护校园稳定不可忽视的群体。

缘此，高校青年自组织在短短的几十年时间内从无到有，从少到多，成为当代高校大学生的重要行动方式和独具特色的社会组织。我们可以将高校青年自组织定义为：高校青年自组织是由拥有共同兴趣、目标或价值取向的在校大学生基于一定的原则、宗旨和规范，自发成立、自主运行、自我管理、不以营利为目的、以网络和手机短信等新媒体为主要活动平台的社会组织。

二　高校青年自组织的组织特征

目前高校对于青年自组织如何管理、如何监督、如何引导的态度仍存在广泛争议。笔者认为，高校的教育工作者要通过深入了解，正确分析，摸清青年自组织产生的原因、成员结构、思想倾向、核心人物、活动内容、活动方式等，掌握其发展规律，进行正确引导，充分发挥其积极作用，为培养社会主义合格建设者和接班人、建设和谐校园做出新的贡献。

（一）运行虚拟化

前面提及截至 2016 年 12 月，我国网民规模达 7.31 亿，博客、微博、论坛也以惊人的速度不断发展。另外，手机网民成为中国网民增长的重要因素，数据显示，我国手机网民规模达 6.95 亿，占比达 95.1%，增长率连续 3 年超过 10%。青年使用网络媒介获取和分享信息的频率大幅提高，网络开放自主的特点使得网络交流成为青年交流的主要形式。网络媒介在高校青年自组织的运作中主要发挥两方面的作用：论坛讨论和功能性服务。网络运用具有低成本、开放度高、自由自主等特点，更多的是网络操作快捷，在虚拟空间即可完成。正是由于这一原因，使网络成为高校青年自组织运作、管理、活动不可替代的载体。例如，以网络为其运作媒介的公益类网络高校青年自组织“中国大学生公益论坛”就是一个依靠网络，由高校青年自我管理、自我运作、自我服务的青年自组织，网络化的运作模式无疑为高校青年自组织开展公益活动提供了帮助。

（二）管理自由化

管理模式的自由化主要体现在青年自组织内部一般都没有严格规范的组织章程，即使有，也是一般的约定，对成员的约束力不强，不具有强制性。所有发生在高校内外的人和事都可以通过QQ群、论坛、微博、微信等媒介直接讨论，没有中间层的阻挡。它一般先由大学生中部分核心成员发起，然后其他成员参与进来讨论。讨论对成员强迫性不高，组织对其成员言论的包容性较高，成员往往可以自由地表达自己的意见。组织外的成员只要具备基本条件，就可以参与或退出青年自组织，没有特别繁杂的程序要求，这一特性也和其他青年自组织自愿参与、自由退出的特点相符。在现实调查中我们发现，一般的高校青年自组织只要求成员对于组织的宗旨、活动内容感兴趣，只要申请参与者具备相应的年龄条件、文化状况，就可以申请注册加入。而在申请注册过程中，所要求的手续无非就是承认组织章程，并填写成员的基本信息。

（三）性质独立化

一般来说，高校青年自组织的运行以法律法规为他律规范，以自身的组织规章为自律规范。在遵守法律的前提下，青年自组织的决策和行为很少受政府或其他组织的影响，相对较独立。自组织可以自主、民主地确定本组织负责人、工作人员、组织章程。青年也可以自愿地参加某个组织，为组织捐献物资财产或是提供志愿服务。根据之前的调查显示，作为高校青年自组织活动前提的经费主要来源于自组织内部成员的捐赠：有 61.0% 的青年自组织资金由自组织内部筹集，以高校中较为普遍的老乡会为例，它的活动经费主要来自毕业老乡捐款、老乡会成员所交的会费两个方面。有 3% 的自组织则根本不需要资金，如针对高校学生课堂学习而展开的课后讨论小组，这一类自组织的规模普遍较小①。总之，正是高校青年自组织经费来源的独立性决定了自组织的独立性。除此之外，高校青年自组织的独立性还表现在组织一般不受高校直接管理，由所有具有共同兴趣的高校大学生自发组成，自我管理。

（四）内部平等化

由于高校青年自组织同样具有扁平化管理的特点，它主要是依靠成员之间的自愿而组织起来的，因此在组织内部，各成员都具有相对平等的发言权，对于组织讨论结果不满意的成员可以不受组织决定的约束，也可以不参加组织活动。但是这种平等不是绝对平等，在参与青年自组织讨论的过程中，存在着较为稳定的意见领袖，他们往往是组织的发起者或者领导者，他们在各自的兴趣领域内传播消息、表达观点或建议，对他人的政治态度或行为施加影响，引导组织讨论的方向。

三　高校青年自组织的发展现状

从整体上来看，我国高校青年自组织规模参差不齐，高校青年自组织各具特色。它们以各种各样的形式，直接或间接地对整个社会产生不可忽视的影响力。目前，国内学者、共青团、高校等个人或者机构也正逐渐加大对其的调查研究力度，在全国各地区开展了问卷调查和实地研究。其中在对上海地区青年自组织的问卷调查中，笔者了解到有高达 81% 的青年正加入或曾加入过自组织团体；仅以参与户外运动为其主要活动内容的青年自组织会员就超过了 10 万人。2014 年以来，上海青年家园联系的沪上青年社会组织已超过 700 家，其中 50% 以上是没有注册的青年自组织。在民政部门注册

① 数据主要来源于本书第六章的实证调研资料。

的上海社会组织共有1.1万余家，但非注册组织的数量远不止于此，根据团市委的保守估计，仅青年自组织就超过5万家。①

根据重庆市团市委的调查，重庆地区的青年自组织超过了5000个，覆盖的成员高达250万人。普通自组织一般人数在100人以下，但规模巨大、人数众多的也不在少数。这些青年自组织主要是通过社区、校园、网络联系在一起，通过各种渠道参与到社会管理中。

（一）高校青年自组织的发展态势

高校青年在经历高考以后，急需一个彰显个性、相对自由的环境释放自己。高校宽松自由的文化氛围正好为其提供了适宜的场域。高校学生存在个性差异，因此高校青年自组织种类繁多。从交流方式来看，主要有两种，一是现实中的高校青年自组织，它主要依靠成员面对面的交流。另外一种是虚拟的网络青年自组织，它以网络为平台，如“社区空间”。从性质上分，高校青年自组织主要集中于学生感兴趣的几个方面。如娱乐休闲类的高校青年自组织数量最多，参与该类组织的青年有67.6%，这类组织比较典型的有登山组织、台球爱好者协会、乒乓球爱好者协会、羽毛球爱好者协会等；所占比重居第二位的是公益类的青年自组织，其成员参与量占比56.8%（在问卷调查过程中，大部分学生表示曾参与2—3个青年自组织），如笔者所在的大学，就有类似义务普法协会这种公益类青年自组织。除了以上两项外，在高校青年中比较受欢迎的还有交友类的青年自组织，约有38.4%的青年表示参与过该类组织。上述三类组织是高校青年普遍参与的组织类型。除此之外，还有维权类组织、宗教类组织、社会实践类组织、创业类组织、志愿服务协会等也是高校青年自组织的重要类型，但是这几类组织对成员的“入门”要求相对较高，其成员数量和组织规模要比前三类组织小。

在上述这些类别的青年自组织中，大学生最常使用的媒介是QQ

---

① 马云飞：《团上海市委依托青年家园开展供需配对》，中国青年网，2014年2月26日，http://qnzz.youth.cn/place/shengji/201402/t20140226_4768598.htm。

群、微信和微博等。以 QQ 群为例，几乎所有的青年自组织都会建立一个专属于该组织的 QQ 群，成员通过该 QQ 群发布信息、展开讨论、维系感情。我们的调查显示，表示有参与或创建过 1—5 个 QQ 群的高校学生占 30.1%，6—10 个的为 35.8%，11—15 个的为 10.4%。这表明，大部分学生拥有数量颇多的 QQ 群，QQ 群是高校青年自组织存续交流的重要手段。除了 QQ 群以外，最常见的组织交流方式还有人人网、贴吧、飞信群、论坛、博客群和微博微信等形式。高校青年自组织的成员数量相对于社会上的青年自组织要少，其规模也不大，75.5% 的高校青年自组织人数一般在 50 人以下。

（二）高校青年自组织的运作机制

高校青年自组织的正常运行，需要资源获取机制、组织协调机制、活动参与机制、信息传递机制、谣言阻断机制等制度保障。从组织协调机制看，高校青年自组织的规模一般不会太大，人数主要集中于 20—50 人，存在主导人物（如群主）或者决策团体（如主席团），存在少量约定俗成的规定。从信息传递机制看，发达便捷的现代信息网络技术在一定程度上拓宽了青年自组织的发展路径，网络成为高校青年自组织发挥作用的重要媒介。但是我们在调查中发现一个有趣的现象：各类自组织的成员普遍不希望自己担任主角，43.1% 的大学生选择愿意担任组织成员，愿意担任核心人物、组织骨干、活跃人物的比例都很低。在高校中，青年自组织中的核心人物往往会成为组织中的意见领袖，由于他们地位高、作用大，他们或多或少会影响组织成员的思维和情感，因此他们在高校中会被列为重点关注的对象，导致许多学生不愿意成为自己所参与的青年自组织中的核心人物，不愿意成为集体行动中的组织骨干。这一部分的理论与集体行动密切相关，笔者将会在后续部分着重分析。

从资源获取机制看，高校青年自组织由于不是政府部门和学校机构，因此其资金来源多样化，主要有以下几种：内部成员筹集、上街募集、政府或单位拨款、商业赞助、公益资助，其中以组织内部募集为主，占48.5%。但就目前我国高校青年自组织的资金状况来看，成员对组织归属感不强、责任感低、学生群体资金有限，导致了高校青年自组织的经费往往十分有限。

（三）高校青年自组织的现实困境

尽管高校青年自组织的发展越来越得到社会关注，但却受到结构与行动的双重束缚①，因此面临着不少的挑战和现实困境。

首先，从组织结构角度看，高校青年自组织针对其内部成员的管理一般通过少数核心人物统筹规划。此种模式在运作实施过程中的最大漏洞在于没有正式的、成文的规章或成员守则，因此不够规范。除此之外，由于高校青年自组织往往缺乏必要的政策和财政支持，无法利用相关服务平台加强彼此间的联系、提供优质服务和开展联合行动等，这些都为其发展构成阻碍。

其次，从组织行动的角度看，由于高校青年自组织中的青年认知能力有限，导致行动者缺乏足够的理性思考以及对自我、组织行为的监控能力，又在一定程度上成为制约高校青年自组织良性发展的因素。此外，因为青年自组织的自发性特点及规章制度尤其是奖惩激励的缺失，使其只能从其他薄弱的方面，如价值认同、文化感情等方面寻找发展动力。这容易导致青年自组织陷入人员流失、形象跌损、新鲜血液不足等发展困境。

第二节　高校青年自组织的集体行动阐释

高校青年自组织的主体是高校在校大学生，这支队伍正在不断地发展壮大，不断地释放自己的社会参与热情，他们关心学校发展和社会热点问题，他们渴望参政议政，需要一些渠道来表达他们的

---

① 刘兴平、孙悦、刘玥：《超越结构与行动：论高校青年自组织的困境与出路》，《江苏高教》2016年第2期。

诉求，实现自身利益。一旦这些渠道受阻，高校青年自组织就有可能成为引发集体行动的导火索，因此，我们要对高校青年自组织进行引导，就必须了解高校青年自组织的集体行动发生的原因。

一 集体行动的相关理论

集体行动是社会心理学、经济社会学、政治经济学（尤其是公共选择学派）和公共管理学研究的一个共同主题，凡是涉及群体或集体的行为或行动都离不开集体行动这一范畴的探讨。社会心理学中的群体行为（勒庞），社会学的社会运动范畴（斯梅尔塞、梯利），新制度经济学的制度变迁（道格拉斯·诺斯、埃莉诺·奥斯特罗姆），以及公共管理学中公共物品（或集体物品）供给（奥尔森、埃莉诺·奥斯特罗姆）等有关集团利益或共同利益的追求问题，都属于集体行动的范畴。西方社会主要是从心理取向、理性取向、结构取向和文化取向四种类型分析集体行动的动员机制①，并从宏观、中观和微观三个角度去探讨什么才是引发集体行动的原动力。除此之外，还有学者从集体行动的逻辑、搭便车理论等对集体行动的产生、运作、发展进行阐述。综合目前国内外已有文献的论述，我们可以从社会怨恨理论、资源动员理论两个角度对集体行动的组织动员机制进行分析。

（一）社会怨恨理论

这一理论认为集体行动的产生主要是受感情和情绪的影响。它认为集体行动是社会失范的一种表现形式，行动者是非理性的。其不满情绪、挫折、相对剥夺感、怨恨等心理因素是激发集体行动的动力来源。国内学者于建嵘认为经济利益并不是那些农民利益代言人所看重的，那些人往往更看重的是“面子”，尤其是受到基层政府打击后，为“讨个说法”以维护“面子”而组织集体行动的现象

---

① 李婷玉：《网络集体行动发生机制的探索性研究——以2008年网络事件为例》，《上海行政学院学报》2011年第2期。

更为突出。[①] 与于建嵘强调“讨说法”和“维护面子”相似，应星认为人们是为了出“气”而产生集体行动的。[②] 刘能的研究主要是针对城市中的集体行动，他认为作为关键变量的“怨恨”是产生集体行动的动力。[③]

西方主要的代表理论有勒庞的感染论、布鲁默的循环反应理论和斯梅尔塞的价值累加理论等。1970 年，美国社会学家泰德·格尔（Ted Robert Gurr）在其著作《人为什么造反?》中，曾试图探讨引发社会运动的心理根源。在书中，格尔提出了相对剥夺感（relative deprivation）这一著名的解释模型。“相对剥夺”强调的是人们希望政府可以提供给他们期待的东西与他们实际可能获得的东西之间存在的落差。相对剥夺的程度有助于理解人们参与抗议活动的原因：相对剥夺感越强，引发人们抗议的可能性就越大，抗议行为的破坏性也就越大，反之亦然。

结合这种理论，如果组织的成员在社会生活中无法获得其本应该获得的某种社会资源，抑或不能满足其利益诉求，或者遭遇不公待遇时，就容易产生不满和怨恨情绪，也就是格尔所说的相对剥夺感。这种情绪通过网络、手机短信等新媒体途径传播、渲染，引起其他人的情绪共鸣，形成共同的不满或怨恨。随着不满或怨恨情绪的高涨，相对剥夺感越强烈，此时一旦有人组织、发声，那么作为集体中的个人就有可能随波逐流，失去理性判断，就会诱发集体行动的发生；在行动进行过程中组织会进一步通过情绪渲染、呐喊助威等方式，吸引更多的人加入集体行动队伍。

（二）资源动员理论

1960 年以来美国的公民权运动、女权运动、黑人运动、反越战

---

① 于建嵘：《利益、权威和秩序——对村民对抗基层政府的群体性事件分析》，《中国农村观察》2000 年第 4 期。

② 应星：《“气”与中国乡村集体行动的再生产》，《开放时代》2007 年第 6 期。

③ 刘能：《怨恨解释、动员结构和理性选择———有关中国都市地区集体行动发生的可能性分析》，《开放时代》2004 年第 4 期。

运动、环境保护运动，使得资源动员理论于20世纪70年代逐渐兴起，该理论的代表人物是麦卡锡和扎尔德文。资源动员理论（Resource Mobilization）认为社会运动的增多并不是社会矛盾的加大或者人们所具有的相对剥夺感或怨恨的增加，而是因为可供社会运动发起者和参与者利用的资源增加了。[①] 社会组织试图将自己所希望达成的目标与参与者所拥有的资源联系起来，以资源保障组织目标的实现，将资源和外力的帮助看作社会运动形成和发展最为重要的因素，只要有足够的资源，社会运动中的领导人物甚至可以形成、控制或强化社会运动所需要的不满和怨气。

资源动员理论最主要的研究内容是资源动员过程和社会运动背景。在资源动员过程中，资源的总量和组织化程度与社会运动的成效有直接关系。社会运动的动员背景分为“政治机会结构”、“社会运动产业”的内部关系以及“社会运动部门”与其他部门之间的关系。[②] 根据资源动员理论的观点，他们认为社会组织能够凭借其所掌握的资源来提高其组织化程度，进而为运动的开展提供保障。但是随着信息网络技术的发展，现在社会运动的组织动员已不像以往那样单纯依靠人力去进行，互联网技术提供了一条简单且低成本的路径，也就是说，理论中的资源已不再是其原来所指的内涵，我们可以将资金、成员、社会关系、物资、意识形态、领袖气质等都归入资源的范畴。组织为实现其目标，通常通过募集、发起义卖等方式获得资金，通过QQ群、人人网、微信、微博等方式进行组织讨论、号召运动参与者，意见领袖通过其所掌握的组织资源来引导舆论，这些都为集体行动的展开提供了组织资源。由于资源动员理论对资源问题十分关注，因此它认为集体行动中必然出现“搭便车”的问题，也就是说，即使成员不付出成本也能坐享收益，因而，一个理

---

① McCarthy J. D. and M. N. Zald, *Trend of Social Movements in America: Professionalization and Re – Source Mobilization*, Morristown, N. J.: General Learning Corporation, 1973, p. 135.

② 冯仕政：《西方社会运动研究：现状与范式》，《国外社会科学》2003年第5期。

性的人是不会参与到集体行动中来的，因为这要花费私人的成本，而收益却是集体共享。所以，为了克服这种“搭便车”困境，奥尔森设计了“选择性激励”的组织策略，指正面的奖励与反面的惩罚相结合，对参与集体行动的成员实施奖励，而对不参与者进行惩罚。[①]

二　集体行动的逻辑与特征

（一）集体行动的逻辑

自集体行动的概念被提出以后，国内外的学者都对其进行了充分的论述。从广义上来讲，集体行动是一定群体参与社会活动的形式。赵鼎新教授从狭义上定义集体行动就是有许多个体参加的、具有很大自发性的制度外政治行为[②]，在很大程度上可以归纳到中国“群体性事件”范畴。还有学者认为，就目前中国集体行动的特征来看，主要是由于各种利益即将或已被损害或剥夺而引发的旨在维护或索赔的利益表达的行动或过程，因而可以将其解释为“主要是社会上弱势群体的各种利益表达的集体行动，简言之，就是基于利益表达的集体行动”[③]。单光鼐从诉求、组织化程度、持续时间、对制度的扰乱程度四个维度对体制外行为排列成一个谱系，即“集体行为”、“集体行动”、“社会运动”和“革命”[④]。在中国社会这个特定的语境中，集体是“许多人合起来的有组织的整体（跟‘个人’相对）”[⑤]。虽然各学者对于集体行动的概念讨论不一，但无可置疑的是其组织性，即集体较高的内聚力是集体行动的重要特性，集体成员也表现出参与集体活动的强烈意愿。根据集体行动的这两大特征（利益性和组织性），我们可以将集体行动定义为：特定群体为了实现某种

---

① 奥尔森：《集体行动的逻辑》，上海人民出版社 1995 年版。

② 赵鼎新：《社会与政治运动讲义》，社会科学文献出版社 2006 年版，第 2 页。

③ 王国勤：《“集体行动”研究中的概念谱系》，《华中师范大学学报（人文社会科学版）》2007 年第 5 期。

④ 转引自覃爱玲《“散步”是为了避免暴力——中国社会科学院社会学所研究员单光鼐专访》，《南方周末》2009 年 1 月 14 日。

⑤ 中国社会科学院语言研究所词典编辑室编：《现代汉语词典》，商务印书馆 2005 年版，第 640 页。

利益诉求，自愿采取的带有一定组织性的体制外行为。其形式特征为"特定群体"—"特定利益"—"体制外行为"。在了解了集体行动的概念之后，我们需要讨论一个不得不面对的问题，即集体行动的困境。集体行动的困境产生于这样一种背景：假设组织成员是理性经济人，他们在行动过程中会选择回避成本，宁愿更多地去分享他人提供的集体利益。集体行动的逻辑就是个人理性与集体理性之间存在冲突，个人理性并不是集体理性的充分条件①。当组织中的人数很少时，某些特殊手段如强制，就会促使个人按照共同利益行动，而自利的个人将不会采取行动以实现他们共同的或集团的利益②。

（二）集体行动的特征

组织和社团是以共同目的为基础，为增加成员利益而存在的。集团中的每一个个体都试图通过组织活动，采取有效方式，表达自己或自己所代表群体的诉求，实现自己或群体利益。因此，组织所特有的和最为主要的功能便是增进集团的共同利益。

青年自组织作为一种组织形式，就是为了实现集体利益和诉求，进而实现每个成员的个人利益。青年自组织所实施的就是带有一定程度组织性的集体行动。目前社会正处于信息技术高速发展时期，我国处于社会转型阶段，集体行动的组织、动员方式都与以往大不相同，网络、电视传媒等新的动员方式日益广泛。就目前国内情况来看，我国高校青年自组织的集体行动主要是青年学生为了维护权益或者表达利益诉求，通过网络、广播、手机短信等形式，实施的带有一定程度组织性的体制外集体行动。

高校青年自组织的集体行动一般产生于高校，高校青年拥有相似的背景、文化程度、年龄结构、知识特长，这使得他们很容易聚集起来形成集体行动。具体来说，主要表现在以下四个方面：

---

① Todd Handler, *Collective Action*, Ann Arbor: The University of Michigan Press, 1992, p. 142.

② Mancur Olson, *The Logic of Collective Action*, Cambridge: Harvard University Press, 1971, p. 76.

①行动主体为在校大学生。包括行动发起者、组织者、动员者、行动者在内的所有参与主体都以学生群体为主，是在校学生内部自发形成、自发组织的集体行动。

②突发性强。随着电脑、手机等通信媒介的日益发展，青年学生间的信息传播、思想交流越来越便捷。高校学生对于突发事件和热点问题的高度敏感性，或者是由于其实现利益诉求的渠道受到阻碍，就极有可能会成为高校青年自组织集体行动的导火索，并且这种行动具有时间短、爆发突然、范围大的特点。

③出现新的动员方式。以往的动员方式主要依靠熟人社会中的人际关系网络进行，"点对点"的动员使动员成本高，耗时耗力，往往是还未充分动员，引发事件的导火索就已经解决了，这也是以往集体行动或者群体性冲突事件发生较少的原因之一。但是，在新时期新媒体的环境中，网络、手机短信、广播电视等动员一改以往"点对点"的方式，体现出一种"点对面"的动员方式，这些新媒体使得动员工作成为一件既不费钱也不费力的事。如果发生了一个偶然性的事件，新闻媒体总能在第一时间对其进行报道，组织成员也可在网络上即刻查询。总之，新的动员方式降低了高校青年自组织的动员成本，使其能够迅速组织集体行动。

④社会参与度高。在调查中我们发现引起高校青年自组织集体行动的原因大部分涉及学生群体自身，如就业问题、校园危机事件、学生利益维护等，他们的利益诉求往往与其自身有关。其次是社会热点问题，如"保钓事件"、"瓮安事件"等。无论是自身问题还是热点问题，他们都不愿意将问题局限于小范围，他们更倾向于在组织中进行讨论，寻找实现自身社会价值的途径。

三　高校青年自组织集体行动的分类

（一）网络青年自组织

针对高校青年自组织的集体行动，一种较为适用的分类方式是将其分为现实集体行动和网络集体行动（也称虚拟集体行动）。早期对集体行动的研究主要集中于现实集体行动，而随着网络技术的不断进步和现代信息化的发展，催生了虚拟世界的集体行动，如在之前比较流行的“网络约战”和“网上声讨”，就是高校青年自组织集体行动的新方式。本章主要从虚拟集体行动和现实集体行动进行较为系统的阐述。

（二）在线虚拟集体行动

网络和手机等通信媒介的普及，对当代大学生的学习和生活产生了深远的影响，这些媒介无疑已经成为学生获取知识、交流信息最为重要的途径。高校青年自组织也充分运用了新媒体快速、便捷、低成本、低风险、跨地域等特点，鼓动成员参与集体活动。这种主要依靠虚拟网络技术为媒介，发生在虚拟世界里的集体行动就是虚拟集体行动。对虚拟集体行动比较规范的表述是：“在一定时期内借助网络、手机短信等现代通信技术，众多网民或是手机用户自发参与或有组织地聚集在某一个虚拟公共场域，通过网络互动或是手机短信等互动方式对某一刺激作出的一致反应的行动。”① 将利益诉诸新媒体的集体行动具有的特点主要有以下几个：

①主体：虚拟领域公民。在之前的论述中，我们已经知道高校青年自组织集体行动的主体是高校青年，而在线虚拟集体行动的主体是以网民身份注册的在校大学生。由于网络具有主体不确定性和匿名性，因此我们可以将这一类的集体行动的主体看做是虚拟领域公民，他们是确实存在的，但又是无法准确辨识的。虚拟集体行动以其独特的行为方式打破了传统集体行动的限制，它在空间上实现了组织成员间的零距离。虽然行动参与者的身份模糊，具有不真实性，但在虚拟社区进行的集体行动充分利用网络作为动员结构、政治机会或框架化（framing）工具而成为行动的主体。② 值得注意的是：虚拟集体行动是建立在较强意愿的基础之上，并不是所有网民

---

① 郝强：《网络集体行为的特征及其影响——对“网民反 CNN 事件”的分析》，《延边党校学报》2010 年第 3 期。

② Garrett R. Kelly, *Protest in an Information Society*: *A Review of Literature on Social Movements andNewICTs. Information*, Communication Society, September 2006, pp. 202 -224.

都必须参与进来。但是虚拟集体行动的发生具有偶然性，其成员身份具有不确定性，它主要依靠成员自发组织，这导致了行动的参与者间联系不强、人际关系不稳定、容易造成信息不对称等问题。

②场域：虚拟公共空间。在虚拟网络社区里，高校青年自组织成员积极参与公共议题讨论、表达自己的意见和诉求，使得虚拟网络社区成为实现他们利益诉求、激发其政治参与热情的新生的公共领域。所谓公共领域，指的是一个国家和社会之间的公共空间，市民在此空间言论自由且不受干涉，即“一种介于市民社会中日常生活的私人利益与国家权利领域之间的机构空间和时间”①。在这样一种虚拟的公共领域里，网民或自发或有组织地聚集起来讨论他们所关注或者与其自身利益相关的公共议题，容易形成一致的网络舆论。一旦形成了一致的意见，组织成员为了维护总体利益和公共福祉，通过网络组织起来的成员便会采取一定的网络行为，如“网上签名”、“网上祈福”、“网络声讨”等形式来进行利益表达。

③方式：动态及时交互。虚拟集体行动主要以口头表达为主，几乎不会发生武力冲突，这也是虚拟集体行动与现实集体行动的重要区别。虚拟集体行动通常依靠 BBS、论坛、人人网、微信微博等有影响力的虚拟网络社区，通过在这些虚拟社区中交换信息，对其所关心的事件发帖子、转视频、跟帖转帖等进行回应。在虚拟网络社区中，话语就是行为，语言就是武器。虚拟网络社区由于其匿名性、隐蔽性等特点，也成为了谣言产生和传播的“温床”，虚拟网络行为动态、及时、交互的特性使社区成员很容易受谣言所引导，引发网络群体性事件。与一般高校青年自组织集体行动相同，虚拟集体行动的发生具有偶然、难以预测的特点，它比较特殊之处在于其动员方式主要依靠语言互动来影响网络群体。

虚拟集体行动对语言具有高度依赖性，只有依靠语言形成公共舆论之后，虚拟集体行动才会对事件发展、政府决策甚至国家大政

① ［德］哈贝马斯：《公共领域的结构转型》，曹卫东译，学林出版社 1999 年版。

方针产生影响。而行动者身份的不确定性和目前我国网络系统监管审查的不足，或者是组织成员对现有信息的曲解和再解释，都会成为虚拟集体行动盲目发生的原因。总之，虚拟集体行动的动员方式既增强了组织的灵活性，也引发了集体行动的盲目性。网络媒介应用到集体行动中而形成的虚拟集体行动，其所具有的影响力在虚拟社区和现实生活中都随着网络的扩散而扩大。一方面它是现实社会在网络空间的延伸与扩展；另一方面增强了集体行动的效果与威力。

高校青年自组织主要通过网络在以下几个方面发生着作用：

第一，收集、传递并引导信息。就目前来看，手机和电脑几乎已经成为当代大学生必备的两件物品，大学生已经成为网络用户的主力军。他们借用网络设备进行沟通交流，QQ 群、飞信、人人网、微博、微信、论坛等都是主要的方式。在调查中我们发现，基本上所有的大学生都参与了青年自组织，网络参与更是普遍。所以，笔者觉得校方在处理危机事件时可以将青年自组织作为其重要的信息来源。

第二，自组织领袖的意见是产生集体行动的重要影响因素。高校青年自组织中的意见领袖往往会在组织讨论中起“定向”作用。他们积极发起、组织、参与网络讨论，不断扩大个人社交范围；他们凭借发言的高质量和高频率传播消息、发表意见；他们总是有意或者无意地引导舆论的方向。但是由于网络青年自组织中的意见领袖存在身份不确定、与组织成员间的关系不稳定等特点，这给校方的管理带来了极大的挑战，也增加了校方在有关方面管理的成本。

第三，心理干预。当一些危机事件发生时，大学生对这类事件没有做好充足的心理准备，一时间会惶恐不已。而在此时，如果又由于客观条件的限制（如道路堵塞、受害人被隔离等），难以与他人进行交流，必然会加剧心理恐慌程度，产生心理问题。青年自组织的网络集体行动受时间的限制比较少，没有空间地域差异的问题困扰，因此能够很方便地与他人交流，为那些可能产生心理问题的人进行心理干预，减轻因孤独、恐惧等所带来的心理压力。

第四，网络救援、志愿活动。危机事件的发生难免会对人身安全或是财产安全造成损害，需要我们及时救援，派遣志愿者，将可能发生或者已经发生的损害降低到最小。青年自组织招聘志愿者的活动在危机发生过程中十分常见，而且成员的参与程度也是比较高的，其形式包括组织募集救援资金、招聘志愿者、为“灾区”祈福等。公益类的青年自组织在此方面的作用要比其他类别的青年自组织更为突出，其组织宗旨大部分是从事公益活动，过半数的成员能够参与到组织活动中。此时，青年自组织会在网络空间里发出指令、倡议等动员大学生们一起实施网络救援活动。

（三）离线现实集体行动

高校中的青年充满热情、好动且有社会责任感，他们不满足于“在线”、“虚拟”的网络活动，渴望将虚拟活动延伸到现实中。他们通过定期碰面、讨论、集会等方式，用现实中的集体行动来表达其利益诉求。有时他们所采取的离线行动比较极端，包括集体绝食、罢课、游行示威等。高校青年的在线行为和离线行为往往是相互关联、互为手段和目、并能够相互转化的。与在线行为相比，高校青年自组织离线集体行动的特点有：

①主体：实体化个人。相对于在线行为，高校青年自组织的离线行动有明确的参与主体，是具体的个体而非匿名的网民。在线行为关注的是抽象的公平、正义等原则，而现实的集体行动产生的原因往往是现实的或特定的问题。在事件发生过程中，群众或是受主导者影响，或是发自内心自愿地参与到行动中来。现实集体行动一般有核心人物、重要组成人员、一般组成人员的层次差别。核心人物和重要组成人员拥有组织成员的联系方式，通过组织、动员、演讲、情绪渲染等方式鼓励成员采取行动，实现组织宗旨。现实集体行动往往比虚拟集体行动更具有社会影响力。

②场域：校园内外。高校青年自组织的行动场域可以分为两类：一类是只发生在校园内，在校园内产生影响的离线集体行动，如罢

课、静坐、联名请愿等。高校青年在校园内进行集体行动，主要是针对学校某种官方行为或老师个人的不当行为，他们的目的并不是想将事态扩大到无法处理，而只是希望他们的诉求得以表达，利益得以实现。另一类是发生在校园，而逐渐扩散到社会的集体行动，这一类行为的主体是高校青年，最初也发生在校园内，因此仍应归类于高校青年自组织集体行动，如学生上街游行、学生拒绝到学校上课。这一类行动的动机是欲将自身的不满情绪扩散到社会，进而引起社会普遍关注，达到行动目的。

③特性：同质性与群聚性。高校青年自组织集体行动的主体具有同质性与群聚性特征。首先，高校青年自组织集体行动的主体是高校青年，他们虽然来自天南地北，但是他们年龄相仿、教育程度相近、利益点相同、同质性高，十分容易被组织动员起来参与集体行动。当他们中的一个人发出新诉求，一旦得到班级、学院、老乡、社团等的呼应，就有可能吸引其他人参与进来。同时，对于集体行动而言，本来就具有突发性和扩散性的特征，而发生在高校的集体行动就显得群聚性强、扩散性广。这一方面是因为高校人群密集，高校青年间信息扩散迅速。另一方面，是由于高校青年大多处于20—25岁，他们有热情，可以一呼百应。

现实集体行动组织化程度高。在行动发生发展的过程中，核心人物或主要组成人员通过呼喊、散发传单、利益诱导、激情激发、关系网络等方式，动员更多的资源加入集体行动。组织成员往往能够汇集十分庞大的社会资源，这就要求现实的集体行动更具组织性、计划性。现实集体行动“面对面”的成员组成方式，也会使那些“隐藏在计算机背后”的成员更容易浮出水面。

现实集体行动是多种因素作用的结果。我们知道，校园危机事件有可能成为高校青年自组织集体行动的诱因，学生自我伤害、学生意外事件、暴力冲突、管教冲突等是其常见的形式。而境内外发生的事件，尤其是危害国家荣誉或者是侵犯民族自尊心的事件也常常会影响青年学生的政治态度，激发起他们的群体情绪。还有一类是国际冲突，如中国领土争端、1999 年美国轰炸中国驻南斯拉夫大使馆等问题，也容易引发青年学生因爱国情操产生愤慨心理，这些都是高校青年自组织实施集体行动的原因。现实集体行动的发生，也许是由于一次偶然的事件，也有可能是多种因素交相作用的后果，但很多时候是自组织成员一般的利益表达途径不畅，大学生才会选择集体行动这种方式。

第三节　高校青年自组织参与创新创业、社会服务的集体行动案例

高校宽松、自由的生活环境，为青年自组织的孕育和发展提供了良好的环境，他们也在当中扮演着重要角色，发挥不可替代的作用。在本节中，我们试图分析几个比较具有代表性的高校青年自组织参与创新创业、社会服务、安全稳定方面的案件，来探讨高校青年自组织的集体行动逻辑，从而寻找正确引导高校青年自组织合理运行的机制，规范高校集体行动。

一　创新创业——“互联网 +”扶贫

重庆市酉阳县大板营村，一个离主城 430 公里的偏僻村庄，却曾经在网上引起青年网友的巨大关注。24 名来自全国各地的青年，最终通过网络聚集到这个小村。用“互联网 +”的思路，改变村落贫困的现状。

重庆某大学研究生毕业的徐某，带领创业团队经营着一家青年旅社。2015 年 7 月 4 日，他在网上发起征集，寻找一起开展古村落“活化”调研实践的网友。很快，他们收到了从全国发来的 100 多份报名表，并从中选出了 21 位志愿者。这 21 位志愿者所学的专业涵盖设计、摄影、建筑、园林、规划、新闻、农学等。7 月 31 日，加上徐某的创业团队成员，踏上去往酉阳大板营村的路。

为了更好地观察山村的环境，调研队没走“寻常路”。8 月 1

日，从早上9点到下午5点，团队穿越原始森林，徒步近30公里山路后抵达目的地。第二天开始改造校舍，第三天又徒步调研，为了收集第一手资料，大家每天7点半起床，挨家挨户走访。期间经历过中暑、迷路、摔倒、被植物割伤等，原始森林、峭壁、河滩等都是他们走过的地方。

在调研过程中，摄影团队用镜头记录下了15天的全部经历。回到重庆后，他们把记录的内容制作成了一个3分钟的小视频传到网上，里面有山里孩子的微笑、美丽的原始森林，还有调研团队风雨无阻的身影。

现在他们已经把制作好的纪录片、图文资料，放到了微信上传播，希望通过网络的力量，让大家关心传统村落的发展，并号召更多的青年加入团队，一起去实现“活化”传统村落的梦想。

结合这15天的调研，他们上网整理了许多案例，通过大数据分析后，为大板营村的“活化”制订了一个初步计划。因为当地建筑以木质结构为主，所以这群年轻人将这个活动取名为“树屋计划”。昆明理工大学在读研究生杨朔，是这次负责村落调研的管理者。杨朔抵达村落后，对近80户民居进行了全面测绘。他发现这些建筑都是吊脚楼，甚至还有好几栋建造时间超过三百年。严媛是北京师范大学2013级学生，负责民俗文化资料收集。她发现村落除了大年三十过年，还把农历七月初一作为“大年”，腊月二十八作为“赶年”，认为可以考虑用这些资源打造乡村定制游。

二　社会服务——走进敬老院

2011年3月9日，孝感学院新技术学院财经政法系青年志愿者协会发起敬老院之行，关爱孤寡老人，让他们感受世间的温暖，度过一个安乐的晚年，希望以他们的行动给老人带来欢乐，并以切身实践来传承和发扬雷锋精神。

在接下来的几天时间里，孝感学院新技术学院财经政法系青年志愿者协会制定了详细的活动方案及宣传海报，并利用微信、QQ、微博、现场摆点的方式召集志愿者，预计在各班共征集约20名志愿者，要求报名参加的志愿者要有爱心、有活力、积极向上。

本次活动具体安排在3月12日下午的孝南区敬老院。志愿者于当天下午13：50在同大综合楼前集合，到达活动地点后，和老人晒太阳，陪老人聊天、下棋，听老人们讲述他们年轻时候的故事，陪老人进行些有益身体的娱乐活动。在此之外，志愿者团队还为老人们准备了文艺表演，有唱歌、跳舞、小品等，老人们看得不亦乐乎。当日15：40分左右，与老人告别，然后集合返校。

三 分析与阐释

上述两次活动主要参与主体都是高校学生，这种“‘互联网+’扶贫”、“走进敬老院”活动，高校青年自组织怀着满腔热忱、利用自身资源将知识与温暖带到偏远地区，带给弱势群体，在帮助他人的同时，也促进了社会的稳定，政府对此不但持支持态度，而且还给予了嘉奖。对此，我们可以看出高校青年自组织集体行动的特征和给我们带来的启示。

（一）草根型集体行动

高校青年自组织是自我成立、自我管理、没有官方注册的高校学生组织。从90年代中期开始，它们在我国高校普遍发展，参与主体都是在校大学生，没有任何的官方人员。有相对独立的管理和财务自主权。

（二）“在线”和“离线”相结合

不同于以往集体行动的离线行为，在线行动（网络行动）是中国高校青年自组织反映诉求和情感的一种新形式。在上述两个案例中，无论是“‘互联网+’扶贫”中的倡议书发表，还是“走进敬老院”中的召集志愿者公告，青年自组织都借助了互联网。在网络上进引号召、组织、策划抑或由互联网的“在线”向“离线”转换，抑或由“离线”向“在线”转换，抑或是两者的交替转换。

（三）集体行动理性与非理性混杂

在这两次活动中，高校青年都是积极参与者。他们掌握着最新知识，拥有理性的思维能力，为了给弱势群体送去温暖，他们组织起来表达自己的观点，并付诸行动，都产生了良好效果，但是，并不是每一次集体行动都是理性的，在集体行动中，个体的理性往往会被集体非理性冲没，这是因为在集体行动中，“法不责众”的想法会导致个别人行为超纲，而其他人往往会跟风，从而导致集体非理性。

（四）要加强高校青年思想政治工作，培育和谐校园文化

加强高校学生思想政治素质，是规范高校青年自组织行动根本性的工作。首先，我们要坚持立德树人，加强社会主义核心价值观教育，发挥辅导员、团委、主阵地第二课堂的育人作用，形成同心同向、同行的学生培养模式和全程育人的氛围，使高校青年在自组织活动中能够抓住主旋律，进行理性判断。其次，要大力推进网络思想政治教育。开拓网上思想政治工作的新途径，运用网络技术、开展网上思想政治教育，吸取高校青年自组织参与网站的建设、管理和维护，扩大网站在大学生中的影响力、吸引力和感染力，注意网上和网下思想政治教育的衔接，培育高校青年的政治敏锐性和理性判断能力，使他们能够在虚拟或现实集体行动中，把握好“度”，在实现自身合法诉求的同时，构建和谐校园文化。

第九章　青年自组织的治理

青年自组织在改革开放和经济迅速发展的浪潮中应运而生，并且随着新媒体的出现飞速发展。青年自组织以其平等、自由、轻松的组织文化吸引了多数青年的关注，也正是因其迎合了青年多样化的需要，近几年来的青年自组织数量不断增多，组织类型逐渐丰富，从简单的兴趣群体层次逐步向社会管理、社会公益事业挺进，开始参与公共事务的管理，加入社会服务的行列，并且在社会公共事务管理中发挥着越来越重要的作用，社会对其的认可度和信任度也越来越高。新媒体的日新月异，为青年自组织“线上行为”提供了平台，由于青年自组织有自发性、非正式性、种类繁多的特点，其借助快速、匿名的网络载体，很容易将“线上行为”转化为实际行动，一旦受到错误信息误导或别有用心者的诱导，很可能爆发现实中的群体性事件，危害社会，影响稳定。因此对其本身的治理十分必要。本章将从青年自组织的自治自律和外部管制两个方面剖析青年自组织的管理现状，进而指出青年自组织在管理方面存在身份困境、人才困境、资金困境、缺乏评估机制等问题，并以此为基础探讨政府、社会、共青团通过“软法治理”和“合作治理”引导青年自组织健康、良性、有序的发展。

第一节　青年自组织的管理

近年来，青年自组织自身活动领域逐渐扩大，特别是在社区服务、关注留守儿童、慈善公益、灾害救助方面体现得尤为明显。青年自组织成员层次参差不齐，各成员参与自组织的目的不尽相同，或在参与活动过程中目的发生改变，导致目前青年自组织在成员素质、动机等方面存在差异；另外，青年自组织有一定的自主性，不仅表现在自发成立、自发组织活动方面，更表现在言语和行动上，这种自由、自主的言语和行动的程度一旦控制不好，很有可能给社会带来困扰。因此，必须从自律和管制两方面来加强对青年自组织的管理。

一　自律与自治

（一）自律

青年自组织的自律主要表现在骨干成员的自我约束、自我管理上。"自律是一种可观察的行为，自律行为的背后有着不同的致因。红灯亮时主动（而不是由于警察或栏杆拦截）止步或停车是值得称道的自律行为。这种行为可能是一种下意识的反应，也可能出于自觉的守法意识、责任感或公德，还可能出于对处罚的畏惧，或者可能是多种力量共同作用的结果。"[①] 不同的致因反映出自律行为的层次性。最高层次的自律已经成为行为主体的人格，使他超越一切监督而达到自为的境界；第二层次的自律是舆论监督和道德规范约束的结果；第三层次的自律则是畏惧法律约束和权威监督的结果。进一步探究自律行为的致因，我们可以得出一个结论：青年自组织的自律，特别是领袖的自律是以事业感、使命感和社会责任感为支撑的，是一种"道德驱动的自律"。这种事业感和责任感既来自个人生活经历，又源于工作、学习经历带来的价值结构。以北京大学爱心社为例，其内部自律的支撑就是骨干成员的使命感。北京大学爱心社成立于 1993 年 11 月 23 日，是中国高校第一家由学生自发成立的志愿服务社团。二十多年来，爱心社不断发展壮大，坚持从事爱心活动。现有注册社员上千人，遍布北大各个院系及北大附属小学

---

① 陈庆云、周志忍：《自律与他律》，浙江人民出版社 1999 年版，第 32 页。

等单位。爱心社活动包罗万象，现有儿童组、助残组、校园组、护老组四个实践部组；资助部、外联部、组织部、秘书处四个功能部组；手语分社设有事务组、教学组及实践组。爱心社社员把爱的种子播撒到社会的各个角落，“呼唤爱心，奉献爱心”的宗旨经过一届届社员的传播与贯彻，深入人心。作为北大十佳社团及品牌社团，在校内外具有极大知名度和影响力。

但是，我们应该认识到道德驱动自律的限制性，事实也的确如此。“青年自组织‘黄牛党’的案例影响较大。该组织的部分成员在大学期间推销过篮球联赛球票，可后来却沦为一个倒票团伙；一个东北老乡自组织的一名成员偶然抢劫成功后，由于没有得到正确的引导，该组织愈演愈烈，以致走上犯罪道路，全部被判处有期徒刑。”① 这样的例子还有不少，由此看来，仅仅靠道德驱动自律是不够的，必须将这种自律转化为制度化的自律。制度化自律并不是排除道德的作用，它强调的是正式制度和非正式制度的系统约束，意在多元约束的基础上，在行为主体与外部环境长期互动过程中形成自律。对于青年自组织而言，制度化自律不仅靠政府的控制、监督，更依靠内部监督机制。内部监督机制可以采取监督专员的形式，但更多地体现在内部规章制度、办事程序和日常管理工作中。目前，一些青年自组织已经形成了形式完整的组织框架，有简单的、相对稳定的组织形式，有明确的管理规范，但是由于大多数的自组织成员流动性大、随意性强，仍然导致其实质上的无管理制度的缺陷。

（二）自治

自治即自己处理和管理组织内部的事务。目前很多的青年自组织具有正式组织的特征，拟定了内部章程和制度，有专门的负责机构和负责人，并且多采用正式组织的职务名称。另外一些相对自由的自组织虽然没有形成内部的管理机制。但是，成员出于对组织中

---

① 刘建林：《多多扶持走正道的青年自组织》，《中国青年报》2011 年 8 月 1 日。

骨干成员的高度信赖而参加到自组织中，使这类自组织运转高效，活动满意度高。总体来说，自主管理本来就是青年自组织的特性，成员也认可这一运作方式，所以其也成为青年自组织管理的主要组成部分，表现为较强的自治性。由于青年自组织类型多样、活动内容及组成方式不一，其自主管理方式也不尽相同。主要有以下三类：

1. 社团化运作

一些有明确组织目标的青年自组织，特别是公益组织，有固定的组织领袖和骨干，组织成员稳定，人员流失较少，形成了较为稳定、完善的组织结构。如瑞安海鸥社有社长、副社长，下设行政组、宣传组、活动组。活动组下设多个项目部，成员均由瑞安集团的内部员工兼任。虽然青年自组织非正式团体，但部分青年自组织有意使用现实组织的职务名称来命名其负责人，如“爱在斗地主的日子里”，推举“妇女主任”，负责服务妇女成员；推举了“工会主席”，主要负责活动时采购东西以及平时看望生病的成员等。[①] 目前，一些青年自组织发展成熟后，已经开始建立相关的制度，创立了类似于注册社团的章程，使青年自组织的内部运作走向机制化道路。还有一些青年自组织通过公推公选的途径，使组织机构、领袖在会员中具有“合法”身份。这些社团化运作的青年自组织越来越类似于那些正式注册的社团组织。

2. 活动型运作

活动型运作的青年自组织，主要指以自娱自乐为目的的自组织，其组织化程度较低，无固定的管理团队，只有一两个领头人物，在现实中也没有固定的管理架构，仅靠活动来维系组织的发展。他们在网络群聚、交流的基础上，通过网络平台发起网上网下的活动，结成松散的团体，形成“活动有时像组织，活动无时无组织”的自

---

① 《关于青年自组织发展状况的调研报告》，http://wenda.so.com/q/1378731867060547，2013年9月10日。

由状态。像宝来车友会，每年只有在年会时见面，一见面经常有一两百人参加聚会；平时就只是在网络上聊天。再如天天宠物俱乐部，有12名发起人，但没有形成分工明确的、固定的组织架构，具体活动具体策划。这类青年自组织的领袖主要担任网站后台的管理角色，组织网下活动却依靠临时参与筹备工作的热心网友协助，一起来完成活动策划与执行。

3. 实体性运作

具有经营性质的青年自组织一般采用实体性运作，前面是平台，后面是实体：平台汇聚人气，发展俱乐部会员；后台通过实体化的方式运作活动，为组织推销产品和服务。一些实体性运作的青年自组织，实行网上、网下分治，网上充分鼓励热心网友参与网站版面的管理。例如，上海益友网络有限公司即采用这种运作模式，即公司帮助网站注册会员在E友网上成立了“会员委员会”，参与网站管理，但是依托网络平台组织的大型网下活动均由公司负责运作。需要说明的是，实体性运作并不意味着青年自组织一定只以营利为终极目标。如上海黑蝙蝠车队（车友会）依托上海市边车文化艺术交流发展有限公司，但边车文化公司只是为车友会运作提供名头与便利，不以营利为目标。

二　管制

（一）行政管制

2013年《公务员机构改革职能转变方案》指出，我国社会组织既培育发展不足，又规范管理不够。这主要是因为其成立的门槛过高，社会组织未经登记而开展活动又较为普遍，一些社会组织行政化倾向明显，现行管理制度不适应社会组织规范发展需要等。根据党的十八大精神和中央有关规定，改革社会组织管理制度：重点培育、优先发展行业协会商会类、科技类、公益慈善类、城乡社区服务类社会组织。成立这些社会组织，直接向民政部门依法申请登记，不再需要业务主管单位审查批准。但是，对青年自组织仍然坚持一手抓积极引导发展、一手抓严格依法管理，建立健全统一登记、各司其职、协调配合、分级负责、依法监管的社会组织管理体制，健全管理制度，推动社会组织完善内部治理结构，促进社会组织健康有序发展。

（二）立法规制

在我国，青年自组织被纳入社会组织体系，而现有关于社会组织的立法，并未对青年自组织这一类型作明细规制。国务院授权民政部于 1988 年 8 月正式组建社团管理司，明确由民政部登记管理社会团体工作。并且，国务院先后发布了《外国商会管理暂行规定》、《社会团体登记管理条例》，对社会团体进行复查登记。此后，国务院于 1998 年颁布了修订后的《社会团体登记管理条例》以及《民办非企业单位登记管理条例》，逐步完善社团配套政策，建立健全了我国社会团体行政管理体系①。十六大以来，党中央对社会组织提出了新的要求。2007 年，国务院办公厅发布了《关于加快推进行业协会商会改革和发展的若干意见》，使社会团体成长的社会环境、法制环境再次得到改善。2013 年年初，社会组织管理制度改革被纳入国务院机构改革和职能转变方案，该方案明确，行业协会商会类、科技类、公益慈善类、城乡社区服务类这四类社会组织可直接登记。2016 年 2 月 6 日，国务院发布的《关于修改部分行政法规的决定》，明确将《社会团体登记管理条例》中“申请筹备成立社会团体”的规定修改为“申请登记社会团体”，这使得以往在筹备成立中需要耗费的人力、物力、财力得以节约，为青年自组织自觉登记进而被纳入我国法律所管制的社会组织范畴提供了极大便利。

2016 年 3 月通过的《中华人民共和国慈善法》明确了新设立的慈善组织可向民政部门申请登记；已设立的社会组织，可以向民政部门申请认定为慈善组织。慈善组织取得公开募捐资格后方可组织公开募捐。这些为优化社会组织成长结构、撬动社会领域的供给改革将产生实质性助推作用，为青年自组织申请成为慈善组织提供了

---

① 何跃、马素伟：《青年自组织国内研究综述》，《山东省团校学报》2010 年第 1 期。

有效的渠道。2016 年 4 月，《中华人民共和国境外非政府组织境内活动管理法》中，将社会组织细分为公益法人和中间法人予以规制，激发了社会组织的活力。此外，由中央办公厅、国务院办公厅 2016 年印发的《关于改革社会组织管理制度、促进社会组织健康有序发展的意见》，不仅充分肯定了社会组织对于我国经济社会发展的重要贡献，还将其上升到了公民参与社会管理的一种有效途径的高度，有助于统一认识、凝聚共识。对于社会组织发展过程中出现的问题，《意见》逐一给出良方，更明确了依法有序发展的思路。可以预见，随着《意见》的落实，相关法律法规的健全，社会组织将为我国经济社会发展做出更多贡献。

国际上，已有一些自组织管理的法律框架，如俄罗斯 1995 年出台了《国家支持青少年社会组织法》，明确了对合法青年组织的支持措施；英国早在 1601 年就出台了《慈善法》和《救济法》，用于规范非营利组织和非营利的行为；德国、南非、匈牙利、捷克等国家针对非营利组织部门设有专门的基本法律，如捷克的《公益法人法》、德国的《结社法》，明确了自组织的法人地位，并将之纳入适当的法人制度体系，以确保其自主性和自治性。

（三）司法规制

由于青年自组织数量多、种类繁杂、涉及面广等因素，目前对该类组织的管理难以全面覆盖，会因各种因素被不法分子诱导从而异化为危害社会的不稳定因素的可能性很大。近年来，青年自组织异化走上犯罪道路的案件不断增多，引起了有关部门对青年自组织的关注。

家住山东省济南市的刘女士是一名公益爱好者。曾被好友拉入一个香港爱联集团有限公司（以下简称“爱联国际”）的公益联盟 QQ 群。这个公益联盟的加入条件让刘女士起了疑心。刘女士说：“交纳上万元的捐赠费才能成为所谓的‘爱心使者’，所有的钱都要先上交‘集团’，并非全部用于慈善助学。”更令刘女士疑惑的是，对方说，如果她发展更多的人加入，还有高额提成。由于觉得爱联国际类似传销组织，刘女士向工商局举报。工商局执法人员调查发现一个名为“爱联国际”的网站。在该网站上，爱联国际声称“受香港政府的委托”，从事“团体观光旅游、爱心慈善助学、联盟自主创业”等经营业务。执法人员发现，该网站有一个“助学基金管理平台”，明确要求欲加入者在捐款后方可通过会员认证，并获得推荐人员加入的资格。会员推荐了新人参加，可以按照推荐人数的多少，得到名目繁多的奖励。随后爱联国际因涉嫌传销被济南、青岛、龙口、威海等地工商、公安机关查处。在重庆涉及 30 个省（区、市）、3 万多人的爱联国际网络传销案被查处。

这个案例给我们的启示是随着青年自组织的不断发展壮大，其异化走上犯罪道路的可能性增多，有必要专门针对青年自组织进行司法规制。2016 年 3 月 20 日公布的《中华人民共和国慈善法》在第八章和第十章分别强调了慈善组织的信息公开和监督管理，要求民政部门建立起评估制度，同时也鼓励和支持第三方机构对其开展评估，并将评估结果向社会公开。笔者认为对于慈善类青年自组织的管理可以参照适用该法的规定，把资金和服务捐赠给有信誉、有公信力的公益慈善组织。目前，针对青年自组织的规制已经从政府管制、立法完善和严厉打击违法组织三方面同时进行，希望通过规范青年自组织的活动，发挥其正能量，成为社会建设的中坚力量。

“少年强，则国强”，青年是社会发展的未来和希望，是有形和无形资产的重要源泉，1965 年，联合国大会通过了《关于在青年中培养民族间和平、互相尊重及彼此了解等理想之宣言》，这是首份涉及青年的专门决议，为联合国介入青年事务提供了切入点。1968 年，联合国大会又通过了《教育青年尊重人权及基本自由》，为青年事务的形成提供了法律基础。1985 年，联合国召开了国际青年庆祝大会和讨论青年政策和方案的专门会议，标志着国际社会对青年问题的关注上升到了一个新的高度。此后，许多国家成立了专门的国家机构，这些机构日后大多转为各国政府处理青年事务的常设机构。在办事机构上，除联合国大会外，一些专门机构如国际卫生组织、联合国教科文组织等，为维护青年事务做了大量的工作。青年自己管理自己事务，在法定范围内开展活动，服务社会。

第二节 青年自组织存在的问题

青年自组织在成员组成上，个体良莠不齐、人数不均；在运作上，平台单一、运行不健全，大部分都是依托主体网站，其财务制度、会员准入制度、民主选举制度等体系不够健全；同时在地域上分布广泛，故而其活动、影响等方面都存在较大差异性，也给管理带来挑战。

一 目标不明

不同的青年自组织在发展方向和发展目标定位上各不相同，不同个人的认识也有很大差异，一般来说青年自组织可分为两类，一类青年自组织一般没有长远规划，例如 QQ 群、老乡会等，只是任其随意发展；另一类青年自组织对未来期望很大，例如创业团队有一定的规划，但发展受到一些因素的限制。当然，不排除有些青年自组织管理机制十分成熟，内部机制很完善，但是这类青年自组织毕竟只占少数，大多数的自组织因为没有合法地位，处于自我发展、自我运作的放任状态，局限于较窄的社会领域，加之没有长期规划，很多自组织最后因偏离最初目标而解散。如青岛远行户外运动俱乐部成立于 2006 年，有固定的场所，会员活动经费采取发起人赞助和会员缴纳会费的形式。最初，俱乐部运行良好，不定期地组织会员参加户外训练、郊游、爬山等活动，会员也都积极参加。后来，由于活动内容不丰富、形式单一、资金缺乏，组织活动的次数越来越少，部分会员甚至申请退出。两年以后，俱乐部名存实亡。

二 身份困境

因为我国的青年自组织是自发成立，无须经过相关部门的批准注册，没有归口的管理上级，因而政府相关部门难以掌握其真实的存在状况，对其管理也就处于空白和被动状态。只有在自组织出现违规、违法问题时，相关部门才会加以干涉，进行惩罚或予以取缔。青年自组织没有合法身份，不仅给相关部门的管理和监督带来了不便，尤其是那些通过网络工具成立并利用网络召集成员的自组织，由于网络的隐蔽性，对于其成员的真实情况难以把握：如果监管不严，容易引发从网上到网下的群体性事件；更重要的是合法性身份的缺失也限制了青年自组织的发展，如没有专门的政策扶持和专项资金的保障，活动的公信力经常受到质疑等，使很多自组织在合法性困境下自生自灭。带有“地球布丁”①形象的“请系好安全带”的温馨提示，一度出现在广东、福建、安徽、河北、河南等地来来往往的出租车上。上千名成员走上街头，以保护环境、遵守交通法规、引导城市文明为宗旨，号召更多的人加入到文明自律的行动中。之后随着核心人物的退出，“地球布丁”的影响力、活跃度已逐步下滑。像“地球布丁”这样的例子还有很多，多数青年自组织生命周期非常短暂，成立之初充满活力、发展迅速，随之由于缺少必要的扶持力量，往往只是昙花一现。

三 人才短缺

人才困境主要表现在自组织成员对领袖的过分依赖、专职成员的缺少和成员素质参差不齐。青年自组织一般是由骨干成员发起，发起人作为自组织的领袖在自组织的发展中起着决定性的作用。在自组织中，领袖具有极高的威望和权力，在成员管理、事务决策方面处于决断性的主要地位。领袖的地位一般是在自组织发展中自然

---

① “地球布丁”成立于2004年5月，以“地球因我们而完整”为口号，是一个纯公益性的组织，以保护地球生态，保护环境为主要责任，带头遵守交通法规，引导城市文明，带动更多的人自发保护环境，以投身公益事业为己任，不断地利用周边资源，为社会的文明化进程而努力。

演变形成的，成员对领袖具有较高的认同度。这种管理存在的弊端也很明显：其一是每遇自组织的领袖更迭，很多追随者很可能会退出自组织，影响自组织的持续发展；其二是如果自组织领袖的理念发生变化，就会带来组织使命、愿景和阶段性任务的变动，不利于自组织的稳定发展；其三是大部分的自组织领袖以虚拟的身份出现在自组织里，成员对其并不是很了解，很难约束其行为。另外，青年自组织成员大多是把自组织的活动作为业余生活的一部分，很少有专职的工作人员，自组织活动从策划到结束都是领袖和核心成员来协调，一旦遇到需要专业技术人员处理的事项，自组织只能依靠外援或者干脆放弃。自组织普遍存在的情况是组织成员加入的门槛较低，青年个体只要有意愿都可加入，因此不能排除有个人素质较低或动机不纯的青年个体加入自组织。青年自组织是社会发展的产物，如果因为个别成员的问题而导致整个组织发展受限或极端偏激，势必会对社会产生消极影响。

四　资金匮乏

活动经费不足已成为青年自组织运行中存在的最大问题。以青岛市为例，调查显示：75%的青年自组织依靠自身艰难维持。经费来源方面，62%的自组织没有外来经费来源，主要靠成员AA制和负责人筹集，有外界其他组织支持的仅占18%，通过自组织自身盈利获得资金的仅占13%。随着一些自组织的发展，当成员自身无法承担增长的经费需求时，自组织的发展会明显受阻甚至不得不解散①。因为经费不足的问题而阻碍自组织发展的例子很多，如中国慈溪爱心俱乐部通过走村入户式调查，已对慈溪偏远农村3000多名贫困青少年的情况有了较为全面的掌握。但其运作资金来源于成员缴纳的少量费用和社会募捐，资助资金非常有限，这在根本上限定了活动的频次和质量，经费来源不稳定给组织活动多样化、精品化

① 张威：《青岛市青年自组织发展研究》，博士学位论文，中国海洋大学，2009年，第58页。

造成很大影响。虽然少数发展较好的自组织通过参与一些社会活动获得了一定的报酬，但也是杯水车薪，难以维系进一步发展。长期依赖组织内部成员募集资金，必然会造成两类发展中的问题：一是自组织开展的活动单一，不能满足自组织大多数成员的愿望；另一个是自组织对社会提出的服务要求、服务标准、服务内容不能有效满足，从而影响自组织的良性发展。

五　缺乏评估

自组织评估建立在委托—代理理论、激励理论、资源依赖理论和系统理论之上，期待通过评估达到控制、监督、约束、自我提高、自我改善、与不同利益群体沟通的目的。虽然部分青年自组织制定了内部的规章制度，但大部分缺乏评估机制，对于资金去向、比例分配、详细账目、活动绩效、社会价值等都没有相关的公示与测定，对于自组织的活动是否按照章程进行没有相应的评估，也没有建立相关的监督机制。

被誉为“藏羚羊的保护神”的野牦牛队曾声名远扬，野牦牛队队员从无到有，在极端困难的条件下打拼出一支举世闻名的自然保护队伍，在可可西里无人区内常年担负起保护高原稀有野生动物的职责，并与盗猎分子展开了殊死搏斗。野牦牛队从成立至撤并，共破获盗猎案件数十起，查缴藏羚羊皮近万张。虽然野牦牛队反盗猎成绩举世瞩目，但同时也存在诸多负面影响：野牦牛队被认为在可可西里地区开展反盗猎行动并没有取得相应的执法权；这支队伍中人员“素质普遍较低”、“执法不规范”；“有时抓住盗猎分子后不移交司法机关，只要缴罚款就放人，罚款标准混乱，没收的钱物归为己用”，还将查获的藏羚羊皮“有时私自卖掉，将款项占为己有”等。青海省格尔木市检察院以涉嫌贪污而拘留了 8 名原“野牦牛队”队员。涉嫌贪污一案尚未了结，又一名“野牦牛队”队员扎江因涉嫌贩卖枪支，经检察院批准逮捕。由于监督机制的缺失，不少青年自组织在发展过程中偏离了成立初衷，甚至走上犯罪的道路，最后等待他们的只有法律的制裁。

六 合法性困境

随着自组织形态和活动的不断发展，其合法性困境也愈加凸显。较为典型的自组织——字幕组（Fansub group），就是将外国影片配上本国字幕的爱好者团体。作为诞生于互联网时代和自媒体平台的新事物，这种民间自发的个人团体组织为网民的观影提供便利，但与此同时，也受到诸多诟病。

由于我国加大了对文化市场的监管，引进国外影视作品涉及的审批手续繁杂，导致引进速度非常慢，故字幕组的诞生为国内民众提供了更加丰富和新鲜的影视资源，然而其开展活动的合法性却有待商榷。首先，字幕组通过在外国录取、下载或购买等方式引进片源，脱离了政府部门（如广电总局）的监管和批准，游离于法律和政策之外。其次，字幕组上传的影视资料一般来自境外，故很多内容涉及意识形态的问题，未经国内审批许可就进行传播，难免造成对受众思想观念的影响，甚至导致偏激、反动的言行，有违公序良俗，影响社会的和谐和稳定。最后，根据《中华人民共和国著作权法》的规定，个人制作且不以营利为目的、仅供学习交流研究使用的作品，属于合理使用的范围，并不触犯中国现有的版权法律，但若公开进行网络传播则构成了对原作品著作权的侵犯的嫌疑。近年来，甚至有个别字幕组未经著作权人授权，就在片中插播广告谋取商业利益，这种行为显然已严重触犯了法律法规，应当予以纠正和查处。

第三节 青年自组织的软法治理

青年自组织主动承担服务社会的责任，对社会发展起到积极作用，但是其存在的问题也不容忽视，如何引领青年自组织良性发展已成为现阶段最值得思考也是最重要的问题。青年自组织的非正式性、自发性特征与“软法治理”的“自我立法”思想相契合，因此，在引领青年自组织良性发展方面“软法治理”应不失为一种选择。软法是20世纪70年代末、80年代初在西方法学界出现的一个引人注目的概念。自诞生之后，软法就引起了许多学者的关注。相对于硬法而言，软法带给我们或多或少模棱两可的印象。什么是软法、什么是软法治理以及软法治理背后的价值都需要我们探究。

一 软法与软法治理

目前，我国国内学者对软法的研究才刚起步，软法在我国国内法领域还是一个较新的名词。罗豪才专注于对软法及软法治理的研究，他将软法定义为“对人们的行为具有约束力的一切规则”①。软法不仅仅存在于国家法领域如国际宣言、国际标准、国际组织决议等，也存在于区域性组织、次国家领域，如欧盟的开放协调机制，还存在于社会团体和基层自组织的规范等。综上所述，可以认为软法是指由一定的人类共同体为了实现共同意志而制定或认可的以保护力为主强制力为辅、主要依靠自律或者社会影响力等内在约束力的方式对人们的行为产生实际效果的一系列行为规则。②

软法被人们寄予厚望，在中国社会管理体制改革中也占据了重要地位。通过实施软法进行社会治理，即通过软法规范、矫正、弥补硬法不足，填补硬法空白，丰富硬法细节，以此拓展法治化疆域，应对国家管理和社会自治的需求；通过理论的完善来支撑理性的软法实践，实现法治原则与法治精神对相关制度安排的有效规制。③ 实践中，软法治理似乎直指社会改革过程中“良性违法”现象的破解之道——将于法无据的试错性决策草率合法化，寻找“僵硬恪守法律文本规范”之外的第三条道路。软法对硬法的辅助和弥补，相对硬法在社会成本节约上的优势，对多元主体合作与社会共同利益的强化，都使软法在公共治理中发挥着不亚于硬法的作用。

---

① 罗豪才：《软法与软法治理》，北京大学出版社2006年版，第21页。

② 刘小冰：《软法原理与中国宪政》，东南大学出版社2010年版，第46页。

③ 邢鸿飞、韩轶：《中国语境下的软法治理的内涵解读》，《行政法学研究》2012年第3期。

自由精神与公共理性是软法治理的两大精神内核。软法治理强调公共治理，而公共治理以个人为出发点，其本质为“自我立法”，体现了对个人意志和选择的尊重，对社会组织自律管理的认可；同时在价值取向上，彰显着公共意志的光芒，突出程序上的沟通互动以及参与者的理解支持。[①] 这一治理模式和治理理念转变的核心，表现为统治理论向治理理论的转变，意味着管理主体和管理对象、政府管理方式、权力运行方向、追求目标和评价标准的一系列变化。

二 软法治理的特征

软法治理相关理论在我国的提出，一方面是为了回应公共治理的现实需求，基于需求，有必要对与公共治理密切相关的各种规则的属性及其法治功能、现实效力、实施方式进行梳理分析；另一方面，也是基于这种理论分析，为中国融入全球公共治理的大趋势寻找理念及制度依据，为公共治理模式的成功转型提供理论支撑。软法治理相比于硬法治理具有如下特点[②]：

（一）组织结构扁平化和网络化

组织结构是从事管理活动的人们为了实现一定的目标而进行协作的机构体系。刚性管理下的组织结构大多采取的是直线式的、集权式的、职能部门式的管理机构体系，强调统一指挥和明确分工。这些组织结构的弊端是信息传递慢，难以适应信息化社会中组织生存和发展的需要。

软法治理提倡组织结构模式的扁平化，压平层级制，精减组织中不必要的中间环节，下放决策权力，让每个组织成员或下属单位获得独立处理问题的能力，发挥组织成员的创造性，提供人尽其才的组织机制。与此同时，通过组织结构的扁平化，使得纵向管理压缩，横向管理扩张，形成网络型组织，团队或工作小组就是网络上的节点，大多数的节点相互之间是平等的、非刚性的，节点之间信

① 罗豪才：《软法与软法治理》，北京大学出版社2006年版，第28页。

② 罗豪才、宋功德：《软法亦法：公共治理呼唤软法之治》，法律出版社2009年版，第10页。

息沟通方便、快捷、灵活。

（二）管理决策柔性化

在传统的刚性组织中，决策层是领导层和指挥层，管理决策是自上而下推行，组织成员是决策的执行者，因此决策往往带有强烈的高层主观色彩。柔性决策中决策层包括专家层和协调层，管理决策是在信任和尊重组织成员的基础上，经过广泛讨论而形成的。与此同时，大量的管理权限下放到基层，许多管理问题都由基层组织自己解决。管理决策柔性化还表现为决策目标选择的柔性化，刚性管理中决策目标的选择遵循最优化原则，寻求在一定条件下的最优方案。软法治理认为，由于决策前提的不确定性，不可能按最优化准则进行决策，提出以满意准则代替最优化准则，让管理决策更具弹性。

（三）组织激励科学化

为了充分调动组织成员的积极性、主动性和创造性，实行科学的激励方法是软法治理的重要组成部分。软法治理认为：激励是对组织成员的尊重、信任、关心和奖励的全面综合，激励分为物质激励和非物质激励。在实施时要充分将二者相结合起来，物质激励属于基础性的激励办法，能满足组织成员的低层次需求，却无法在激励中发挥更大的作用。非物质的激励方法则能满足组织成员对尊重和实现自我的高层次需求，力求为组织成员创造宽松、平等、相互尊重和信任的工作环境，提供发展机遇，实行自主管理、参与管理等新的管理方法。

三　青年自组织管理中的软法治理

在当代中国，我们的社会生活尤其是公共治理领域，存在着大量的软法规则，其中既有在长期实践中逐渐形成的各种惯例，也有国家机关、社会自组织和政党制定的各种公共政策，还有公权力机构、行业自治组织、政治社团组织及群众自治组织制定的用来进行自我规制的各种“自律”规范。与硬法相比，这些软法更能反映当今中国社会政治生活的实际，符合中国法制建设实践，也更具有实际的效力与活力。此外，软法治理理念也与青年自组织平等、自由的组织文化相契合。目前，对青年自组织的扶持已在我国一些发达地区开始探索，实施的范围和效果依然有限，距离常态化的制度设计仍有不小距离。由于青年自组织地域分布广泛、组织形式多样、成员数量不一，仅靠单一主体无法完成对其管理和引导，因此需要政府和共青团等联合实施。

（一）党政部门的管理与指引

当前，我国发展面临国内外诸多矛盾叠加、风险隐患交汇的严峻挑战，各方面要不断增强政治意识、大局意识、核心意识、看齐意识，进一步推动全面依法治国。为此，应首先制定相关政策，出台登记管理条例，确定青年自组织的合法身份。要解决青年自组织身份定位问题，首要的就是出台相应的政策法规和管理办法，建立健全青年自组织相关的法律规范，使青年自组织的管理和发展有法可依。在 2013 年 11 月召开的十八届三中全会上，党中央号召“要改进社会治理方式，激发社会组织活力，创新有效预防和化解社会矛盾体制”。在这样的政策背景之下，为青年自组织创造良好制度环境的要求也日益迫切。在对社会组织实行备案制的基础上，应通过制定完善的地方性规章，为青年自组织创造良好的制度环境，培育、引导青年自组织有序健康发展。

其次是明确部门管理职能，拓宽青年自组织参与公共事务管理的渠道。在调整、完善青年自组织事务管理机构的过程中，一方面，应进一步强调和突出如民政、综治等政府职能部门的主体作用，明确其在处理青年自组织相关的事务中的主导责任和牵头协调地位，依托政府强势部门的充分介入和有效履职，从体制上理顺对青年自组织进行管理、引导的框架和体系。另一方面，加强青年自组织活动的管理。针对青年自组织的活动，由对应的政府部门在开展本系统、本行业的活动时，扩大信息的发布范围，搭建平台，拓宽青年自组织参与公共事务的管理途径。一是提供参与信息。由政府相关部门为青年自组织提供公共服务信息、决策咨询等情况。二是协调各方资源。根据不同青年自组织的不同需求，协调各方主体，在活动场地、资金、项目等方面提供支持，推荐青年自组织承接公共事务。三是构建网络平台。地方政府可以建立不同辖区内青年自组织网络服务平台，切实引导青年自组织发展，增进青年自组织之间的交流，促进自组织活动与官方组织活动的逐步融合，形成互动，以此来加强对青年自组织活动的管理和引导。

再次，引领青年自组织积极参与社会建设。各类自组织作为社会新兴力量，积极参与社会管理，探索以政府购买服务的方式承担一些有利社会服务的项目，助推各类社会组织、自组织与基层团组织的联动，为基层团组织带来智力支持，提升基层团组织的活力。整合各类社会资源，为自组织提供资金、资源、场地、社会评价等方面的服务。通过参与青年中心、社区文化中心建设，实施社团落地计划，积极介入园区网络等领域，为形成新型的青年工作机制提供新的思路和载体。

最后，准确认识青年自组织可能形成的负面影响。首先是有可能导致甚至成为社会不稳定因素。青年自组织可能会因为网络平台，而与政府间信息不对称、与社会间信息不对称，或受到负面信息干扰而误导本组织成员，影响自组织的正确判断，从而起到反向作用。其次，青年自组织以“趣缘型”作为追求的目标之一，很可能在无意中破坏一些良好秩序——如青年自组织帮助成员改装汽车，组织车队在马路上、高速公路上飙车，形成安全隐患。最后，青年自组织还有可能为别有用心者提供非法行为的机会。鼓励青年自组织参与社会建设机制，赋予青年自组织参与社会建设的合法性，但在某种程度上有可能为某些组织行非法之事打开方便之门，使它们将青年自组织参与社会建设作为自身的挡箭牌。近几年来，一些社会组织乱设世界级奖项（甚至将奖项颁发给某国总统），无不是打着社会建设、公益慈善之名而进行的。不仅破坏了青年自组织的整体形象，更影响了青年自组织参与社会建设的公信力，造成了极为消极的影响。因此，对于青年自组织参与社会建设，应该加以鼓励，但对其必须要有所管理、有所规范。

（二）工青妇的扶持与指导

首先，要正视青年自组织的存在，推进共青团组织的覆盖。共青团应加大力度提高为青年自组织的服务质量，正确梳理与青年自组织的关系，架起良性沟通桥梁，为青年自组织的发展提供平台。共青团应理性宽容看待青年自组织，将其作为传统工作力量的补充，而不是一味地禁止或取缔。共青团以组织、引导、服务、凝聚青年为基本的政治职能。对青年人的组织要更为关注。随着经济的发展和社会的转型，出现了青年自组织这类游离于传统体制之外的青年群体，共青团的当务之急就是大力推进基层团组织建设，掌握青年自组织的发展规律，了解基层青年的需求、主张、愿望，为青年自组织提供资源、场地、项目等方面的支持，推动其加强自身建设，提高自我创新、自我管理、自我服务的能力，开展有益活动，指导、帮助新成立的青年自组织实现规范运转、提升工作活力，同时也增强新时代背景下各类青年群体对共青团的归属感和认同感。通过共青团的工作使更多的青年了解共青团，信任共青团。在社会的公共领域，如网络社区、社会组织、基层选举中，自组织成员能够理解党的工作，支持党的事业，为党执政赢得青年的认同和支持。

其次，努力实现需求的对接。当下对各级团组织而言，一方面是要精心策划活动，围绕青年交友、公益、休闲、娱乐等方面的需求，不断创新活动形式、扩大辐射范围，积极发动青年自组织及成员参与共青团的活动，在活动的开展中增强感情联络，促进互相信任，使青年自组织在潜移默化中向共青团组织靠拢，逐渐成为共青团影响青年的外围组织。另一方面是要加强舆论引导，充分发挥共青团宣传动员的优势，运用网络等新兴媒体，通过 MSN、论坛、QQ 群等载体，主动和社会各阶层的青年沟通思想、结交朋友，在此过程中及时传递党和政府的声音，推进社会主义核心价值观的树立，积极承担社会责任。此外，培育和发展具有自组织特点的青年社团。青年自组织的产生与发展对共青团而言，是机遇也是挑战。由于青年自组织具有自发性、自主性和创新性，能满足青年人的多样化需求，故吸引了大批青年参与其中，弥补了共青团不能全面覆盖青年活动的缺陷。共青团组织要发展一批具有青年自组织特点的青年社团，并通过组建公益联盟、青年自组织行业联盟等形式，将青年自组织吸纳进来，培育组织里的领袖人物或骨干成员，同时，通过发现和培育青年人才、提供便利条件等，依托网络，打破地域限制，实现跨地区、跨部门的社会动员方式，积极引导青年自组织向有利于社会大众、有利于社会稳定的方向发展。

最后，加强对青年自组织的指导。2016 年 11 月 9 日，中央全面深化改革领导小组第十八次会议审议通过了上海和重庆两市的群团改革试点方案，强调推进群团改革，必须紧紧围绕保持和增强政治性、先进性、群众性这条主线，强化问题意识、改革意识，着力解决突出问题，把群团组织建设得更加充满活力、更加坚强有力。常见的群团组织有中国共产党所组建的共青团、妇联、工会、残联、文联等。对于群团改革而言，就是要面向基层，改革和改进机构设置、管理模式和运行机制，资源向下倾斜，即更加贴近群众，为党分忧，为民谋利。这对于高校自组织而言是有益的，在群团改革的背景下，其受到群团组织扶持与指导的力度将会随之增加。在此环境中，高校青年自组织更能在思想、政治和行动上自觉接受党的领导，团结群众、服务社会，依法开展组织活动。如此一来，便能逐步化解官方和民间长期存在的诸多误解和矛盾，刺激公众对社会事件的有效参与，提升社会凝聚力和向心力。

第四节　增强青年自组织的合作治理

随着对政府角色的重新定位，世界的经济环境和政治环境都发生了变化，“合作治理”成为 20 世纪末以来频繁出现的字眼，通过国家与非国家行为体的共同行动，共同治理日益复杂的全球公共事务和国内公共事务，这已是而且将继续是人类应对日益复杂挑战的现实选择。多元共存的社会在运行机制和社会构成方式上必然是合作制的，只有在合作原则下，人与人、组织与组织之间的交往行为才不是矛盾和冲突的。而青年自组织在理论与现实的推动下，已经开始逐步走向合作治理。

一　治理与合作治理

（一）治理理论

治理理论是当代国际学术界共同关注的前沿理论之一。它的产生有其深刻的社会历史背景，20 世纪 70 年代末，西方国家兴起了政府改革运动，试图重新调整国家与社会、政府与市场的边界，寻求政府、市场与社会的平衡发展。进入 80 年代后，西方各国对科层组织运行机制的有效性进行了探讨，并提出了“再造政府”的概念。90 年代，世界出现了全球化、民主化以及分权化社会发展趋势，公共管理的生态环境发生了改变，政府和社会之间的合作越来越密切。当今世界，治理理论（governance theory）被各个领域用来分析和解释本领域的问题，阐释当今国家与社会之间出现的新结构关系形态，其内涵显得复杂且充满争议。而运用到实践领域，则力图通过网络、伙伴关系、论坛来协调、促进传统政治、行政制度的变革，构建分权、参与、多中心的公共政策体系。有人甚至断言：当代治理模式是后现代社会的现象和选择。

治理理论是针对新公共管理模式存在的问题而提出的。首先，基于新公共管理模式中过多的管理主义和政府企业化的缺陷，治理理论提出了一种多中心的治理结构，改革的视角从政府转换到政府和社会的互动与合作。其次，在治理理论中，政府与其他社会群体应相互合作，共同分担社会的责任和权力，通过彼此的合作和相互协调共同构成治理体系，从而实现共同的目标。最后，治理理论强调了在公共治理的过程中政府应起的主导作用，一方面，政府将一部分做不好的公共事务交给市场，政府应承担监管责任；另一方面，提出了“善治”的概念，指出治理失败的可能性是存在的，治理的要点在于通过谈判和反思以便调整目标。随着治理理论的不断发展，其为日趋复杂的公共事务的解决提供了思路。

（二）合作治理理论

合作治理是在近几十年来的公共领域治理实践中发展起来的一种治理理念和形态，其根本特征是对治理过程中的多元性的认识和整合。合作治理理论的要旨就是，主张政府逐渐从繁琐的日常管理中解脱出来，以合作治理方式为公众提供公共服务。

合作治理是治理理论和实践发展的必然结果。作为当代政府改革实践的成功经验，国内外学者对其进行了深入的探讨和研究。安塞尔和戈什将合作治理界定为“一种多个政府部门和非政府部门的利益相关者，直接参与旨在制定或执行公共政策或管理公共事务，正式的并以共识为导向的集体决策过程的制度安排。”[①] 敬乂嘉认为合作治理是“以公私合作为基础，提供公共服务与秩序的治理过程与形态”[②]。应该指出的是，合作治理利用市场机制和非政府力量，拓展了公共治理工具和行动选择，在实践中保持着蓬勃发展之势。回顾公共管理的理论发展，文森特·奥斯特罗姆的“协作生产”理论、E. S. 萨瓦斯的“公司伙伴关系”理论、莱斯特·M. 萨拉蒙的“第三方治理”理论、戴维·奥斯本和特德·盖布勒的“掌舵型政府”理论等，分别从不同的维度为合作治理提供了理论支持。合作治理打破了传统的政府统管和一元化治理思路，打破了公共政策目标的单一性，改变只对政府机构负责的单一诉求，促使政府与市场、社会互相嵌入，在平等自愿的基础上建立合作关系。概言之，“合作治理是指在政府主导下，通过政策创新发展相互依赖关系，

① 蔡岚、潘华山：《合作治理：解决区域合作问题的新思路》，《公共管理研究》2010年第00期。

② 敬乂嘉：《合作治理》，天津人民出版社2009年版，第84页。

动员市场主体、非营利组织、市民社会参与公共事务治理”①。合作治理认为政府不应该垄断公共事务管理权，公共事务的治理主体还包括其他参与者，多元主体之间进行对话、协商和合作，可以最大限度地利用社会资源促成公共目标。青年自组织的合作治理便是要求兼顾政府、非政府组织和民间组织的多元主体协同治理。

二　青年自组织走向合作治理的动因分析

（一）合作治理的理论依据

1. 资源依赖理论

起源于20世纪40年代的资源依赖理论，是费弗尔和萨卡奇科在《组织的外部控制：一个资源依赖的视角》中提出的。该观点认为，组织是一个理性的体系，任何组织都不可能自给自足，由于其自身资源有限，它为了生存必须与其他组织进行交换，而组织正是通过这种交换产生了对外部的依赖，其他组织对其也产生了权力。这个理论主要体现了几个特点：第一，边界性。作为组织理论的一个重要分支，资源依赖理论主要应用于组织层面，由此这个理论可以解释组织与环境的关系，也可以说明组织与组织间的情况。至于环境与环境之间或者组织与个人之间的关系，都不能称之为资源依赖。现实当中，这个理论更多地用于分析政府与非政府组织之间的互动关系，或者分析这个非政府组织与环境的关系。第二，双向性。组织与组织或组织与环境存在依赖关系，但是这种关系并不是单向的，如果只有一方提供资源或者双方从中获益程度不对称，那么满足程度低的一方的需求，就成为满足程度高的一方生存和发展的前提条件。所以，组织之间存在互相依赖关系，一方不能离开另一方单独存在，只是彼此依赖的程度不同而已。第三，动态性。在资源依赖的视角下，组织自身清楚赖以生存的外部环境，而环境的变迁也会促使组织把握外界动态，一旦其察觉外部环境中的资源依

---

① 杨宏山、皮定均：《合作治理与社会服务管理创新》，中国经济出版社2012年版，第76页。

赖状况后，不会静止不动地等待外部对其的制约，而是积极主动调整结构，减少对外部需求与依赖，将其对外依赖多元化，改善依赖状况。自组织目前身份定位、资金来源、人员素质等方面存在的问题使得其掌握和获得的资源有限，必须与其他组织进行交换以谋求自身的生存和发展。

2. 网络理论

20 世纪 90 年代前后，网络治理流派兴起，它对过去的多元主义、政策网络等理论进行整合，主张通过政府与非政府组织乃至私人部门一同建立网络结构，对社会公共事务进行管理。在公共管理研究中，强调多元参与主体的网络理论经过几十年的发展已经形成一个较为完善的理论体系，并同强调多级规则制定结构的制度主义一起构成了当代治理理论的两大内容。公共管理网络一般由政府机构、私营企业、非营利组织等官方与非官方的行为者结合而成。网络形成的原因是它能产生最大可能的公共价值，而这种价值要比个体在不合作的情况下独自实现目标的总和还要大。公共管理的网络理论认为，形形色色的网络行为者之间存在各种正式或非正式的联系，如交换和互惠、共同利益、共享信念和职业观念等。具体来说，网络包括机构间合作项目、政府间的项目管理机构、复杂的合同安排和公私伙伴关系。此外网络还包括由公共机构、私营企业、非营利的或志愿组织构成的服务提供系统，这些行为者因为相互依赖和共享项目利益而联系在一起。网络理论不仅为公共管理提供了理解官僚机构与企业、非营利组织等彼此互动的重要途径，也为其他部门或组织之间的彼此互动提供了途径和依据。青年自组织作为网络中的一员，通过与其他组织建立正式或非正式的联系，相互依赖和共享资源以促进整个社会的利益。

3. 冲突理论

波兰社会学家甘普罗维兹认为，自古以来冲突状态就支配着人类的生活，社会的生命就是一连串冲突的循环。冲突理论学派强调社会权力和冲突，这是借用了马克思主义的社会学观点。他们认为均衡只是社会的暂时形态，冲突才是社会的常态，是社会进步的原动力。其核心观点可以概括为：①不论是什么社会，对稀缺资源进行分配时都充满着不平等现象；②不平等分配在社会中容易造成利益冲突；③利益冲突会使资源的享有者和丧失者成为对立的两方；④冲突和对立会引起社会结构体系的再组织和变化，最终为将来的不平等创造条件。冲突理论的研究中充满了对社会不平等现象的关注，在这种理论下，资源的不平等分配问题就是社会不平等现象的一个透视镜。正因为资源的不平等分配，才需要整合多方资源，以使其发展壮大，这对青年自组织而言尤为重要。

（二）合作治理的现实需求

1. 治理能力现代化

党的十八届三中全会通过的《中共中央关于全面深化改革若干重大问题的决定》明确提出，“全面深化改革的总目标是完善和发展中国特色社会主义制度，推进国家治理体系和治理能力现代化”。国家治理能力是一个国家在制度管理与战略管理、政策制定与执行、社会治理与秩序维护等方面能力的整体体现。一个治理能力优秀的国家，对外可以有效维护国家利益与国家安全，对内可以使人民幸福富足、安居乐业，还能有效处理各种突发事件与巨灾。“治理能力现代化”是要把治理体系的体制和机制转化为一种能力，树立多元共治的新理念，形成多元共治的善治格局。治理不是政府一家唱“独角戏”，而是将政府的“他治”、市场主体的“自治”、社会组织的“互治”结合起来，共同实现良好的治理；政府还要积极培育和发展 NGO、NPO 等社会组织，取消其进入社区的政策性障碍，并从财政、税收、准入登记等方面提供支持，鼓励其获得在社区内开展活动的持续资源，规范相关社会组织行为，实现政府、社区、居民与社会组织的良性互动与友好合作。在这样的政策环境下，作为社会组织中不断壮大的社会力量，青年自组织走向合作治理是大势所趋。

2. 社会治理由垄断走向竞争

政府正面对客观自利性倾向与激励约束机制不足、运转成本过高与公共事务处置能力欠缺双重矛盾的质疑。以“重塑政府”、“改革政府”为主题的新公共管理运动广泛兴起，该运动旨在改变政府垄断公共事务的局面，主张分散政府权力，重新发现市场、社会的价值。“放松政府规制”是这场运动的鲜明旗号①。因此，从20世纪90年代开始，面对市场失灵和政府失灵，愈来愈多的人热衷于用治理机制应对市场或国家政府协调的失败。正如休斯所言：“自从20世纪80年代中期以来，许多先进国家公共部门的管理发生了变化。公共行政僵硬的等级官僚制组织形式支配着整个20世纪，如今，它正转变为公共管理弹性的、以市场和社会为基础的形式。这不仅是一种形式上的变革或管理风格上的细微变化，更是在政府的社会角色及政府与公民关系方面所进行的改革。传统的公共行政已经从理论和实践上受到质疑。”② 由此掀起的打破政府垄断地位的运动不可逆转。如今，政府已经放松了规制，对社会的管理方式已由垄断转变为竞争，竞争带来的是适者生存的社会，组织以及个人为了生存逐渐走向合作的道路，青年自组织也不例外。

3. 主体由一元向多元转变

新公共管理运动打破政府垄断地位，引入市场竞争机制，扩大了市场参与的主体，参与主体由政府一元向主体多元转变。同时，信息化社会不仅改变了公共行政的环境，而且成为“政府再造”的工具。首先，政府垄断信息以及传统的政府权威受到挑战，政府必须与其他社会单元建立新型的合作伙伴关系；其次，信息技术提高了政府公共管理和公共服务的能力；最后，信息技术使不同层次的行政单位能摆脱传统的层级节制的管理方式，为不同层级的行政单位的合作提供了新的途径。伙伴关系的提出与建立扩大了市场参与

---

① 高卫星：《善治视野下的政府责任探析》，《郑州大学学报》2008年第1期。

② 陈国权：《责任政府：以公共责任为本位》，《行政论坛》2009年第6期。

主体，也为不同组织、不同部门间的合作提供了路径。

三 青年自组织的合作治理途径

（一）与政府的合作

在西方国家，青年自组织的身份、地位基本上都得到了法律的认可。在一定程度上，政府都有一些与青年组织合作的政策，甚至有的国家还专门出台相应的法律促进其发展，“俄罗斯《国家支持青少年社会组织法》规定，拥有独立法人资格，个人会员超过3000名，运行时间不少于1年的青年组织，可以被列为国家级社会组织，享有国家专项资助。”[①] 这样一来，既保持了政府和企业的相对独立性，又能与其形成良好的合作关系。有的国家政府和非营利组织签署政府和志愿及社会部门关系协议，确立了政府与志愿及社会部门各自相对应的责任，从而为政府和志愿及社会部门之间的关系提供指导；有的国家政府还采取政府出售、合同外包、特许经营、政府补助等形式，将原来由政府、共青团直接从事的公共服务，交由青年自组织提供，以此方式邀请青年自组织参与社会公共事业建设。在这个过程中，政府不施加任何合约以外的干涉，从而保证了青年自组织较高的独立性。例如，英国联合政府、非政府部门的公共组织、公民组织、执行机构签订了《英国政府和志愿及社会部门关系的协议》，旨在使政府和公民组织之间能通过更有效的合作来实现促进社区和公民进步的共同目标。这份协议里所达成的成果和有关承诺会为政府和公民组织之间建立富有成效的关系奠定基石，协议里的有关原则也鼓励地方政府层面效仿和遵守。政府和公民组织建立有效的伙伴关系有助于实现以下五个目标：①实现一个强有力的、多元并独立的社会；②政策、项目和公共服务的计划和发展更加有效和透明化；③保障高质量和负责任的公共服务和项目。④有条理地安排公共服务项目的改变过程；⑤实现一个平等公正的

① 田野：《网络青年自组织现状分析及管理模式探究》，博士学位论文，西南大学，2011年。

社会。

目前，我国政府与青年自组织之间的合作还未形成明确、统一的路径和方法，不过，表现在公共危机治理中，我国青年自组织与政府的合作治理还是快捷、顺畅、友好的。青年自组织具有灵活性、及时性、民间性等特性，在公共危机治理中，能够以其特有的自身优势承担政府因自身能力有限而无法顾及的或是不愿意做而让渡出来的工作。近年来发生的重大自然灾害中，大量的自组织参与到抗震救灾的工作中，发挥其迅速调动人力资源、物质资源的优势，为抗震救灾做出了有益的贡献。以玉树地震救灾为例，玉树地震发生后，政府部门快速做出反应，制定救灾方案，组织救灾力量投入到紧急救援行动中。除政府部门外，来自全国各地的志愿者组织纷纷参与到玉树地震抗震救灾的工作中，不论是现场救助，还是在筹集救灾资金和物资方面，社会各界踊跃地伸出援助之手，发挥着不可忽视的作用。在抗震救灾活动中，政府与自组织联合行动，凝聚成一股强大的合力，有效地保障了救灾行动的顺利开展。

（二）与准政府组织的合作

准政府组织是指那些虽不属于政府系统但却介于公共部门与私人部门之间，承担着某些公共职能的半自治非政府组织。从社会组织化建构视野来看，青年自组织和共青团组织有一定的优势和共同点：双方各自的特点和优势十分明显，在处理具体问题中彼此之间的依赖性很强，存在建立一种优势互补关系的主客观因素。

一方面，共青团组织和青年自组织在活动内容和组织功能上有交叉重叠：其一，都能提供满足青年人爱好、兴趣、社会交往、服务社会等方面愿望的活动内容；其二，都能够为青年人实现自我管理、自我发展提供一个组织平台；其三，在维护社会秩序、教育青年和引领社会风气方面都具有共同作用。另一方面，共青团和青年自组织在服务青年和社会方面存在很强的互补性。具体而言，在组织活动内容、组织活动方式、推动各自组织发展、募集活动资金、人才培养及组织发展等方面可以实现互补。正是这种互补优势促进了共青团和青年自组织的合作。

共青团的十六大报告为共青团如何处理好与青年自组织的关系、如何构建共青团与青年自组织合作共赢的新型机制指明了方向，即应以更加开放、理性、务实的态度开展青年自组织工作，积极构建共青团与青年自组织合作共赢的关系，促进青年自组织健康有序发展。上海市团组织积极探索与青年自组织的合作模式，在与青年自组织的合作中积累了大量经验，也创造了很多成功案例。

上海青年风尚节是上海共青团展示社团风采、与青年自组织合作举办、倡导青年风尚的公益品牌和创新项目，已经连续推出八年。在2012年5月9日举行的“2012 我们的年轻范儿”上海青年风尚节上，青年志愿者和公益人士将身上的“年轻范儿”表现得淋漓尽致。主办方团上海市委和上海市慈善基金会此前对1900多名农民工子弟学校学生进行体检。体检得知，近20%的来沪务工人员子女患有近视，其中绝大多数没有佩戴眼镜。因此，此次风尚节提出了“以物劝募”的方式，主办方共募集到价值28.6万元的各类物资；同时，通过社会招募的方式，吸引2000名青年报名，组建300支风尚小队，走上街头“以物劝募”，为至少1000名视力低于0.4的来沪务工子女筹款，帮助他们免费验光配镜。这些来自全市各类青年社会组织、机关企事业单位、区县、高校的年轻人，围绕“低碳生活、创意无限、随手公益、多元文化”主题，以地铁、公交、步行等绿色出行方式，沿着19条路线，传播慈善公益理念。活动还设立19个风尚驿站，有28家青年社会自组织展示了丰富多彩的公益项目。

在促进共青团与青年自组织合作方面，无锡团市委在二泉网“青年”频道上开辟了“青年自组织团建信息平台”。无锡市所有青年自组织都可以通过这个网络平台申请成立团支部。团支部成员实名注册后，团市委就能通过手机短信群发、QQ群通知等手段提供共青团活动信息。另外，团无锡市委为每家建团的青年自组织都联系到一个基层团委，结对互助、开展活动，同时，团组织也可以随时掌握青年自组织成员的思想动态，及时进行引导。二泉网志愿队与黄巷街道服务中心联手建立了新市民子女服务中心；原动力轮滑和原动力英语俱乐部、阳光城市花园第一社区青年服务中心联合成立了阳光青年特色俱乐部；欢乐义工协会也与江溪街道青年服务中心合作，树起了青年志愿者服务站的大旗。这些为青年自组织与准政府组织的合作提供了思路和借鉴。

（三）与民间组织的合作

1. 青年自组织与社区合作

青年是社区生活中最活跃、最积极的一个群体，他们生活在社区，参与社区的管理和活动，通过各类青年自组织提供的平台，以全新的方式参与社区公共事务的管理，在城市社区建设和治理中发挥越来越重要的作用。青年自组织的有序发展，对于提高社区居民整体参与意识和自组织参与能力都将起到积极的作用。目前，青年自组织参与社区治理主要有四种形式：一是参与社区民主管理。青年自组织居住在城市的各个角落，通过为他人服务换取成员的支持和居民的信任，积极地参与社区公共事务的管理和决策，在社区和青年之间搭建沟通桥梁，为社区建言献策，成为青年参与社区民主管理的主要平台。二是培育公民文化。青年自组织自身具有的平等、民主、协商的机制，为青年群体创造了一个民主的平台，培育了平等、民主、协商的社团精神。青年自组织通过参与公益事业、社区事务决策等活动，潜移默化地传播公民文化，推动社区民主政治健康发展。三是提供公共服务。公益类的青年自组织为青年群体搭建了提供社区公共服务、从事公益事务的平台，成为分担政府公共服务供给的载体。四是反映青年利益诉求。“青年依托网络，集聚感兴趣的议题，实质上就是诉求表达、意见整合。青年参与青年自组织活动的过程，实质上就是青年反映主张、实现愿望的过程。

它能比较真实地反映青年的愿望和要求，是青年诉求的依托和依靠。”[①] 青年自组织的成立与发展，为青年群体表达自己诉求提供了渠道，也有利于社区在制定公共事务政策时更加关注青年群体的利益，搭建青年群体与社区互动的和谐平台。

2. 青年自组织与 NGO 合作

青年自组织与 NGO 之间的合作在实践中较为普遍。上海益优青年服务中心于 2004 年推出“一元一心”公益项目后，2009 年 4 月正式注册成为民办非企业单位，是一个从事公益活动策划的 NGO，也是上海市静安区民政局批准的第一家以社团形式成立的青年民间自组织[②]。中心以创意公益、时尚公益为主旨，积极推动民间公益项目的发展和宣传，并为众多公益组织和企业提供志愿者支持、培训和服务。目前，中心工作团队为 9 人的全职工作团队和 20 人的兼职志愿者联络员，大家以共同的公益信念聚在一起，在“红轮椅”“知闻世博”“赶碳号”“一元一心”等项目中戮力合作，为社区助老、青少年教育、倡导低碳绿色生活、边远地区扶贫等奉献自己的爱心和智慧。中心的主要项目是“赶碳号”，使得受众在看动漫、玩桌游的乐趣当中潜移默化地受到低碳生活理念的影响。在上海世博会期间，益优组织、上海音速志愿服务中心（成立于 2009 年，是一家从事策划、组织、举办各类青年志愿活动，为企业、社区、社团提供志愿服务、交流、咨询的 NGO 组织）与一些青年自组织联合起来，以线上策划、线下行动、不分彼此的方式，参与“知闻世博”、“小志爱心游戏”、“圆梦接力看世博”等活动，并取得了圆满的成功。目前，益优组织与青年自组织的合作项目日益增多，相互联系、合作的社区网络正在逐步生成。

---

① 何跃、郑梦颖：《公益类青年自组织现状调查及对策研究》，《重庆邮电大学学报》2010 年第 2 期。

② 童星、薛亚利：《社会转型期有关 NGO 若干问题的探讨》，《湖南社会科学》2004 年第 3 期。

3. 青年组织与社会中介组织合作

社会中介组织为青年自组织的合作治理开辟了新的路径，丰富了青年自组织的合作主体。青年家园全称为“上海青年家园民间组织服务中心”，成立于2006年10月，是经上海市社团管理局审批成立的民办非企业机构，业务主管单位为共青团上海市委员会，是联系、服务青年社会组织和各类青年群体的社会中介组织。工作对象是网络社团、兴趣类青年社会组织、公益类青年社会组织、高校青年自组织、社区青年组织、国际组织；工作职能是联系青年社会组织、服务青年社会组织、弘扬青年公益文化、引领青年社会组织参与社会建设。“5·12”汶川大地震发生后，5月13日晚就在上海青年家园民间组织服务中心召集下，上海标致车友会、黑蝙蝠车友会、欢乐375车友会、乐聘乐风车友会、新奇军车友会、世纪佳缘、Blogbus公益频道、微笑图书室、山魂公益、一元一心、中远社区业主论坛、大学生绿色论坛、轩辕堂、2BWM等自组织20多家，联合发起“心系家园”——上海青年民间组织抗震救灾联合行动。短短3天时间，吸引了众多青年自组织加入，参与组织总数达到78家。活动推进的同时，此服务中心迅速建立专题网站www. Ouryouth-home. com，以此作为整合资源的网络平台。5月16日下午14时网站开通，4小时内点击量高达6320次。中心还号召大家联合开展运送救灾物资、车友爱心“橙丝带”、呼号“平安”、报名参与献血志愿者等活动。在活动中，此中心作为“大脑中枢”，指挥整体的抗震救灾工作，充分体现了民间力量的反应迅速、全面动员、人文关怀等特点，多家电视台、电台、平面媒体报道了活动进展，在社会上形成了较大反响。

4. 青年自组织之间的合作

信息时代缩小了人和人之间的距离，催生了“地球村”。信息交互和资源共享为各国青年组织提供了大量的沟通与交流合作机会。中国青年自组织也积极探索与国内外青年自组织的合作，例如作为沿海开放城市的青岛，在世界上享有较高的声誉和知名度，国内外的各类青年自组织慕名而来。近几年来，每年都有十几个国外的青年自组织访问青岛，如韩国马山青年会所、美国长滩青年志愿者、日本青少年友好交流团、中国台湾青商总会、中国香港女童军等都与青岛青平自组织建立了友好交流关系，有的自组织还多次访问青岛。青岛市志愿者公益联盟已经与美国、日本、加拿大、韩国、俄罗斯、中国香港、中国澳门、中国台湾等多个国家和地区的青年社团组织建立了联系，定期交流互访。国内相互合作的青年自组织也很多，如在2008年“5·12”汶川大地震发生之后，上海一些青年自组织，如映绿公益、热爱家园等就自发组织，共同策划了旨在抗震救灾，为地震灾区筹措紧急物资的“新驼峰行动”；又如在上海世博会期间，上海一些青年自组织主动联合，如标志车友会、车行天下、乐乐一家、马自达车友会等车行自组织所发起的“小志在家家”（号召少开一天车）、“绿色出行”、“小志绿行者”（号召清理车内不必要物品）等行动。无论是与国内青年自组织合作，还是与国外青年自组织合作，青年自组织通过交流合作，实现资源的共享，互相取长补短，促进青年自组织成员以及青年自组织整体的共同发展，已经成为青年自组织不断演进的时代新潮流。

参考文献

一　中文文献

（一）专著

1. 王名：《社会组织与社会治理》，社会科学文献出版社 2014 年版。
2. 韩凤娟：《大学生自组织管理》，中国农业出版社 2012 年版。
3. 杨宏山、皮定均：《合作治理与社会服务管理创新》，中国经济出版社 2012 年版。
4. 马西恒：《都市社区治理》，学林出版社 2011 年版。
5. 湛垦华、沈小峰：《普利高津与耗散结构理论》，陕西科学技术出版社 1982 年版。
6. 杨贵华：《自组织：社区能力建设的新视域》，社会科学文献出版社 2010 年版。
7. 闫加伟：《草芥：社会的自组织现象与青年自组织工作》，上海三联书店 2010 年版。
8. 敬乂嘉：《合作治理》，天津人民出版社 2009 年版。
9. 罗豪才、宋功德：《软法亦法：公共治理呼唤软法之治》，法律出版社 2009 年版。
10. 杨继红：《谁是新媒体》，清华大学出版社 2008 年版。
11. 全球治理委员会：《我们的全球伙伴关系》，中国对外翻译出版公司 2007 年版。
12. 简敏：《校园危机管理策略创新：当代高校稳定的现实选择》，中国检察出版社 2007 年版。
13. 罗豪才：《软法与公共治理》，北京大学出版社 2006 年版。

14. 赵鼎新：《社会与政治运动讲义》，社会科学文献出版社 2006 年版。
15. 中国社会科学院语言研究所词典编辑室编：《现代汉语词典》，商务印书馆 2005 年版。
16. 汝信、陆学艺、李培林：《中国社会形势分析与预测》，社会科学文献出版社 2004 年版。
17. 于显洋：《社区概论》，中国人民大学出版社 2001 年版。
18. 老子：《道德经》，安徽人民出版社 2001 年版。
19. 刘建明：《舆论传播》，清华大学出版社 2001 年版。
20. 徐永祥：《社区发展理论》，华东理工大学出版社 2000 年版。
21. 俞可平：《治理与善治》，社会科学文献出版社 2000 年版。
22. 朱国宏：《经济社会学》，复旦大学出版社 1999 年版。
23. 郭庆光：《传播学教程》，中国人民大学出版社 1999 年版。
24. 陈力丹：《舆论学——舆论导向研究》，中国广播电视出版社 1999 年版。
25. 陈庆云、周志忍：《自律与他律》，浙江人民出版社 1999 年版。
26. 黎熙元、何肇发：《现代社区概论》，中山大学出版社 1998 年版。
27. 陆学艺：《社会学》，知识出版社 1996 年版。
28. 中国大百科全书编委会：《中国大百科全书·社会学卷》，中国大百科全书出版社 1991 年版。
29. 吴文藻：《人类学社会学研究文集》，民族出版社 1990 年版。
30. 李良荣：《宣传学导论》，福建人民出版社 1989 年版。
31. 刘建明：《基础舆论学》，中国人民大学出版社 1988 年版。

（二）译著

1. ［美］卡斯·R. 桑斯坦：《谣言》，张楠迪扬译，中信出版社 2010 年版。
2. ［美］亨廷顿：《变化社会中的政治秩序》，王冠华、刘为译，上海人民出版社 2008 年版。

3. ［美］罗纳德·博特：《结构洞：竞争的社会结构》，任敏等译，上海格致出版社、上海人民出版社 2008 年版。
4. ［法］古斯塔夫·勒庞：《乌合之众——大众心理学研究》，冯克利译，广西师范大学出版社 2007 年版。
5. ［法］加布里埃尔·A. 阿尔蒙德、小 G. 宾厄姆·鲍威尔：《比较政治学：体系、过程和政策》，曹沛霖译，东方出版社 2007 年版。
6. ［法］杰弗里·菲佛、杰勒尔德·萨兰基克：《组织的外部控制——对组织资源依赖的分析》，闫蕊译，东方出版社 2006 年版。
7. ［法］戴维·迈尔斯：《社会心理学》，张智勇等译，人民邮电出版社 2006 年版。
8. ［德］赫尔曼·哈肯：《协同学：大自然构成的奥秘》，凌复华译，上海译文出版社 2005 年版。
9. ［英］雷蒙·威廉斯：《关键词：文化与社会的词汇》，刘建基译，北京三联书店 2005 年版。
10. ［法］赛奇·莫斯科维奇：《群氓的时代》，许列民等译，江苏人民出版社 2003 年版。
11. ［美］奥尔波特：《谣言心理学》，刘水平等译，辽宁教育出版社 2003 年版。
12. ［美］凯斯·桑斯坦：《网络共和国——网络社会中的民主问题》，黄维明译，上海世纪出版集团 2003 年版。
13. ［美］莱斯特·M. 萨拉蒙：《全球公民社会——非营利组织视界》，贾西津等译，社会科学文献出版社 2002 年版。
14. ［德］O. F. 博尔诺夫：《教育人类学》，李其龙等译，华东师范大学出版社 2001 年版。
15. ［美］詹姆斯·N. 罗西瑙：《没有政府的治理》，张胜军等译，江西人民出版社 2001 年版。
16. ［美］Patrica Wallace：《互联网心理学》，谢影、苟建新译，中国轻工业出版社 2001 年版。

17. ［美］W. 理查德·斯格特、杰拉尔德·F. 戴维斯：《组织理论：理性、自然与开放系统的视角》，高俊山译，中国人民大学出版社 2011 年版。

18. ［新西兰］杰瑞米·波普：《制约腐败：建构国家廉政体系》，清华大学公共管理学院廉政研究室译，中国方正出版社 2000 年版。

19. ［德］哈贝马斯：《公共领域的结构转型》，曹卫东译，上海学林出版社 1999 年版。

20. ［美］利昂·费斯汀格：《认知失调理论》，郑全全译，浙江教育出版社 1999 年版。

21. ［美］曼瑟尔·奥尔森：《集体行动的逻辑》，陈郁等译，上海人民出版社 1995 年版。

22. ［法］托克维尔：《论美国的民主（上册）》，董果良译，商务印书馆 1988 年版。

23. ［英］托马斯·潘恩：《潘恩选集》，马清槐译，商务印书馆 1981 年版。

24. ［英］洛克：《政府论》，叶启芳、瞿菊农译，商务印书馆 1964 年版。

（三）期刊报纸

1. 邹东升、丁柯尹：《微话语权视域下的微博舆情引导》，《理论探讨》2014 年第 1 期。

2. 姜璐：《浅析微博对网络公共领域的影响》，《新闻世界》2013 年第 2 期。

3. 丁志刚、张正堂：《民间网络反腐存在的问题与对策》，《求实》2013 年第 10 期。

4. 王卉：《新媒体环境下地方政府管理的挑战与创新》，《福建省社会主义学院学报》2013 年第 1 期。

5. 赵桐羽：《移动互联网时代微产物的传播学探析——以腾讯微信

为例》,《东南传播》2013 年第 7 期。
6. 申亚萍:《网络舆论中民粹主义倾向浅析》,《新闻世界》2013 年第 3 期。
7. 相德宝:《国际自媒体涉华舆情现状、传播特征及引导策略》,《新闻与传播研究》2012 年第 1 期。
8. 赵春丽:《新媒体时代政府社会管理思维的新转变》,《社会主义研究》2012 年第 1 期。
9. 童潇:《青年自组织参与社会建设:行动特征、驱动因素及社会后果——以上海城市自生性青年民间组织为例》,《中国青年研究》2012 年第 5 期。
10. 李建勇:《社会管理中的四种基本关系》,《东方法学》2012 年第 5 期。
11. 马振超:《微博时代维护国家安全与社会稳定面临的新挑战》,《中国人民公安大学学报(社会科学版)》2012 年第 2 期。
12. 何跃等:《国外青年自组织现状研究》,《当代青年研究》2012 年第 2 期。
13. 邢鸿飞、韩轶:《中国语境下的软法治理的内涵解读》,《行政法学研究》2012 年第 3 期。
14. 杨晓燕:《转型期城市青年自组织管理模式研究》,《湖北科技学院学报》2012 年第 11 期。
15. 赵传伟:《创新社会管理的突破口在于健全利益表达机制》,《中共贵州省委党校学报》2011 年第 136 期。
16. 丁未:《新媒体赋权:理论建构与个案分析——以中国稀有血型群体网络自组织为例》,《开放时代》2011 年第 1 期。
17. 安建增、何晔:《美国城市治理体系中的社会自组织》,《城市问题》2011 年第 10 期。
18. 阮藐藐:《微传播语境下议程设置作用机制的转向——以“微博打拐”事件为例》,《新闻研究导刊》2011 年第 6 期。
19. 钱宁、田金娜:《农村社区建设中的自组织与社会工作的介入》，《山东社会科学》2011 年第 10 期。
20. 李晗龙、高军：《中俄青年自组织现状及特征比较研究》，《中国青年研究》2011 年第 12 期。
21. 李婷玉：《网络集体行动发生机制的探索性研究——以 2008 年网络事件为例》，《上海行政学院学报》2011 年第 2 期。
22. 刘建林：《多多扶持走正道的青年自组织》，《中国青年报》2011 年 8 月 1 日。
23. 代明、袁沙沙、刘俊杰：《社区服务的需求结构、供给模式与补偿机制》，《暨南学报（社会科学版）》2011 年第 4 期。
24. 王东：《美国校园危机管理模式评析》，《教育信息报》2010 年 3 月 1 日。
25. 何跃、马素伟：《青年自组织国内研究综述》，《山东省团校学报》2010 年第 1 期。
26. 魏娜、张小进：《集体行动的可能与实现：公民有序参与的视角——基于北京、青岛城市公共政策制定的实证分析》，《教学与研究》2010 年第 3 期。
27. 曾润洗、徐晓林：《网络舆情对群体性突发事件的影响与作用》，《情报杂志》2010 年第 12 卷。
28. 蔡岚、潘华山：《合作治理——解决区域合作问题的新思路》，《公共管理研究》2010 年第 8 期。
29. 陈鹏庭：《新兴城市青年团体的对外传播与社会参与》，《当代青年研究》2010 年第 4 期。
30. 仇道滨：《论大学校园潮流文化的自组织特征》，《中国青年政治学院学报》2010 年第 1 期。
31. 高永良：《高校青年自组织发展研究》，《中国青年研究》2010 年第 5 期。
32. 黄蜺、郝亚芬：《群体性事件中网络舆情的引导策略》，《新闻知识》2010 年第 1 期。
33. 蒋忠波、邓若伊：《国外新媒体环境下的议程设置研究》，《国际新闻界》2010年第6期。
34. 钟一彪、贺立平：《非营利组织异化及其研究路径》，《广东青年干部学院学报》2010年第2期。
35. 苗壮：《群体性事件的网络舆情导控》，《青年记者》2010年第5期。
36. 王东：《美国校园危机管理的经验及启示》，《教育与管理》2010年第2期。
37. 范高瞻、黎万和：《从“甲流”看高校对突发事件中不良网络舆论的应对策略》，《牡丹江教育学院学报》2010年第3期。
38. 何跃、郑梦颖：《公益类青年自组织现状调查及对策研究》，《重庆邮电大学学报》2010年第2期。
39. 刘素林：《青年自组织舆情信息功能分析》，《山西广播电视大学学报》2009年第6期。
40. 卜昭滔：《青年自组织现状及对策分析》，《社团管理研究》2009年第2期。
41. 王东熙：《论新媒体之“新”——从传播模式角度谈新媒体的分类和定义》，《东南传播》2009年第5期。
42. 胡献忠：《青年自组织的发展状况研究》，《青年探索》2009年第4期。
43. 卜昭滔：《青年自组织现状及对策分析》，《社团管理研究》2009年第2期。
44. 刘素林：《青年自组织舆情信息功能分析》，《山西广播电视大学学报》2009年第6期。
45. 蔡前：《以互联网为媒介的集体行动研究：基于网络的视角》，《求实》2009年第2期。
46. 陈国权：《责任政府：以公共责任为本位》，《行政论坛》2009年第6期。
47. 高俊：《青年自组织问题探讨》，《亚太经济时报》2008年第2259期。

48. 陆平：《我国青年自组织的现状调研》，《理论前沿》2008 年第 4 期。

49. 韩德强：《浅论青年自组织的兴起、特征及对策》，《河北青年管理干部学院学报》2008 年第 3 期。

50. 安建增：《中美青年自组织生成逻辑的比较分析》，《青年研究》2008 年第 7 期。

51. 谭建光、张文杰、袁建：《经济发达地区的青年自组织——来自广东省珠江三角洲地区的调查研究》，《中国青年研究》2008 年第 3 期。

52. 董悦、李凌云、唐洁秋：《青年自组织研究——以杭州市为例》，《中国青年研究》2008 年第 3 期。

53. 李辉、练庆伟：《国外青年组织发展的特征》，《当代青年研究》2008 年第 7 期。

54. 孙元明：《当前国内群体性事件及其发展趋势研究》，《江南社会学院学报》2008 年第 3 期。

55. 黄顺康：《非直接利益冲突何以成为影响社会稳定的重要因素》，《甘肃社会科学》2008 年第 5 期。

56. 尚艳威：《中国语境下非政府组织合法性之研究》，《郑州航空工业管理学院学报（社会科学版）》2008 年第 6 期。

57. 董悦、李凌云、唐洁秋：《青年自组织研究——以杭州市为例》，《中国青年研究》2008 年第 3 期。

58. 高卫星：《善治视野下的政府责任探析》，《郑州大学学报》2008 年第 1 期。

59. 董新良、王丽娜：《危机管理理论与校园暴力危机防控》，《中国行政管理》2007 年第 4 期。

60. 杨贵华：《自组织与社区共同体的自组织机制》，《东南学术》2007 年第 5 期。

61. 王国勤：《“集体行动”研究中的概念谱系》，《华中师范大学学报（人文社会科学版）》2007 年第 5 期。

62. 应星：《“气”与中国乡村集体行动的再生产》，《开放时代》2007 年第 6 期。
63. 喻国明：《解读新媒体的几个关键词》，《媒介方法》2006 年第 5 期。
64. 孙旭、程学竹：《网络学习社区的自组织形态研究》，《中国电化教育》2006 年第 12 期。
65. 熊向群：《Web2.0 时代的网络传播——SNS：网络人际传播的现实化回归》，《河北大学学报（哲社版）》2006 年第 2 期。
66. 刘毅：《社会性软件的知识管理视角探析》，《广西社会科学》2006 年第 10 期。
67. 惠智斌：《社会性软件——网络社会的纽带》，《社会观察》2006 年第 5 期。
68. 颜丙峰、宋晓慧：《危机管理：解决高校管理困境的组织创新》，《国家教育行政学院学报》2005 年第 4 期。
69. 张广利：《社会资本与和谐社区建设》，《华东理工大学学报》2005 年第 2 期。
70. 马春雷：《美国青少年组织观察及其启示》，《中国青年研究》2004 年第 9 期。
71. 刘能：《怨恨解释、动员结构和理性选择——有关中国都市地区集体行动发生的可能性分析》，《开放时代》2004 年第 4 期。
72. 童星、薛亚利：《社会转型期有关 NGO 若干问题的探讨》，《湖南社会科学》2004 年第 3 期。
73. 冯仕政：《西方社会运动研究：现状与范式》，《国外社会科学》2003 年第 5 期。
74. 费孝通：《居民自治：中国城市社区建设的新目标》，《江海学刊》2002 年第 3 期。
75. 虢毅、方平：《网络信息自组织透视》，《情报理论与实践》2001 年第 6 期。
76. 于建嵘：《利益、权威和秩序——对村民对抗基层政府的群体性事件分析》，《中国农村观察》2000 年第 4 期。
77. 玛丽－克劳德·斯莫茨：《治理在国际关系中的正确运用》，《国际社会科学》1999 年第 1 期。
78. 格里·斯托克：《作为理论的治理：五个论点》，《国际社会科学》1999 年第 1 期。
79. 鲍勃·杰索普：《治理的兴起及其失败的风险：以经济发展为例的论述》，《国际社会科学》1999 年第 1 期。
80. 俞可平：《治理和善治引论》，《马克思主义与现实》1999 年第 5 期。
81. 杨松：《什么是集体行为——帕克对集体行为的解释》，《百科知识》1996 年第 4 期。
82. 霍文琦：《宣传思想文化的新阵地——访中国人民解放军国防大学教授李殿仁中将》，《中国社会科学报》2013 年 6 月 7 日。
83. 周裕琼：《“网络谣言”之学术考察》，《北京日报》2013 年 2 月 18 日。
84. 覃爱玲：《“散步”是为了避免暴力——中国社会科学院社会学所研究员单光鼐专访》，《南方周末》2009 年 1 月 14 日。
85. 孙京江：《探索社区资源共享的实现途径》，《中国社会报》2003 年 11 月 5 日。
86. 中国行政管理学会课题组：《高校应急管理机制建设研究报告》，2006 年 10 月。
87. 曾茹：《我国公共事件中第三方调查制度构建研究》，硕士学位论文，华东理工大学，2012 年。
88. 田野：《网络青年自组织现状分析及管理模式探究》，硕士学位论文，西南大学，2011 年。
89. 陈凯：《建设和谐社会视域下的社会稳定问题探析》，硕士学位论文，华东师范大学，2010 年。
90. 张威：《青岛市青年自组织发展研究》，硕士学位论文，中国海洋大学，2009 年。

91. 杜愉：《民间反扒行为合法性之法理学思考》，硕士学位论文，西南政法大学，2008 年。

（四）电子文献

1. 第 39 次《中国互联网络发展状况统计报告》，http：//mt. sohu. com/business/d20170124/125065514 _ 481676. shtml，2017 年 1 月 22 日。
2. 杨煜：《中国民间组织报告蓝皮书（2013 年）发布》，http：//politics. gmw. cn/2013 -09/17/content_ 8938675. htm，2013 年 9 月 17 日。
3. 《民政部发布 2014 年社会服务发展统计公报》，http：//www. mca. gov. cn/article/zwgk/mzyw/201506/20150600832371. shtml，2015 年 6 月 10 日。
4. 《中国共产党十八届三中全会公报发布（全文）》，http：//news. xinhuanet. com/house/tj/2013 -11 -14/c_ 118121513. htm，2013 年 11 月 14 日。

二　英文文献

1. Frank Schweitzer，*Self - organization of Complex Structures：From Individual to Collective Dynamics.* London：Gordon & Breach Science Publishers，1998.
2. Nicolis G. and Prigogine I.，*Self - organization in non - equilibrium system，from dissipative structures to order through fluctuations*，New York：Wiley，1977.
3. Haken H. Synergetics，*An Introduction：Nonequilibrium Phase Transitions and Self - organization in Physics，Chemistry，and Biology*，Berlin & New York：Springer - Verlag，1983.
4. Haken H.，*Information and Self - organization：A Macroscopic Approach to Complex Systems*，Berlin & New York：Springer - Verlag，1988.
5. World Bank，*Sub - Saharan Africa：from Crisis to Sustainable Growth*，1989.

6. Andrew E. Rice, *Relationships between international Non - governmental Organizations and the United Nations*, Transnational Associations, May 1995.

7. Oberpriller M. , *Jungsozialisten: Parteijugend zwischen Anpassung und Opposition*, Germany: Berlin Dietz, 2004.

8. E. Wight Bakke, *Bonds of Organization*, New York: Harper & Row, 1958.

9. W. R. Scott, *Organizations: Rational and Open System*, New Jersey: Prentice - Hall Inc, 1992.

10. Joel A. C. Baum and Frank Dobbin, *Economics Meets Sociology in Strategic Management*, Stamford : JAI Press Inc, 2000.

11. H. Dyerand K. Nobeoka, "Creating and Managing a High - Performance Knowledge - SharingNetwork: The Toyota Case", *Strategic Management Journal*, No. 3, 2000.

12. Charles Handy, *The Empty Raincoat*, London: Century Press, 1995.

13. Mancur Olson, *The Logic of Collective Action*, Cambridge: Harvard University Press, 1971.

14. McCarthy J. D. and M. N. Zald, *Trend of Social Movements in America: Professionalization and Re—Source Mobilization*, Morristown, N J: General Learning Corporation, 1973.

15. Todd Handler, *Collective Action*, Ann Arbor: The University of Michigan Press, 1992.